21世纪会计专业主干课程教材

U0648611

"十四五"职业教育国家规划教材

"十三五"职业教育国家规划教材

"十二五"职业教育国家规划教材
经全国职业教育教材审定委员会审定

普通高等教育"十一五"国家级规划教材

FINANCIAL MANAGEMENT

财务管理

第八版

袁建国　周丽媛　张俊杰　主编

东北财经大学出版社　大连
Dongbei University of Finance & Economics Press

图书在版编目（CIP）数据

财务管理 / 袁建国，周丽媛，张俊杰主编． —8版． —大连：东北财经大学出版社，2024.2（2024.8重印）
（21世纪会计专业主干课程教材）
ISBN 978-7-5654-5107-2

Ⅰ．财…　Ⅱ．①袁…②周…③张…　Ⅲ．财务管理–高等职业教育–教材
Ⅳ．F275

中国国家版本馆CIP数据核字（2024）第012373号

东北财经大学出版社出版
（大连市黑石礁尖山街217号　邮政编码　116025）
网　　址：http://www.dufep.cn
读者信箱：dufep@dufe.edu.cn
大连图腾彩色印刷有限公司印刷　东北财经大学出版社发行
幅面尺寸：185mm×260mm　字数：389千字　印张：16　插页：1
2024年2月第8版　　　　　　　　2024年8月第2次印刷
责任编辑：包利华　　　　　　　　责任校对：刘贤恩
封面设计：原　皓　　　　　　　　版式设计：原　皓
定价：42.00元

教学支持　售后服务　　联系电话：（0411）84710309
版权所有　侵权必究　　举报电话：（0411）84710523
如有印装质量问题，请联系营销部：（0411）84710711

第八版前言

本教材连续获评普通高等教育"十一五"国家级规划教材、"十二五"职业教育国家规划教材、"十三五"职业教育国家规划教材、"十四五"职业教育国家规划教材。

在本教材的编写及修订过程中，我们努力使教材体现以下主要特色：

（1）以财务管理环节为经、以财务管理内容为纬设计教材结构体系，做到有机融合，合理编排，重点阐明现代企业财务管理的基本理论、基本知识和基本方法，体现教材的科学性和完整性。

（2）根据党的"二十大"精神，结合专业建设和教育教学改革的要求及国家新颁布的财务管理制度，对教材内容进行更新修订，采用新理论、新方法、新案例，努力反映会计职业发展对会计职业人才的能力要求，保证教材的先进性。

（3）遵循职业教育规律，充分考虑财经高等职业院校（或专科学校）教学对象的特点，突出教材的启发性、通俗性和实用性。在各章内容中，增加了重要知识点的微课，设计了内容提要、案例、议一议、随堂测、本章小结、概念回顾、课堂讨论题、复习思考题等，通过形式多样的栏目设计，调动学生进行拓展自学、思考练习、案例分析的积极性。从教与学的双边效果考虑，若教师有针对性地引导学生开展与教学内容相联系的社会实践，运用首尾呼应、层层递进、理论联系实际的方法，能充分实现教与学的互动性。

（4）将财务管理专业知识与思想政治理论有机融合，在部分章节增加了"理财与思政"栏目，帮助学生通过学习和讨论树立正确的人生观、价值观和理财观，传承红色基因，培养家国情怀，提高职业素养，实现立德树人的教学目标。

（5）与我国会计专业技术资格考试的内容相衔接，学生学完本教材后，可直接参加会计专业技术资格考试，实现双证融通，较好地满足了学生职业发展的要求。

为帮助学生更好地理解和掌握教材内容，我们还编写了与本教材配套的《财务管理习题与实训》（第八版），内容包括学习目的和要求、重点和难点、预习提示、习题、补充阅读资料等，并在最后配有综合实训，难度由浅入深、循序渐进。同时为方便教学，本教材还配有教学用电子课件及题库系统，请授课教师登录东北财经大学出版社网站（www.dufep.cn）下载和使用。

本教材由华中科技大学管理学院及文华学院袁建国教授、辽东学院会计学院周丽媛教授、大华国际项目管理（北京）有限公司张俊杰正高级会计师担任主编。本版修订分工如下：袁建国、后青松修订第一章；袁媛、简东平修订第二章；胡向丽、吴悦修订第三章；段玲卉、刘炜修订第四章；周丽媛修订第五章；唐庆、白平修订第六章；宋文娟修订第七章；祝建军修订第八章；罗勤艳修订第九章。张俊杰、罗勤艳、胡向丽对教材的部分案例进行了修订，并录制了微课视频。

由于编者水平有限，加之修编时间仓促，不妥之处，请予指正。

请通过东北财经大学出版社反映本书的不足和缺陷，提出使用过程中遇到的问题，联系方式如下：

电话：0411-84711800/15998687360

电子邮箱：184510119@qq.com

或通过 QQ 扫描下面二维码的方式与我们联系：

老师您好！

同学您好！

编　者

2024 年 2 月

目　录

第一章

总 论

内容提要

　　本章主要介绍财务管理的概念与特点、财务管理的对象与内容、财务管理的总体目标与具体目标、财务管理的组织与基本环节、资金时间价值与投资风险价值、财务管理环境等财务管理基本理论问题。

第一节　财务管理的概念与特点

　　财务管理是商品经济条件下企业最基本的管理活动。特别是在现代市场经济社会中，企业生产经营规模不断扩大，经济关系日趋复杂，竞争也日趋激烈，财务管理更成为企业生存和发展的重要环节。市场经济越发展，财务管理越重要。

一、财务管理的概念

　　财务管理是对企业财务活动进行的管理。企业财务活动首先表现为企业再生产过程中的资金运动，它是一种客观存在的经济现象，其存在的客观基础是商品经济。

　　在商品经济条件下，商品是使用价值和价值的统一体，具有两重性。与此相联系，企业的再生产过程也具有两重性：一方面它表现为使用价值的生产和交换过程，即劳动者利用劳动手段作用于劳动对象，生产出产品并进行交换；另一方面则表现为价值的形成和实现过程，即将生产过程中已消耗的生产资料价值和劳动者支出的必要劳动价值转移到产品价值中，创造出新价值，并通过销售活动，最终实现产品的价值。使用价值的生产和交换过程是有形的，是商品的实物运动过程；而价值的形成和实现过程则是无形的，是商品物资的价值运动过程。这种价值运动过程用货币形式表现出来，就是企业再生产过程中的资金运动。至于资金，则是企业再生产过程中商品物资的货币表现。

　　在社会主义市场经济条件下，企业的生产经营过程同样既要以使用价值形式实现，又要以价值形式实现。企业进行生产经营活动，必须具有人力、物力、货币资金、信息等各项生产经营要素。随着生产经营活动的进行，这些要素必然发生运动，从而形成企业的资金运动。此外，在现代企业中，往往要独立进行金融市场业务，如买卖有价证券，在这一过程中也必然发生资金运动。这些资金运动构成了企业生产经营活动的一个特定方面，即企业财务活动。企业在进行各项财务活动时，必然要与各方面发生财务关系。财务管理就是组织企业财务活动、处理企业与各方面财务关系的一项经济管理工作，是企业管理的重要组成部分。

二、财务管理的特点

财务管理区别于其他管理活动的特点在于，它是一种价值管理，主要利用资金、成本、收入、利润等价值指标，运用财务预测、财务决策、财务预算、财务控制、财务分析等手段来组织企业中价值的形成、实现和分配，并处理这种价值运动中的经济关系。财务管理具有很强的综合性。企业生产经营活动各方面的质量和效果，大多可以通过反映资金运动过程和结果的各项价值指标反映出来，而及时组织资金供应、有效使用资金、严格控制生产耗费、大力增加收入、合理分配收益，又能够促进企业有效开展生产经营活动，不断提高经济效益。

理财与思政

财务管理的产生与发展

财务管理是伴随人们对生产管理的需要而产生的。随着社会生产力的发展，财务管理也经历了一个由简单到复杂、由低级到高级的发展过程。

1.西方财务管理的发展。西方财务管理的发展过程大体经历了三个阶段。第一阶段为萌芽阶段，从商品生产和商品交换的产生到19世纪中期。18世纪产业革命发生后，工厂化的机器生产方式取代了手工作坊、工厂手工业生产方式，商品生产和商品交换有了进一步的发展，财务活动日益增多起来，但当时企业组织结构比较简单，企业内外部的财务关系亦较单纯，其财务管理工作大多由企业主直接进行，企业中没有独立的财务管理部门。第二阶段为发展阶段，从19世纪末至20世纪40年代。这一阶段，企业的生产经营规模不断扩大，股份公司和托拉斯不断建立，企业的资金需要量大为增加，财务活动越来越复杂，由企业主自己从事财务管理工作已不可能，专门的财务管理工作便应运而生。第三阶段为现代化阶段，从20世纪50年代至今。在这个时期，企业的财务活动和财务政策日益复杂和敏感，对财务管理提出了更高的要求。现代的西方企业财务管理，以创造最大价值为目标，在管理内容上，逐渐由资金筹集、资金运用扩展到资金分配；在管理手段上，广泛实行财务预测，加强预算控制，进行时间价值和风险价值分析，参与企业生产经营决策；在管理方法上，普遍运用数量模型和计算机等现代化计算分析工具，使财务管理的综合性大为增强，财务管理逐渐成为现代企业管理的关键组成部分。

2.新中国财务管理的发展。我国社会主义财务管理是从新中国成立后逐步建立和发展起来的。随着我国经济体制从计划经济向社会主义市场经济体制的改革，企业财务管理也经历了不同的发展阶段。

（1）成本管理与财务核算、监督为主阶段。从新中国建立到十一届三中全会前，我国实行的是计划经济体制。国家对企业实行统收统支、统负盈亏的财务管理体制。企业资金由国家供应，资金运用由国家安排，成本费用开支报国家有关部门审核，收入按国家计划分配。企业财务管理的职责是按国家财务制度规定搞好成本核算，向国家报账；监督企业领导与内部单位合理使用资金、合法开支费用、及时上交税金与利润，保证完成各项财政上交任务。因此，这一阶段财务管理的重点是成本核算、成本计划控制与实行财务监督。

（2）分配管理与财务控制、考核为主阶段。党的十一届三中全会以后，我国进入以经济建设为中心的社会主义建设新时期，对经济体制进行改革，逐步扩大企业在人、财、物、供、产、销方面的自主权。企业财务管理也由单纯计划经济体制下的国家统收统支、统负盈亏制逐步改为企业自收自支、利润包干上交制。财务管理的内容侧重于利润分配管理，财务管理方式以财务控制与考核为主。在财务控制方面，先后实行过企业基金提取比例控制、利润留成比例控制、利润承包上交比例控制等方式。在财务考核方面，国家对企业着重考核实现利税与上交利润指标，企业工资总额与上交利税挂钩，企业经营者收入与全面完成各项承包指标挂钩。

（3）筹资管理与财务预测、决策为主阶段。党的十四大以后，随着我国社会主义市场经济体制的逐步建立，企业成为直接面向市场、自主经营、自负盈亏、自我发展、自我积累的经济实体，企业理财的环境和内容均有较大的变化，财务管理的地位和作用也不断增强。企业财务管理体制已由上一阶段的企业自收自支、利润包干上交体制转换为企业财务自理、自负盈亏体制。国家不再给企业拨付资金，企业生产经营活动所需资金必须面向市场自主筹集；企业拥有对法人财产的占有权与经营权，按照所有者的要求对企业人、财、物、供、产、销实行自主安排与营运；企业拥有筹资权与投资权；在遵守国家成本管理法规的前提下，企业拥有成本费用开支权；除极少数产品由国家定价外，企业拥有广泛的定价权；企业税后利润按照《中华人民共和国公司法》规定提取法定公积金后可以自主进行分配。这一阶段财务管理的重点由分配管理转向筹资管理，财务管理方式以财务预测与决策为主。

党的十八大以来，随着改革开放的不断深入和社会主义市场经济的逐步完善，我国企业财务管理模式不断创新，管理手段持续优化，先进管理工具广泛应用，财务报告、全面预算、资金管理、财务信息化、财务内部控制、财会队伍建设等工作取得显著成效，前瞻性、有效性稳步增强，规范化、标准化明显提高，有力促进了企业持续健康发展。党的二十大报告又提出"构建高水平社会主义市场经济体制"的宏伟目标和"推动国有资本和国有企业做强做优做大，提升企业核心竞争力"的重大战略举措，这标志着我国企业财务管理将进入一个新的、更高水平的发展阶段。

讨论：

1.我国社会主义企业财务管理与西方企业财务管理有何不同？导致这种差异的原因是什么？

2.改革开放后，我国企业财务管理发生了哪些变化？取得了哪些重要成就？

3.党的二十大报告提出"推动国有资本和国有企业做强做优做大，提升企业核心竞争力"的重大战略举措，对我国企业财务管理将产生哪些重大影响？

第二节 财务管理的对象与内容

财务管理的对象，是企业再生产过程中的资金运动及其所体现的财务关系。要全面了解财务管理的对象，就必须对企业再生产过程中的资金运动过程及其所体现的财务关系进行比较深入的考察。

一、企业资金运动的形式

企业的生产经营活动，包括供应过程、生产过程和销售过程。工业企业的资金随着生产经营活动的进行不断地改变形态，经过供应、生产、销售三个过程，周而复始地进行循环和周转。

在供应过程中，企业以货币资金购买材料等各种劳动对象，为进行生产储备必要的物资，货币资金就转化为储备资金。

在生产过程中，工人利用劳动资料对劳动对象进行加工。这时，企业的资金即由原来的储备资金转化为在产品形式的生产资金。同时，在生产过程中，一部分货币资金由于支付职工的工资和其他费用而转化为在产品，成为生产资金。此外，在生产过程中，厂房、机器设备等劳动资料因使用而磨损，这部分磨损的价值通常称为折旧，转移到在产品的价值中，也构成生产资金的一部分。当产品制造完成时，生产资金又转化为成品资金。

在销售过程中，企业将产品销售出去，获得销售收入，并通过银行结算取得货币资金，成品资金又转化为货币资金（其中包括工人创造的纯收入）。企业再将收回的货币资金的一部分重新投入生产，用于购买材料，支付费用，继续进行周转。

上述企业资金从货币资金开始，经过供应、生产、销售三个阶段，依次转换其形态，又回到货币资金的过程就是资金的循环，不断重复的资金循环就是资金的周转。企业资金只有不断地循环和周转才能既保存自己的价值又实现其价值的增值。资金周转速度越快，资金利用效果就越好，企业经济效益就越高。

在现代企业中，不仅存在着实物商品资金的运动，也存在着金融商品资金的运动。金融商品是指各种能在金融市场反复买卖，并有市场价格的有价证券。与实物商品资金的运动相比，金融商品资金的运动过程更为简单，它只经历买与卖两个阶段，其资金形态也随之由货币资金转化为金融商品资金，再由金融商品资金转化为货币资金，并实现其价值的增值。

二、企业财务活动的内容

企业资金运动过程总是与一定的财务活动相联系，企业资金运动的形式是通过一定的财务活动内容来实现的。企业财务活动包括筹资、投资、资金营运和分配等一系列行为。

微课

财务管理的内容

（一）筹资活动

筹资是企业为满足经营活动的需要，从一定渠道，采用一定方式筹集所需资金的行为。筹集资金是企业进行生产经营活动的前提，也是资金运动的起点。一般而言，企业可以从三个方面筹集并形成三种性质的资金来源：一是从所有者处取得的资金，形成资本金；二是从债权人处取得的资金，形成负债；三是从企业获利中以留利形式取得的资金，形成一部分所有者权益。企业筹集的资金，可以是货币资金，也可以是实物资产或无形资产。在筹资活动中，企业一方面需要根据企业战略发展的需要和投资规划确定不同时期的筹资规模；另一方面要通过不同筹资渠道和筹资方式的选择，确定合理的筹资结构，降低筹资成本和风险，以保持和提升企业价值。

（二）投资活动

投资是指企业根据项目资金需要，将所筹资金投放到所需要的项目中的行为。投资是实现投资者财产价值增值的手段。投资有广义和狭义之分。广义的投资是指企业将筹集的资金投入使用的过程，包括企业内部使用资金的过程以及企业对外投放资金的过程。就前者而言，企业将筹集的资金投放在生产经营中，主要是通过购买、建造等过程，形成各种生产资料：一是进行固定资产的购买和建造，形成企业的固定资产投资；二是进行流动资产的购买和制造，形成流动资产的占用或投资；三是进行无形资产的购买或研发，形成无形资产的投资。以上各项资金的投放和使用都属于企业内部的投资活动。狭义的投资是指企业以现金、实物或无形资产采取一定的方式对外或对其他单位投资。在投资过程中，企业一方面必须确定投资规模，以保证获得最佳的投资效益；另一方面通过投资方向和投资方式的选择，确定合理的投资结构，使投资的收益较高而投资风险较低。

（三）资金营运活动

资金营运是指企业日常活动中的资金收付行为。企业在日常经营活动中，会发生一系列的资金收付。企业要采购材料或商品，以便从事生产和销售活动，同时还要支付薪酬及其他费用。当企业将产品或商品售出后，便可取得收入，收回资金；如果企业现有资金不能满足企业经营的需要，还要采取短期融资方式来筹集资金。在资金营运活动中，企业一方面必须扩大销售，增加收入；另一方面必须降低成本，减少支出，加速资金周转，不断提高资金使用效果。

（四）资金分配活动

企业在经营中所获得的各项收入，首先用于弥补生产经营耗费，缴纳税金后，需要依法对剩余收益进行分配。财务活动中的资金分配，体现了企业履行相应的经济责任，因此，企业必须在国家分配政策的指导下，根据国家法律所确定的分配原则，合理确定分配规模和分配方式，以使企业获得最大的长期利益。

三、企业财务关系

企业在筹资、投资和资金分配等财务活动中必然要与有关方面发生广泛的经济联系，从而产生与有关各方的经济利益关系。这种经济利益关系就是财务关系，主要有以下几个方面：

（一）企业与投资者之间的财务关系

企业投资者向企业投入主权资本，从而形成了履行投资义务、承担终极风险、享受投资收益分配的财务关系。在这项财务关系中，履行投资义务是基础，只有完整地履行投资义务，才有资格享有收益的分配权。由于企业投资者的出资不同（如普通股与优先股的区别等），因而不同所有者所享有的权利和承担的风险也不同，由此形成的经济利益关系也不完全一致。这种关系体现了所有权性质的投资与受资的关系。

（二）企业与债权人、债务人之间的财务关系

企业的债权人是借入资金的提供者，企业的债务人是企业资金的占有者。企业之所以形成与债权人、债务人之间的关系，一方面是企业与其他单位在购销商品、提供劳务中结成资金结算关系，另一方面是企业在金融市场筹资或投资结成资金借贷关系。企业的债权人作为资金的提供者（如贷款银行、赊销的供货商等），有权要求企业到期还本付息或偿还货款；企业的债务人作为资金的占有者（临时借款人、赊账的客户等），也必须承担同样的义务。企业与债权人、债务人之间的资金结算和资金借贷关系，是资金运动中在所难免的，也是可以利用的，企业应当依法主张自己的权利并认真履行职责。企业与债权人、债务人之间的财务关系在性质上属于债务与债权关系。

（三）企业与受资者之间的财务关系

受资者是接受企业投资的经济实体，当企业以直接投资或者购买股票的间接投资方式成为被投资单位的股东时，企业就随之享有相应的权利并承担相应的风险。因此，其体现的财务关系是股东与受资企业之间的权利义务关系。由于存在企业投资在受资企业的主权资本中是否占有控制权的差异，企业投资的经营管理权的地位也不能一概而论。一般情况下，少数股东难以直接介入被投资单位的管理层。企业与受资者之间的财务关系也体现了所有权性质的投资与受资的关系。

（四）企业与内部各级单位之间的财务关系

在一个独立的企业组织内，内部各级单位表现为不同层次的基本生产经营部门。这些部门相互间既有分工，又有合作。企业与内部各级单位之间的财务关系表现为企业内部所形成的资金结算关系。这种关系的实质就是企业内部各单位之间的利益关系。

（五）企业与职工之间的财务关系

职工是企业的劳动者，企业与职工之间的财务关系表现为劳动报酬的资金结算关系。针对职工这个庞大的群体，企业需要建立相应的规章制度和考核办法，依据不同职工所提供的劳动数量、质量和业绩，按期足额支付工资、奖金、津贴，依法缴纳各项社会保险。由于工资需要按月支付，数额较大，时间性强，企业应当特别重视这项工作，以稳定职工队伍，激励职工当家做主的积极性，为企业创造较好的业绩。

（六）企业与政府管理部门之间的财务关系

政府是维护社会正常秩序、保卫国家安全、行使政府宏观管理职能的社会管理者。企业与政府管理部门之间的财务关系是强制性的经济利益关系，并体现在相关的法律中。企业必须向税务机关和其他部门依法纳税并缴纳法定费用。

上述财务关系广泛存在于企业财务活动中，体现了企业财务活动的实质，从而构成了企业财务管理的另一重要内容，即通过正确处理和协调企业与各有关方面的财务关系，努力实现企业财务管理的目标。

【随堂测】企业财务管理应当处理好（　　　）。

A.企业与政府之间的财务关系

B.企业与投资者之间的财务关系

C.企业与债务人之间的财务关系

D.企业内部各单位之间的财务关系

第三节　　财务管理的目标与组织

一、财务管理的目标

财务管理的目标是企业进行财务活动所要达到的根本目的，它决定着企业财务管理的基本方向。

（一）财务管理的总体目标

财务管理的总体目标是企业全部财务活动需要实现的最终目标，它是企业开展一切财务活动的基础和归宿。财务管理的总体目标既要与企业生存和发展的目标保持一致，又要直接、集中反映财务管理的基本特征，体现财务活动的基本规律。根据现代企业财务管理理论和实践，最具有代表性的财务管理目标有以下几种：

1.利润最大化

利润是企业在一定期间内全部收入和全部费用的差额，它反映了企业当期经营活动中投入（所费）与产出（所得）对比的结果，在一定程度上体现了企业经济效益的高低。利润既是资本报酬的来源，又是提高企业职工劳动报酬的来源，还是企业增加资本公积、扩大经营规模的源泉。在市场经济条件下，利润的高低决定着资本的流向；企业获取利润的多少表明企业竞争能力的大小，决定着企业的生存和发展。因此，以利润最大化作为企业财务管理的目标，有利于企业加强管理，增加利润。但利润最大化目标在实践中存在着一些难以解决的问题：（1）没有考虑资金时间价值；（2）没有反映利润与投入资本之间的关系，不利于不同资本规模的企业或同一企业不同期间之间的比较；（3）没有考虑风险因素，高额利润往往要承担过大的风险；（4）片面追求利润最大化可能导致企业短期行为。

2.资本利润率最大化或每股利润最大化

资本利润率是企业在一定时期的税后净利润与资本额的比率；每股利润或称每股盈余，是一定时期税后利润与普通股股数的对比数。以资本利润率或每股利润最大化作为财务管理目标，可以有效克服利润最大化目标的缺陷（如不能反映企业所得利润额同投入资本额之间的投入产出关系，不能科学说明企业经济效益水平的高低，不能在不同资本规模企业或同一企业不同期间之间进行比较等）。它既能反映企业的盈利能力和发展前景，又便于投资者凭借其评价企业经营状况的好坏，分析不同企业盈利水平的差异，确定投资方向和规模。然而，同利润最大化目标一样，资本利润率最大化或每股利润最大化目标仍然没有考虑资金时间价值和风险因素。

3.企业价值最大化或股东财富最大化

企业价值是通过市场评价而确定的企业买卖价格，是企业全部资产的市场价值，它反映了企业潜在或预期的获利能力。投资者投资企业的目的，在于获得尽可能多的财富。这种财富不仅表现为企业的利润，而且表现为企业全部资产的价值。如果企业利润增多了，但随之而来的是资产贬值，则意味着暗亏，对投资者来说无疑是釜底抽薪。相反，如果企业资产价值增多了，生产能力强大了，则企业将具有持久的盈利能力，抵御风险的能力也会随之增强。因此，人们在财务管理实践中深切地感受到，以企业价值最大化作为财务管理目标更为必要、更为合理。企业价值最大化也就是股东财富最大化。这一目标考虑了资金时间价值和风险问题，企业所得的利润越多，实现利润的时间越近，实现的利润越稳定，企业的价值或股东的财富越大。这一目标还充分体现了对企业资产保值增值的要求，有利于纠正企业追求短期利益行为的倾向。

在股份制企业尤其是上市公司，投资者持有公司的股票并成为公司的股东。股票的市场价格体现着投资大众（包括股东本身）对公司价值所作的客观评价。所以，人们通常用股票市场价格来代表公司价值或股东财富。一般说来，股票的市场价格可以全面地反映公司目前和将来的盈利能力、预期收益、时间价值和风险价值等方面的因素及其变化，因而，企业价值最大化或股东财富最大化目标在一定条件下也就演变为股票市场价格最大化。

4.相关者利益最大化

现代企业是一个由多个利益相关者组成的集合体。企业的利益相关者不仅包括股东，还包括债权人、企业经营者、客户、供应商、员工、政府等。企业应在长期稳定发展的基础上，最大限度地满足以股东为首的各利益群体的利益。这一目标是一个多元化、多层次的目标体系。以相关者利益最大化作为财务管理目标，较好地兼顾了各利益主体的利益，有利于企业长期稳定发展，体现了合作共赢的价值理念，有利于实现企业经济效益和社会效益的统一，也体现了财务管理前瞻性和现实性的统一。

议一议 同学们，你认为在确定企业财务管理的目标时，除了考虑利润和股东利益，还应考虑哪些方面呢？

（二）财务管理的具体目标

财务管理的具体目标是企业为实现财务管理的总体目标而确定的各项具体财务活动所要达到的目的。

1.筹资管理的目标

要在筹资活动中贯彻财务管理总体目标的要求，首先，必须以较低的筹资成本获取同样多或较多的资金。企业筹资成本包括利息、股利（或利润）等向出资人支付的报酬，也包括筹资中的各种筹资费用。企业降低筹资过程的各种费用，尽可能使利息、股利（或利润）等的付出总额降低，就会增加企业的总价值。其次，企业必须以较小的筹资风险获取同样多或较多的资金。筹资风险主要是到期不能偿债的风险，企业降低这种风险，就会使内含于企业价值中的风险价值相对增加。归结以上两点，企业筹资管理的目标是：以较低的筹资成本和较小的筹资风险，获取同样多或较多的资金。

2.投资管理的目标

要在投资活动中贯彻财务管理总目标的要求，首先，必须使投资收益最大化。投资收益总是与一定的投资额和资金占用额相联系的。企业投资报酬越多，意味着企业的整体获利能力越高，因而会在两个方面影响企业价值：（1）业已获得的投资收益会直接和实际地增加企业资产价值；（2）投资收益较高会提高企业的市场价值。其次，由于投资还会带来投资风险，因此，企业在争取获得较高投资收益的同时，还必须使投资风险降低。投资风险是指投资不能收回的风险。企业降低这种风险，就会使内含于企业价值中的风险价值相对增加。归结以上两点，企业投资管理的目标是：以较小的投资额与较低的投资风险，获取同样多或较多的投资收益。

3.营运资金管理的目标

企业营运资金管理的目标就是合理使用资金，加速资金周转，不断提高资金的利用效果。营运资金的周转，与生产经营周期具有一致性。在一定时期内资金周转越快，就越可以利用相同数量的资金，生产出更多的产品，取得更多的收入，获得更多的报酬。因此，加速资金周转是提高资金利用效果的重要措施。

4.分配管理的目标

企业分配管理的目标就是合理确定利润的分留比例及分配形式，以提高企业潜在的收益能力，从而提高企业总价值。分配是将企业取得的利润在企业与相关利益主体之间进行分割。这种分割不仅涉及各利益主体的经济利益，而且涉及企业现金的流出量，从而影响企业财务的稳定性和安全性；它不仅涉及各利益主体经济利益的多少，而且也会涉及企业价值的变动。企业必须通过分配，选择适当的分配标准和分配方式，才能既提高企业的即期市场价值和财务的稳定性与安全性，又能使企业的未来收入或利润不断增加，从而使企业市场价值不断上升。

阅读与思考

股东当前利益与企业长远价值的权衡

广东惠州雷士光电科技有限公司（简称雷士光电）是一家专业照明电器与电气装置产品制造商，在国内商业照明领域一直保持行业领先地位。该公司创建于1998年，由三位原始人股东，即总经理吴长江、董事长杜刚和董事胡永红共同出资100万元发起设立，三人各持1/3股权。公司成立的第1年就实现了3 000万元的销售额，第2年实现了6 000万元的销售额，其后销售业绩以每年80%的速度递增；7年时间内销售额增长了30倍，利润也成倍增长。

三位创始人股东原本是同学、密友，最初因志同道合而共同创业。在公司发展初期，盈利能力尚低，三人均以企业的长远发展为目标，关注的是企业持续增长能力，他们认识到只有通过实现公司长期价值才能实现个人股份的长期收益与价值。但随着企业快速发展，高额利润使创始人股东取得股份收益回报成为可能，于是在将当期盈利是继续加大投入还是更多地用于股份分配的问题上，三人开始出现了分歧。总经理吴长江坚持认为应将企业取得的利润用于扩大再生产，以提高企业的持续发展能力，实现长远利益的最大化。而胡永红和杜刚却认为应按持股比例分红，使股东实现当前利益。两种观点的分歧随着时间推移和公司利润增加而激化为难以调和的矛盾，并发生激烈的争执，最终导致吴长江被迫离职，并不得不出让其持有的1/3股份。

然而三天后，事情出人意料地发生了戏剧性变化。在听说吴长江总经理离职并转让股权的消息后，分布在各地的与雷士光电有业务关系的200多位供应商、分销商自发聚集在雷士光电总部，强烈要求吴长江复职，并声称如果吴长江不能复职就与该公司断绝业务联系。形势由此完全逆转。股权收购、总经理变更的风波最终以吴长江重新执掌公司管理权力、另两位创始人股东则出让其持有的合计2/3的股份并退出公司而告终。

经历了上述股权变更风波后，雷士光电在吴长江的领导下，不断加大投入，实现了企业规模化发展，企业竞争力与价值不断提升。雷士光电的产品已覆盖了商业照明、家居照明、户外照明、智能照明、雷士电工和光源电器等6大种类60余个系列数千个品种，为客户提供了全方位的照明和电器装置项目的产品配套、客户服务和技术支持，在20多个国家和地区设有经营机构，产品专卖店多达860余家，客户服务机构也已遍布全国。

资料来源　佚名. 股东当前利益与企业长远价值的权衡［EB/OL］.［2010-04-24］. https://wenku.baidu.com/view/82c46b1cfad6195f312ba637.html.

思考：

1.导致三位创始人股东之间意见分歧的根源是什么？

2.如何协调大股东与供应商和客户等利益相关者之间的利益关系？

3.如何确定公司财务目标？公司不同发展阶段的财务目标是否应有所不同？

二、财务管理的组织

搞好企业财务管理，顺利实现财务管理目标，必须合理有效地组织财务管理工作，包括明确财务管理主体，建立财务管理体制，制定财务管理制度，确定财务管理环节等。

（一）企业组织形式与财务管理主体

企业组织形式主要有独资、合伙和公司三种形式。企业组织形式不同，其财务管理主体也不相同。当企业采取独资形式时，其所有权主体和经营权主体是合二为一的。当企业采取合伙形式时，其所有者不再是单一的个人，而是合伙人群体，但其经营则主要由身为合伙人之一的个人组织，其重要经营决策则由合伙人共同作出。因此，合伙企业的所有权主体和经营权主体基本上也是合二为一的。在独资和合伙企业，由于所有权主体和经营权主体的合二为一，内含于经营权中的财务管理的主体也是不可分的，即独资和合伙企业的财务管理主体既是所有权主体，又是经营权主体；既是所有者，又是经营者。

在以公司为组织形式的现代企业里，所有权与经营权是高度分离的，相应地，其所有权主体和经营权主体也是分离的，因而使公司的财务管理权也相应分离。《企业财务通则》分别从政府宏观财务、投资者财务、经营者财务三个层次来界定不同的财务主体。对于企业而言，其财务管理主体被分为投资者和经营者两个方面，因此形成了企业财务管理主体的双重性。

1.投资者的财务管理职责

企业投资者的财务管理职责主要包括：

（1）审议批准企业内部财务管理制度、财务战略、财务规划和财务预算；

（2）决定企业的筹资、投资、担保、捐赠、重组、经营者报酬、利润分配等重大财务事项；

（3）决定企业聘请或者解聘会计师事务所、资产评估机构等中介机构事项；

（4）对经营者实施财务监督和财务考核；

（5）按照规定向全资或者控股企业委派或者推荐财务总监。

投资者应当通过股东会、董事会或者其他形式的内部机构履行财务管理职责，可以通过企业章程、内部制度、合同约定等方式将部分财务管理职责授予经营者。

2.经营者的财务管理职责

经营者的财务管理职责主要包括：

（1）拟定企业内部财务管理制度、财务战略、财务规划，编制财务预算；

（2）组织实施企业筹资、投资、担保、捐赠、重组和利润分配等财务方案，诚信履行企业偿债义务；

（3）执行国家有关职工劳动报酬和劳动保护的规定，依法缴纳社会保险费、住房公积金等，保障职工合法权益；

（4）组织财务预测和财务分析，实施财务控制；

（5）编制并提供企业财务会计报告，如实反映财务信息和有关情况；

（6）配合有关机构依法进行审计、评估、财务监督等工作。

综上所述，企业财务管理是管理者的主观行为，它不仅取决于管理主体权力的配置和职责的行使，还需要不同主体之间的监督和配合。只有协调好投资者与经营者之间的权力、职责和经济利益关系，才能有效提高财务资源的利用效率，实现企业价值最大化、股东价值最大化的财务管理目标。

（二）企业内部财务管理体制

企业内部财务管理体制是规定企业内部财务管理级次、权责划分的制度安排。企业的组织形式、规模不同，内部财务管理体制也不同。一般而言，企业内部财务管理体制有以下三种类型：

1.集权式财务管理体制

集权式财务管理体制是财务控制权高度集中的财务管理体制。由于企业的各项财务权限都集中于企业集团，企业集团成员和成员企业的不同层次管理者没有任何财务决策权和支配权，只有被授予的管理权限，因而有利于企业集团整合资源，调配财力，提高企业集团整体效益。集权式财务管理体制最初表现在生产经营品种单一、规模较小的中小企业。但是，随着信息社会的发展，网络缩小了企业空间和时间的距离，加之企业集团高层领导对财务管理的重视，集权式财务管理体制已经成为许多跨地区、跨行业企业集团的选择。

2.分权式财务管理体制

分权式财务管理体制是将财务控制权分散到不同的集团所属单位和经营部门的管理体制。由于财务控制权的分散程度不同，分权式财务管理体制也存在着差异。有的分权式财务管理体制授予企业集团成员管理者产品定价权和成本费用管理权，有的分权式财务管理体制授予企业集团成员管理者投融资决策权和资产处置权，有的分权式财务管理体制授予企业集团成员管理者利润分配权。分权式财务管理体制虽然有利于调动各方面的积极性，从而挖掘出集团内各企业的盈利潜能，但是，由于在涉及全局决策时难以协调，不利于统一处理对外关系，也不利于战略规划。

3.集权、分权相结合的财务管理体制

由于集权式财务管理体制和分权式财务管理体制的各自优势和缺陷，许多企业集团建立了比较灵活的集权与分权相结合的财务管理体制，以创造出既能整合资源，又可发挥各自优势的企业内部财务管理环境。

（三）财务管理的基本环节

财务管理环节是指财务管理的工作步骤和一般程序，包括财务预测、财务决策、财务预算、财务控制、财务分析五个基本环节。这些环节相互配合，紧密联系，形成周而复始的财务管理循环过程，构成完整的财务管理工作体系。

1.财务预测

财务预测是根据企业财务活动的历史资料，考虑现实的要求和条件，对企业未来的财务活动和财务成果作出科学的预计和测算。其作用在于，通过测算各种生产经营方案的效益，为决策提供可靠的依据；通过预计财务收支的发展变化情况，确定经营目标；通过测定各项定额和标准，为编制预算提供服务。财务预测既是两个管理循环的联结点，又是财务预算编制的必要前提。其工作内容包括：（1）明确预测对象和目的；（2）收集和整理资料；（3）确定预测方法，利用预测模型进行预测。

2.财务决策

财务决策是指财务人员在财务目标的总体要求下，运用专门的方法从各种备选方案中选出最佳方案。在市场经济条件下，财务管理的核心是财务决策，财务预测是为财务决策

服务的，财务决策关系到企业的成败。财务决策的工作步骤包括：（1）确定决策目标；（2）提出备选方案；（3）选择最优方案。

3.财务预算

财务预算是运用科学的技术手段和数量方法，对目标进行综合平衡，制定主要的计划指标，拟定增产节约措施，协调各项计划指标。财务预算是以财务决策确立的方案和财务预测提供的信息为基础编制的，是财务预测和财务决策所确定的经营目标的系统化、具体化，是控制财务收支活动、分析生产经营成果的依据，是落实企业奋斗目标和保证实施的必要环节。财务预算主要包括以下工作：（1）分析财务环境，确定预算指标；（2）协调财务能力，组织综合平衡；（3）选择预算方法，编制财务预算。

4.财务控制

财务控制是在生产经营活动过程中，以预算任务和各项定额为依据，对各项财务收支进行日常的计算、审核和调节，将其控制在制度和预算规定的范围之内，如发现偏差，及时进行纠正，以保证实现或超过预定的财务目标。实行财务控制是贯彻财务制度、实现财务预算的关键环节。其主要工作内容包括：（1）制定控制标准，分解落实责任；（2）实施追踪控制，及时调整误差；（3）分析执行差异，搞好考核奖惩。

5.财务分析

财务分析是以核算资料为依据，对企业财务活动的过程和结果进行调查研究，评价预算完成情况，分析影响预算执行的因素，挖掘企业潜力，提出改进措施。通过财务分析，可以掌握各项财务预算和财务指标的完成情况，检查党和国家有关方针、政策及财经制度、法规的执行情况，不断改善财务预测和财务预算工作，提高财务管理水平。进行财务分析的一般程序是：（1）收集资料，掌握信息；（2）进行对比，作出评价；（3）分析原因，明确责任；（4）提出措施，改进工作。

> **理财与思政**

红色理财专家郑义斋

在中国工农红军的历史上，有一位被称为"红色理财专家"的革命家，他就是红军杰出的后勤工作者郑义斋。

郑义斋，原名邓少文；1901年生，河南许昌人。当过印刷和铁路工人，1923年参加京汉铁路工人大罢工；1927年加入中国共产党，后调往上海中共中央机关做地下交通工作；1930年在上海以"义斋钱庄"经理身份作掩护从事秘密活动，从此改名郑义斋。他在钱庄整整工作了两年，经常四处奔波，来往于上海、武汉、北平、天津、大连、青岛等地，为党组织筹集和周转资金，为苏区红军购买、转运军用物资。

1932年春，郑义斋奉命赴鄂豫皖苏区，任鄂豫皖省工农民主政府财政委员会主席兼工农银行行长、红四方面军经理处处长。在第四次反"围剿"时，为了保证前方红军作战的需要，他积极组织力量，筹集军火、粮食、衣服和医药用品等大量物资，支援红军作战。同年10月随方面军主力向西转移入川。1933年2月起任中共川陕省委委员，川陕省工农民主政府财政委员会主席，省工农银行行长，红四方面军总经理部部长兼兵工厂、造币厂厂长。当时部队缺粮缺盐，郑义斋及时向方面军总部提出了"开源节流"的方案，组织发展苏区经济，保障红军供给。川陕革命根据地建立以后，在经济建设方面取得突出成就，作为川陕革命根据地财政经济工作主要领导人的郑义斋，在发展苏区的经济建设中作出了重要贡献，被同志们誉为"红色理财专家"。1935年参加长征。

1936年6月，郑义斋任红四方面军总供给部部长；同年10月随方面军总部西渡黄河，转战甘肃省河西走廊，在极端困难的条件下组织收购粮食，制作被服、弹药，供应部队作战需要；1937年3月14日在赴西路军总指挥部途中，于临泽康龙寺以南的石窝被国民党军包围，为了不使携带的经费落到敌人手里，郑义斋当机立断，命令战士张开清带上黄金和银元冲出去，自己组织掩护，在激战中，郑义斋壮烈牺牲，时年36岁。

资料来源　史林静. 红色理财专家——郑义斋［EB/OL］.［2018-10-21］. https://baijiahao.baidu.com/s？id=1614901631842404321&wfr=spider&for=pc.

讨论：

1.红色理财在中国革命的胜利中发挥了什么作用？

2.从革命先辈郑义斋的身上，我们能找到哪些红色理财基因？

第四节　　财务管理的价值观念

为了有效地组织财务管理工作，实现财务管理的目标，企业财务管理人员必须树立一些基本的财务管理观念。资金时间价值和投资风险价值是现代财务管理的两个基础观念。不论是资金筹集、资金投放，还是收益分配，都必须考虑资金时间价值和投资风险价值问题。

一、资金时间价值

（一）资金时间价值的概念

资金时间价值是资金在周转使用中由于时间因素而形成的差额价值。在现实经济生活中，等量资金在不同时期具有不同的价值。年初的1万元，运用以后，到年终其价值要高于1万元。这是因为资金使用者把资金投入生产经营以后，劳动者借以生产新的产品，创造新的价值，会带来利润，实现增值。资金周转使用的时间越长，所获得的利润越多，实现的增值额就越大。资金时间价值的实质，是资金周转使用后的增值额。

通常情况下，资金的时间价值被认为是没有风险和没有通货膨胀条件下的社会平均资金利润率，这是利润平均化规律作用的结果。由于资金时间价值的计算方法与利息的计算方法相同，因而人们常常将资金时间价值与利息混为一谈。实际上，利率不仅包括时间价值，而且也包括风险价值和通货膨胀的因素。购买国库券或政府债券几乎没有风险，如果通货膨胀率很低的话，政府债券利息可视同资金时间价值。

（二）资金时间价值的计算

在企业财务管理中，要正确进行筹资决策、投资决策和短期经营决策，就必须弄清楚在不同时点上收到或付出的资金价值之间的数量关系，掌握各种终值和现值的计算方法。

1.一次性收付款项终值和现值的计算

一次性收付款项是指在某一特定时点上一次性支付（或收取），经过一段时间后再相应地一次性收取（或支付）的款项。例如，年初存入银行1年期定期存款1 000元，年利率为10%，年末取出1 100元，就属于一次性收付款项。

终值又称将来值，是现在一定量现金在未来某一时点上的价值，俗称本利和。如上例中1年后的本利和1 100元即为终值。

现值又称本金，是未来某一时点上的一定量现金折合到现在的价值。如上例中1年后的1 100元折合到现在的价值是1 000元，这1 000元即为现值。

（1）单利终值和现值的计算。

在单利计算方式下，本金能带来利息，利息必须在提出以后再以本金形式投入才能生利，否则不能生利。单利终值的一般计算公式为：

$$F=P+P·i·n=P·（1+i·n）$$

式中：P为现值，即0年（第1期期初）的价值；F为终值，即第n期期末的价值；i为利率；n为计息期数。

单利现值的计算与单利终值的计算是互逆的。由终值求现值，称为贴现。单利现值的一般计算公式为：

$$P=\frac{F}{(1+i·n)}$$

（2）复利终值和现值的计算。

在复利计算方式下，本能生利，利息在下期则转列为本金，与原来的本金一起计息。

复利的终值是一定量的本金按复利计算若干期后的本利和。复利终值的一般计算公式为：

$$F=P·（1+i）^n=P·（F/P, i, n）$$

式中：P为现值，即0年（第1期期初）的价值；F为终值，即第n期期末的价值；i为利率；n为计息期数。

复利现值是复利终值的逆运算，它是指今后某一特定时间收到或付出的一笔款项，按折现率（i）所计算的现在时点价值。其计算公式为：

$$P=F·（1+i）^{-n}=F·（P/F, i, n）$$

上列公式中的（1+i）^{n}和（1+i）$^{-n}$分别为复利终值系数和复利现值系数，二者互为倒数，可分别用符号（F/P, i, n）和（P/F, i, n）表示。在实际工作中，其数值可以查阅按不同利率和期数编成的"复利终值系数表"和"复利现值系数表"（见本书附表一和附表二）。

【例1-1】王先生在银行存入5年期定期存款2 000元，年利率为7%，5年后的本利和为：

F=P·（F/P, 7%, 5）=2 000×（1+7%）^{5}=2 000×1.4026=2 805.20（元）

【例1-2】某项投资4年后可得收益40 000元，按年利率6%计算，其现值应为：

P=F·（P/F, 6%, 4）=40 000×（1+6%）$^{-4}$=40 000×0.7921=31 684（元）

上式中的1.4026和0.7921，分别查自"复利终值系数表"和"复利现值系数表"。

2.年金终值和现值的计算

年金是指一定时期内每次等额收付的系列款项，通常记做A。年金的形式多种多样，如折旧、租金、利息、保险金、养老金、等额分期收款、等额分期付款、零存整取或整存零取储蓄等通常都采取年金的形式。

年金按其每次收付发生的时点不同，可分为普通年金、即付年金、递延年金、永续年金等几种。每期期末收款、付款的年金，称为普通年金；每期期初收款、付款的年金，称为即付年金或预付年金；距今若干期以后发生的每期期末收款、付款的年金，称为递延年金；无期限连续收款、付款的年金，称为永续年金。以下主要介绍各种年金终值和现值的计算方法。

（1）普通年金终值和现值的计算。

普通年金是指一定时期每期期末等额的系列收付款项，又称后付年金。普通年金终值犹如零存整取的本利和，它是一定时期内每期期末收付款项的复利终值之和。其计算方法如图1-1所示。

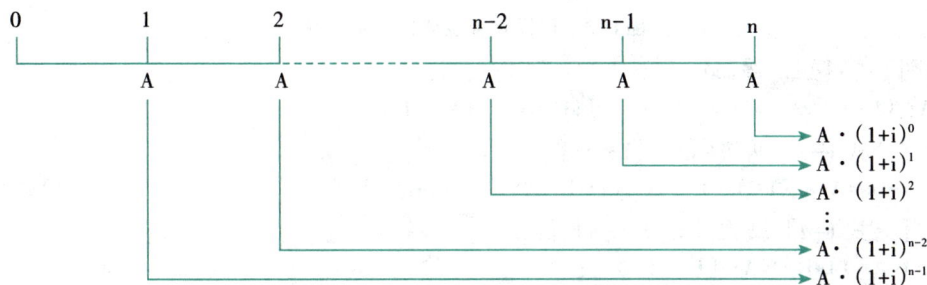

图1-1 普通年金终值计算示意图

由图1-1可知，年金终值的计算公式为：

$$F=A\cdot(1+i)^0+A\cdot(1+i)^1+A\cdot(1+i)^2+\cdots+A\cdot(1+i)^{n-2}+A\cdot(1+i)^{n-1} \qquad [公式1-1]$$

将[公式1-1]两边同时乘上（1+i）得：

$$F\cdot(1+i)=A\cdot(1+i)^1+A\cdot(1+i)^2+A\cdot(1+i)^3+\cdots+A\cdot(1+i)^{n-1}+A\cdot(1+i)^n \qquad [公式1-2]$$

将[公式1-2]减去[公式1-1]得：

$$F\cdot i=A\cdot(1+i)^n-A=A\cdot[(1+i)^n-1]$$

$$F=A\cdot\frac{(1+i)^n-1}{i}=A\cdot(F/A,\ i,\ n)$$

式中：F为普通年金终值；A为年金；i为利率；n为期数；$\left[\frac{(1+i)^n-1}{i}\right]$通常称为"年金终值系数"，记作（F/A，i，n），可直接查阅"年金终值系数表"（见本书附表三）。

普通年金终值系数与偿债基金系数（A/F，i，n）互为倒数。

【例1-3】张先生每年年末存入银行1 000元，连存5年，年利率10%，则5年期满后，张先生可得本利和为：

第5年存入1 000元的终值=1 000×（1+10%）^{0}=1 000（元）

第4年存入1 000元的终值=1 000×（1+10%）^{1}=1 100（元）

第3年存入1 000元的终值=1 000×（1+10%）^{2}=1 210（元）

第2年存入1 000元的终值=1 000×（1+10%）^{3}=1 331（元）

第1年存入1 000元的终值=1 000×（1+10%）^{4}=1 464.10（元）

5年期满后可得本利和为6 105.10元。

或直接按普通年金终值计算公式计算：

5年期满后可得本利和=A·（F/A，10%，5）=$1\ 000\times\frac{(1+10\%)^5-1}{10\%}$=1 000×6.1051=6 105.10（元）

普通年金现值是一定时期内每期期末收付款项的复利现值之和。其计算方法如图1-2所示。

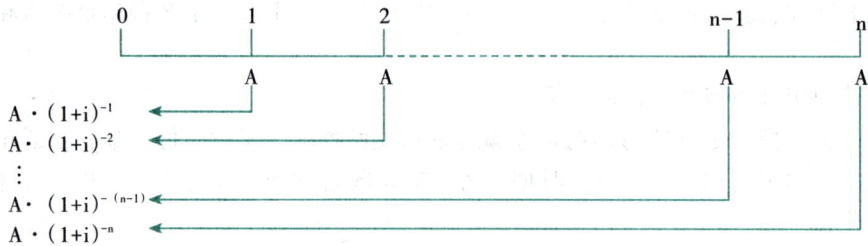

图1-2 普通年金现值计算示意图

由图1-2可知，普通年金现值的计算公式为：

$$P=A\cdot(1+i)^{-1}+A\cdot(1+i)^{-2}+\cdots+A\cdot(1+i)^{-(n-1)}+A\cdot(1+i)^{-n}$$ ［公式1-3］

将［公式1-3］两边同乘（1+i）得：

$$P\cdot(1+i)=A+A(1+i)^{-1}+\cdots+A\cdot(1+i)^{-(n-2)}+A\cdot(1+i)^{-(n-1)}$$ ［公式1-4］

将［公式1-4］减去［公式1-3］得：

$$P\cdot i=A-A\cdot(1+i)^{-n}=A\cdot[1-(1+i)^{-n}]$$

$$P=A\cdot\frac{1-(1+i)^{-n}}{i}=A\cdot(P/A,i,n)$$

式中：P为普通年金现值；A为年金；i为折现率；n为期数；$\left[\frac{1-(1+i)^{-n}}{i}\right]$ 通常称为"年金现值系数"，记作（P/A，i，n），可直接查阅"年金现值系数表"（见本书附表四）。

普通年金现值系数与资本回收系数（A/P，i，n）互为倒数。

【例1-4】王先生每年年末收到租金1 000元，为期5年，若按年利率10%计算，王先生所收租金的现值为：

第1年租金的现值=$1\,000\times\dfrac{1}{(1+10\%)^1}$=909.09（元）

第2年租金的现值=$1\,000\times\dfrac{1}{(1+10\%)^2}$=826.45（元）

第3年租金的现值=$1\,000\times\dfrac{1}{(1+10\%)^3}$=751.31（元）

第4年租金的现值=$1\,000\times\dfrac{1}{(1+10\%)^4}$=683.01（元）

第5年租金的现值=$1\,000\times\dfrac{1}{(1+10\%)^5}$=620.92（元）

王先生5年租金的总现值为3 790.78元。

或直接按普通年金现值计算公式计算：

5年租金的现值=$A\cdot(P/A,10\%,5)=1\,000\times\dfrac{1-(1+10\%)^{-5}}{10\%}=1\,000\times3.7908=3\,790.80$①（元）

【例1-5】某投资项目于2024年年初动工，设当年投产，从投产之日起每年可得收益40 000元。按年利率6%计算，则预期10年收益的现值为：

$A\cdot(P/A,6\%,10)=40\,000\times\dfrac{1-(1+6\%)^{-10}}{6\%}=40\,000\times7.3601=294\,404$（元）

（2）即付年金终值和现值的计算。

即付年金（也称预付年金）的终值是其最后一期期末时的本利和，是各期期初收付款

---

① 两种计算方法相差0.02元，是因年金值系数的小数点位置保留造成的。后面的例题中也有类似的情况，不再一一说明。

项的复利终值之和。

即付年金终值的计算公式为：

$$F=A\cdot(1+i)^1+A\cdot(1+i)^2+\cdots+A\cdot(1+i)^n$$

式中各项为等比数列，首项为 $A\cdot(1+i)$，公比为 $(1+i)$，根据等比数列的求和公式可知：

$$F=\frac{A\cdot(1+i)\cdot[1-(1+i)^n]}{1-(1+i)}=A\cdot\frac{(1+i)-(1+i)^{n+1}}{-i}=A\cdot[\frac{(1+i)^{n+1}-1}{i}-1]$$

式中的 $[\dfrac{(1+i)^{n+1}-1}{i}-1]$ 是即付年金终值系数，它是在普通年金终值系数 $[\dfrac{(1+i)^n-1}{i}]$ 的基础上，期数加1、系数减1所得的结果，通常记作 $[(F/A,i,n+1)-1]$。通过查阅"年金终值系数表"可得 $(n+1)$ 期的值，然后减去1，便可得到对应的即付年金系数的值。

【例1-6】为给儿子上大学准备资金，王先生连续6年于每年年初存入银行3 000元。若银行存款年利率为5%，则王先生在第6年年末能一次性取出的本利和为多少？

$$F=A\cdot[(F/A,i,n+1)-1]=3\,000\times[(F/A,5\%,7)-1]=3\,000\times(8.1420-1)$$
$$=21\,426（元）$$

即付年金现值是各期期初收付款项的复利现值之和。其计算公式为：

$$P=A+A(1+i)^{-1}+A(1+i)^{-2}+\cdots+A(1+i)^{-(n-1)}$$

式中各项为等比数列，首项是 A，公比是 $(1+i)^{-1}$，根据等比数列的求和公式可知：

$$P=\frac{A\cdot[1-(1+i)^{-n}]}{1-(1+i)^{-1}}=A\cdot\frac{[1-(1+i)^{-n}](1+i)}{i}=A\cdot[\frac{1-(1+i)^{-(n-1)}}{i}+1]$$

式中的 $[\dfrac{1-(1+i)^{-(n-1)}}{i}+1]$ 是即付年金现值系数，它是在普通年金现值系数 $[\dfrac{1-(1+i)^{-n}}{i}]$ 的基础上，期数减1、系数加1所得的结果，通常记作 $[(P/A,i,n-1)+1]$。通过查阅"年金现值系数表"可得 $(n-1)$ 期的值，然后加1，即可得到对应的即付年金现值系数的值。

【例1-7】李先生采用分期付款方式购商品房一套，每年年初付款15 000元，分10年付清。若银行年利率为6%，该项分期付款相当于一次性现金支付的购价是多少？

$$P=A\cdot[(P/A,i,n-1)+1]=15\,000\times[(P/A,6\%,9)+1]=15\,000\times(6.8017+1)=117\,025.50（元）$$

（3）递延年金终值和现值的计算。

递延年金是指第一次收付款发生时间不在第一期期末，而是间隔若干期后才发生的系列等额收付款项，是普通年金的特殊形式。

假设年金为100元，递延年金的支付形式如图1-3所示。

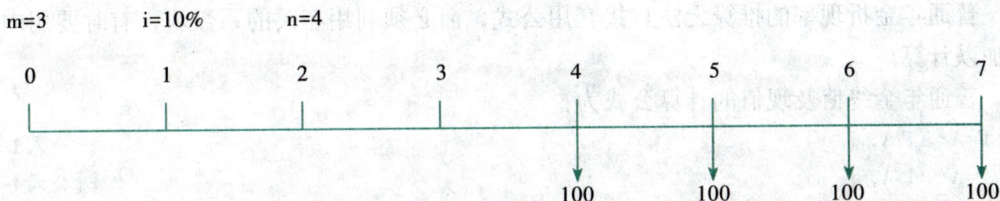

图1-3　递延年金的支付

从图1-3中可以看出，前3期没有发生支付，一般用m表示递延期数，图1-3中m=3。第一次支付在第4期期末，连续支付4次，即n=4。

递延年金终值的计算方法与普通年金终值的计算方法相似，即：

$F=A\cdot(F/A, i, n)=100\times(F/A, 10\%, 4)=100\times4.6410=464.10$（元）

递延年金现值的计算方法有两种：

第一种方法，计算公式为：

$$P=A\cdot[\frac{1-(1+i)^{-(m+n)}}{i}-\frac{1-(1+i)^{-m}}{i}]=A\cdot[(P/A, i, m+n)-(P/A, i, m)]$$

上式是先计算出m+n期的普通年金现值，然后减去前m期的普通年金现值，即得递延年金的现值。

根据图1-3，按第一种方法计算出的递延年金现值为：

$P=100\times[(P/A, 10\%, 3+4)-(P/A, 10\%, 3)]=100\times(4.8684-2.4869)=238.15$（元）

第二种方法，计算公式为：

$$P=A\cdot\frac{1-(1+i)^{-n}}{i}\cdot(1+i)^{-m}=A\cdot(P/A, i, n)\cdot(P/F, i, m)$$

上式是先将递延年金视为n期普通年金，求出在第m+1期期初的现值，然后再折算到第一期期初，即得递延年金的现值。

根据图1-3，按第二种方法计算出的递延年金现值为：

$P=100\times(P/A, 10\%, 4)\times(P/F, 10\%, 3)=100\times3.1699\times0.7513=238.15$（元）

（4）永续年金现值的计算。

永续年金是指无限期等额收付的特种年金，即期限趋于无穷的普通年金。由于永续年金持续期无限，没有终止的时间，因而没有终值，只有现值。永续年金的现值可以通过普通年金现值的计算公式导出：

$$P=A\cdot\frac{1-(1+i)^{-n}}{i}$$

当n→∞时，$(1+i)^{-n}$的极限为零，故上式可写成：

$$P=\frac{A}{i}$$

【例1-8】某学校拟建立一项永久性的奖学金，每年计划颁发20 000元奖学金。若利率为10%，则现在应存入多少钱？

$P=20\,000\div10\%=200\,000$（元）

（5）普通年金折现率的推算。

在实际财务管理中，有时会遇到已知年金终值或现值、年金、计息期，但不知折现率的问题，如投资者花20 000元购入一种5年期债券，每年可收到利息2 000元，其投资收益率是多少？此时就涉及折现率（利息率）的推算问题。

普通年金折现率的推算无法直接套用公式，而必须利用有关的系数表，有时要用内插法加以计算。

普通年金终值及现值的计算公式为：

$F=A\cdot(F/A, i, n)$　　　　　　　　　　　　　　　　　　　　　　　　　［公式1-5］

$P=A\cdot(P/A, i, n)$　　　　　　　　　　　　　　　　　　　　　　　　　［公式1-6］

将［公式1-5］、［公式1-6］变形可得相应的［公式1-7］、［公式1-8］：

F/A=（F/A，i，n）　　　　　　　　　　　　　　　　　　　　　　　［公式1-7］

P/A=（P/A，i，n）　　　　　　　　　　　　　　　　　　　　　　　［公式1-8］

以上［公式1-7］、［公式1-8］右边分别为普通年金终值系数和普通年金现值系数。若F、A、n已知，则可利用［公式1-7］，查普通年金终值系数表，找出系数值为F/A的对应的i即可；若P、A、n已知，则可利用［公式1-8］，查普通年金现值系数表，找出系数值为P/A的对应的i即可。若找不到完全对应的i，则可运用内插法求得。现以［公式1-8］为例，说明用内插法求i的基本步骤：

❶计算出P/A的值，假设P/A=α。

❷查普通年金现值系数表。沿着已知n所在的行横向查找，若恰好能找到某一系数值等于α，则该系数值所在的列所对应的利率便为所求的i值。

❸若无法找到恰好等于α的系数值，就应在表中n行上找与α最接近的上下两个临界系数值，设为β_1、β_2（$\beta_1 > \alpha > \beta_2$，或$\beta_1 < \alpha < \beta_2$）。找出$\beta_1$、$\beta_2$所对应的临界利率$i_1$、$i_2$，然后进一步运用内插法。

❹在内插法下，假定利率i同相关的系数在较小范围内线性相关，因而可根据临界系数β_1、β_2和临界利率i_1、i_2计算出i，其公式为：

$$i = i_1 + \frac{\beta_1 - \alpha}{\beta_1 - \beta_2} \cdot (i_2 - i_1)$$

【例1-9】周先生于第一年年初借款20 000元，每年年末还本付息额均为4 000元，连续10年还清。问借款利率是多少？

根据题意，已知P=20 000，A=4 000，n=10，则：

P/A=20 000÷4 000=5=α

即：α=5=（P/A，i，10）

查n=10的普通年金现值系数表。在n=10一行上无法找到恰好为5（α=5）的系数值，于是找大于和小于5的临界系数值，分别为：β_1=5.0188>5，β_2=4.8332<5，同时找出临界利率为i_1=15%，i_2=16%。则：

$$i = i_1 + \frac{\beta_1 - \alpha}{\beta_1 - \beta_2} \cdot (i_2 - i_1) = 15\% + \frac{5.0188 - 5}{5.0188 - 4.8332} \times (16\% - 15\%) = 15.10\%$$

微课

投资的风险价值

【随堂测】王先生购买商品房，有三种付款方式：第一种，每年年初支付购房款80 000元，连续支付8年；第二种，从第3年开始，在每年的年末支付房款132 000元，连续支付5年；第三种，现在支付房款100 000元，以后在每年年末支付房款90 000元，连续支付6年。

请测算一下，在市场资金收益率为10%的条件下，选择哪种付款方式更好？

二、投资风险价值

（一）投资风险价值的概念

投资风险价值是指投资者由于冒着风险进行投资而获得的超过资金时间价值的额外收益，又称投资风险收益、投资风险报酬。

投资风险价值可用风险收益额和风险收益率表示。投资者由于冒着风险进行投资而获得的超过资金时间价值的额外收益，称为风险收益额；风险收益额对于投资额的比率，则为风险收益率。在实际工作中，通常以风险收益率进行计量。

在不考虑通货膨胀的情况下，投资收益率包括两部分：一部分是无风险投资收益率，即资金时间价值（R_F）；另一部分是风险投资收益率（R_R），即风险价值。其基本关系是：

投资收益率=无风险投资收益率+风险投资收益率

即：$K=R_F+R_R$

（二）投资风险价值的计算

风险收益具有不易计量的特性。要计算在一定风险条件下的投资收益，必须利用概率论的方法，按未来年度预期收益的平均偏离程度来进行估量。

1.概率分布和预期收益

一个事件的概率是指这一事件的某种后果可能发生的机会。企业投资收益率为25%的概率为0.40，就意味着企业获得25%的投资收益率的可能性是40%。如果把某一事件所有可能的结果都列示出来，对每一结果给予一定的概率，便可构成概率的分布。

【例1-10】中南公司某投资项目有A、B两个方案，投资额均为10 000元，其收益的概率分布见表1-1。

表1-1　　　　　　　　　　　　　　**收益的概率分布**　　　　　　　　　　金额单位：元

经济情况	概率（P_i）	收益额（随机变量X_i）	
		A方案	B方案
繁荣	$P_1=0.20$	$X_1=2\ 000$	$X_1=3\ 500$
一般	$P_2=0.50$	$X_2=1\ 000$	$X_2=1\ 000$
较差	$P_3=0.30$	$X_3=500$	$X_3=-500$

概率以P_i表示，n表示可能出现的所有结果的个数。任何概率都要符合以下两条规则：（1）$0 \leqslant P_i \leqslant 1$；（2）$\sum_{i=1}^{n} P_i = 1$。

这就是说，每一个随机变量的概率最小为0，最大为1；不可能小于0，也不可能大于1。全部概率之和必须等于1，即100%。

根据某一事件的概率分布情况，可以计算出预期收益。预期收益又称收益期望值，是指某一投资方案未来收益的各种可能结果，用概率为权数计算出来的加权平均数，是加权平均的中心值。

其计算公式如下：

$$\overline{E} = \sum_{i=1}^{n} X_i \cdot P_i$$

式中：$\overline{E}$为预期收益；X_i为第i种可能结果的收益；P_i为第i种可能结果的概率；n为可能结果的个数。

根据表1-1的资料，可分别计算A、B两方案的预期收益：

A方案$\overline{E}=2\ 000×0.20+1\ 000×0.50+500×0.30=1\ 050$（元）

B方案$\overline{E}=3\ 500×0.20+1\ 000×0.50+（-500）×0.30=1\ 050$（元）

在预期收益相同的情况下，投资的风险程度同收益的概率分布有密切的联系。概率分布越集中，实际可能的结果就会越接近预期收益，实际收益率低于预期收益率的可能性就越小，投资的风险程度也就越小；反之，概率分布越分散，投资的风险程度也就越大。为了清晰地观察概率的离散程度，可根据概率分布表绘制概率分布图进行分析。

概率分布有两种类型：一种是不连续的概率分布，即概率分布在几个特定的随机变量点上，概率分布图形成几条个别的直线；另一种是连续的概率分布，即概率分布在一定区间的连续各点上，概率分布图形成由一条曲线覆盖的平面。

表1-1假定经济情况只有繁荣、一般、较差三种，概率个数为3。根据该表资料可绘制不连续的概率分布图，如图1-4所示。

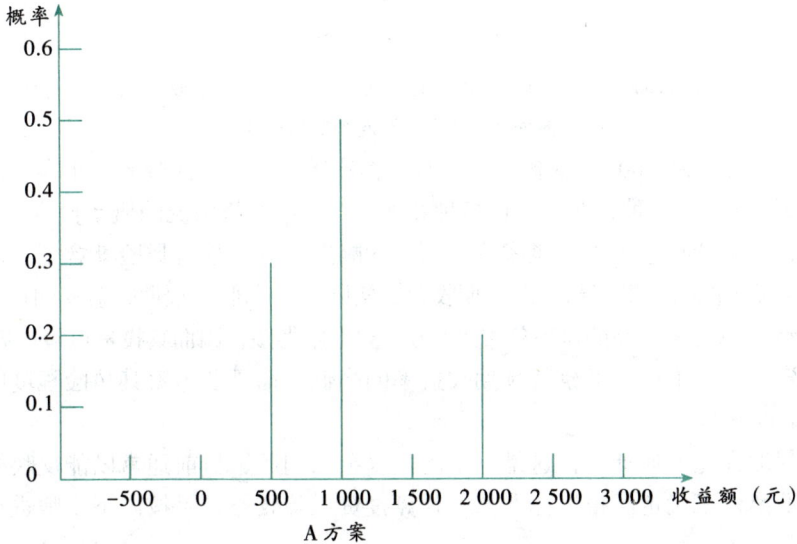

A方案

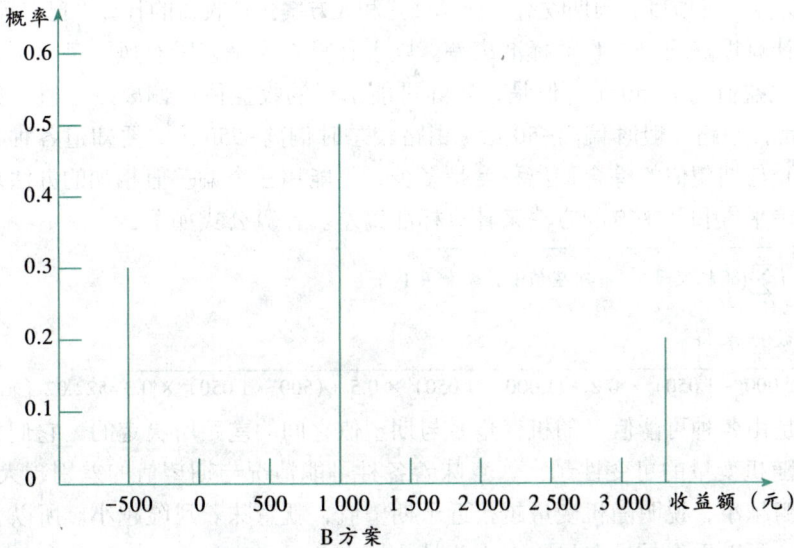

B方案

图1-4 根据表1-1绘制的不连续概率分布图

但是在实践中，经济情况在极度繁荣和极度衰退之间可能发生无数种可能的结果，有着许多个概率，而不是只有繁荣、一般、较差三种可能性。如果对每一种可能的结果给予适当的概率，就可以绘制连续的概率分布图。以表1-1的资料为依据展开，可绘制图1-5。

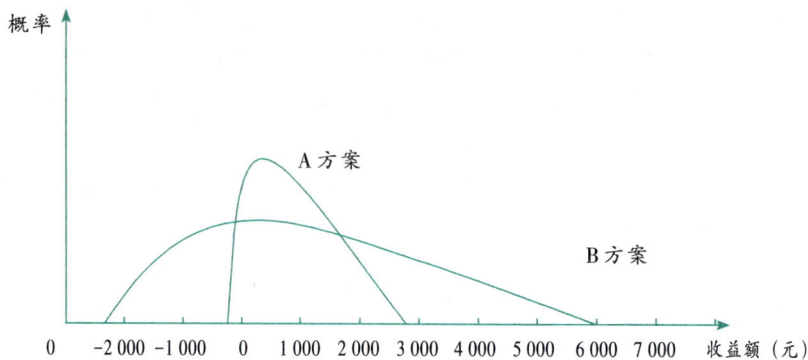

图1-5　根据表1-1绘制的连续概率分布图

在图1-4中，收益为1 000元的概率是50%，而在图1-5中，其概率要小得多。因为在图1-5中经济情况不只是三种，而是有许多种，那么每一种经济情况的概率自然就要下降。

由此可见，概率分布愈集中，概率分布图中的峰度愈高，投资风险就愈低。因为概率分布越集中，实际可能的结果就越接近预期收益，实际收益率低于预期收益率的可能性就越小。如图1-5所示，A方案收益的概率分布比B方案要集中得多，因而其投资风险较低。所以，对有风险的投资项目，不仅要考察其预期收益率的高低，而且要考察其风险程度的大小。

2.风险收益的衡量

投资风险程度究竟如何计量，这是一个比较复杂的问题，目前通常以能反映概率分布离散程度的标准离差来确定。根据标准离差计算投资风险收益，可按以下步骤进行（现以A方案为例说明）：

第一步，计算投资项目的预期收益。计算公式和A方案预期收益的计算，已在前面列示。

第二步，计算投资项目的收益标准离差。以上计算结果是在所有风险条件下，期望可能得到的平均收益值为1 050元。但是，实际可能出现的收益往往偏离期望值。如市场繁荣时偏离950元，销路一般时偏离-50元，销路较差时偏离-550元。要知道各种收益可能值（随机变量）与期望值的综合偏离程度是多少，不能用三个偏差值相加的办法求得，而只能用求解偏差平方和开平方的方法来计算标准离差。计算公式如下：

$$标准离差\delta=\sqrt{\sum_{i=1}^{n}(随机变量X_i-期望值\overline{E})^2\times 概率P_i}$$

代入上例数据求得：

$$A方案\delta=\sqrt{(2\ 000-1\ 050)^2\times 0.2+(1\ 000-1\ 050)^2\times 0.5+(500-1\ 050)^2\times 0.3}=522.02（元）$$

标准离差是由各种可能值（随机变量）与期望值之间的差距所决定的。它们之间的差距越大，说明随机变量的可变性越大，意味着各种可能情况与期望值的差别越大；反之，它们之间的差距越小，说明随机变量越接近于期望值，就意味着风险越小。所以，收益标准离差的大小，可以看作是投资风险大小的具体标志。

第三步，计算投资项目收益的标准离差率。标准离差是反映随机变量离散程度的一个指标，但它是一个绝对值，而不是一个相对值，只能用来比较预期收益率相同的投资项目的风险程度，而不能用来比较预期收益率不同的投资项目的风险程度。为了比较预期收益率不同的投资项目的风险程度，还必须求得标准离差和预期收益的比值，即标准离差率。其计算公式如下：

$$标准离差率\ V=\frac{标准离差\ \delta}{期望值\ \overline{E}}\times100\%$$

根据以上公式，代入上例数据求得：

$$A方案\ V=\frac{522.02}{1\,050}\times100\%=49.72\%$$

第四步，计算投资项目的应得风险收益率。标准离差率虽然可以评价投资风险程度的大小，但它不是风险收益率。由于风险程度越大，其收益率也应该越高，因此要计算风险收益率，必须借助一个系数——风险价值系数。其公式为：

应得风险收益率 R_R=风险价值系数 b×标准离差率 V

在上例中，假定投资者确定的风险价值系数为8%，则：

A方案 R_R=8%×49.72%=3.98%

至于风险价值系数的大小，则是由投资者根据经验并结合其他因素加以确定的，通常有以下几种确定方法：

（1）根据以往同类项目的有关数据确定。根据以往同类投资项目的投资收益率、无风险收益率和收益标准离差率等历史资料，可以求得风险价值系数。例如，企业进行某项投资，其同类项目的投资收益率为10%，无风险收益率为6%，收益标准离差率为50%。根据公式 $K=R_F+R_R=R_F+bV$，可得：

$$b=\frac{K-R_F}{V}=\frac{10\%-6\%}{50\%}=8\%$$

式中：K为投资收益率；R_F 为无风险收益率；R_R 为风险收益率；b为风险价值系数；V为标准离差率。

（2）由企业领导或有关专家确定。如果现在进行的投资项目缺乏同类项目的历史资料，不能采用上述方法计算，则可根据主观的经验加以确定。

（3）由国家有关部门组织专家确定。

第五步，计算投资方案的预测投资收益率，权衡投资方案是否可取。

按照上述程序计算出来的风险收益率，是在现有风险程度下要求的风险收益率。为了判断某一投资方案的优劣，可将预测风险收益率同应得风险收益率进行比较，研究预测风险收益率是否大于应得风险收益率。对于投资者来说，预测的风险收益率越大越好。无风险收益率即资金时间价值是已知的，根据无风险收益率和预测投资收益率，可求得预测风险收益率。其计算公式如下：

$$预测投资收益率=\frac{预测收益额}{投资额}\times100\%$$

预测风险收益率=预测投资收益率-无风险收益率

前文已假设上述A方案的无风险收益率为6%，则有关指标计算如下：

$$预测投资收益率=\frac{1\,050}{10\,000}\times100\%=10.50\%$$

预测风险收益率=10.50%-6%=4.50%

求出预测风险收益率后，用以与应得风险收益率进行比较，即可对投资方案进行评价。如上述A方案：

预测风险收益率4.50%>应得风险收益率3.98%

这说明该投资方案所冒的风险小，而预测可得的风险收益率大，此方案符合投资原则，可取；反之，则不可取。

以上对投资风险程度的衡量，是就一个投资方案而言的。如果有多个投资方案供选择，那么进行投资决策总的原则应该是：投资收益率越高越好，风险程度越低越好。具体说来有以下几种情况：❶如果两个投资方案的预期投资收益率基本相同，应当选择标准离差率较低的方案。❷如果两个投资方案的标准离差率基本相同，应当选择预期投资收益率较高的方案。❸如果甲方案预期投资收益率高于乙方案，而其标准离差率低于乙方案，则应当选择甲方案。❹如果甲方案预期投资收益率高于乙方案，而其标准离差率也高于乙方案，则不能一概而论，而要取决于投资者对风险的态度。有的投资者愿意冒较大的风险，以追求较高的收益率，可能选择甲方案；有的投资者则不愿意冒较大的风险，宁肯接受较低的收益率，可能选择乙方案。但如果甲方案收益率高于乙方案的程度大，而其收益标准离差率高于乙方案的程度较小，则选择甲方案可能是比较适宜的。

应当指出，风险价值计算的结果具有一定的假定性，并不十分精确。研究投资风险价值原理，主要是在进行投资决策时，树立风险价值观念，认真权衡风险与收益的关系，选择有可能避免风险、分散风险，并获得较多收益的投资方案。

第五节　　财务管理的环境

一、宏观经济环境

影响企业财务管理的宏观经济环境因素很多，主要包括经济体制、经济周期、经济发展水平、通货膨胀水平等。

（一）经济体制

经济体制有计划经济体制和市场经济体制两种。经济体制不同，财务管理的目标、主体、内容、方法等也不一样。在计划经济体制下，企业资金由国家统一供应，企业按国家计划组织生产，利润统一上缴，亏损由国家补贴，企业没有独立财务管理权。在市场经济体制下，企业成为自主经营、自负盈亏的经济实体，有独立的经营权和财务管理权。企业财务管理部门可以独立完成筹资、投资和分配的财务活动过程，特别是独立进行金融商品的经营活动。财务管理以实现企业价值最大化或相关者利益最大化作为目标，可以从企业自身需要出发，合理确定资金需要量，到资本市场筹资，再将资本投放到高收益的项目，最后将收益按需要和可能进行分配，保证企业财务活动自始至终根据自身条件和外部环境作出各种财务管理决策并组织实施。因此，企业财务管理活动的内容比较丰富，方法也复杂多样。

（二）经济周期

市场经济条件下，经济发展和运行会有一定的波动，出现复苏、繁荣、衰退和萧条几个阶段的循环。经济处在不同的阶段，企业财务管理的战略选择也会有所不同。在经济复苏阶段，企业应增加厂房设备和劳动力，建立存货储备，开发新的产品；在经济繁荣阶段，企业应趁机扩充厂房，增加设备、存货和劳动力，提高产品价格，开展营销规划；在经济衰退阶段，企业则应停止扩张，出售多余设备，停产不利产品，削减存货，停止招聘员工；在经济萧条阶段，企业应建立投资标准，保持市场份额，压缩管理费用，裁减雇员，放弃次要利益。

（三）经济发展水平

财务管理发展水平与国家经济发展水平密切相关，相互促进。经济发展水平越高，财务管理水平也越高。财务管理水平的提高，将推动企业降低成本，提升效率，从而促进经济发展水平的提高；而经济发展水平的提高，将改变企业的财务战略、财务理念、财务管理模式和财务管理的方法和手段，从而促进企业财务管理水平的提高。企业财务管理应当以国家经济发展水平为基础，以宏观经济发展目标为导向，从业务工作角度保证企业经营目标和经营战略的实现。

（四）通货膨胀水平

通货膨胀对企业财务管理的影响主要表现在：第一，引起资金占用的大量增加，从而增加企业的资金需求；第二，引起企业利润虚增，造成企业资金由于利润分配而流失；第三，引起利润上升，增加企业的权益资金成本；第四，引起有价证券价格下降，增加企业的筹资难度；第五，引起资金供应紧张，导致企业筹资困难。企业在财务管理上应采取措施减轻通货膨胀对企业造成的不利影响。通常，在通货膨胀初期，货币面临着贬值的风险，此时企业应适当投资以避免风险，实现资本保值；与客户应签订长期购货合同，以减少物价上涨造成的损失；增加长期负债，保持资本成本的稳定。在通货膨胀持续期，企业可以采取比较严格的信用条件，减少企业债权；调整财务政策，防止和减少企业资本流失。

▶ 议一议　同学们，就你了解到的情况，你认为近几年我国的宏观经济环境发生了哪些变化呢？

二、财税政策环境

财税政策环境就是指财税政策及其变动对企业财务管理的影响和制约关系。国家财政一方面以税收和上缴利润形式将企业利润的相当份额予以征收；另一方面又以财政支出，包括公共支出、投资支出、补贴支出等形式将财政收入加以分配。这些分配的支出中很大一部分成了国有企业原始投资和技术改造拨款的来源，成了企业享受国家政策性补贴的来源。国家的财政状况及其相应的财税政策，对于企业资金供应和税收负担以及企业收入等都有着重要的影响。当国家采取紧缩的财税政策时，一方面国家会增加税目，提高税率，以增加财政收入；另一方面国家会减少公共支出和国家投资。同时，国家会在公开市场中通过卖出业务收缩货币流通量。当国家采取扩张的财税政策时，一方面国家会减少税目，降低税率，以使更多的纯收入留归企业用于扩大再生产；另一方面国家会增加公共支出和国家投资。同时，国家会在公开市场中通过买入业务扩张货币流通量。无论是收缩的财税政策还是扩张的财税政策都会直接影响企业的财务活动，企业财务管理应当适应这种政策导向，合理组织财务活动。大体上讲，财税政策环境会对企业财务管理产生以下影响：

第一，国家采取紧缩的财税政策时，会使企业纯收入留归企业的部分减少，企业现金流出增加，现金流入相对减少以至绝对减少，增加企业的资金紧缺程度。与此相应，企业应控制投资规模，增收节支，约束自我积累，积极寻找新的资金来源，适当增加利润留存比重。

第二，国家采取扩张的财税政策时，会使企业纯收入留归企业的部分增加，企业从国家获得投资和补贴的可能性增加。这必然会使企业现金流入增加，现金流出相对减少以至绝对减少，结果使企业资金出现盈余。与此相应，企业应积极寻找新的投资领域，扩大投资规模，减少对外筹资数量，适当增加派利比重。

第三，国家调整税收政策和财政支出政策时，企业应善于用好用足政策调整给企业带来的潜在好处，合理进行税务筹划和财政补贴筹划，以期获得最大的政策利益。

第四，国家调整税收政策和财政支出政策时，企业应善于把握其政策导向，如产业导向和生产力布局导向，及时调整投资方向，谋求最大投资收益。

从以上分析可以看出，财税政策环境对企业财务管理的影响和制约是最为直接、有效的，它是与财务管理直接相关的环境因素。

阅读与思考

我国税制改革取得历史性突破

党的十八大以来，我国不断深化税制改革，不断完善现代税收体系，税收服务经济社会发展大局作用不断彰显。

一、"营改增"彻底理顺了我国的流转税制度

早在 1994 年，我国实行了一次重大的财税体制改革，确立了对货物征收增值税、对服务征收营业税的流转税制度。虽然这种"增营并征"的流转税模式适应当时的税收征管水平，确保了服务业流转税的有效征收，但也造成税制对纳税人经营行为的干扰。2012 年 1 月 1 日，我国率先在上海的交通运输业和部分现代服务业试点"营改增"，并在总结经验的基础上，从 2012 年 8 月 1 日起将"营改增"的试点扩大到 10 个省市，到 2013 年 8 月已扩大到全国，试点的行业范围也有所扩大。2016 年 5 月 1 日，我国全面实行了"营改增"，将建筑业、房地产业、金融业、生活服务业全部纳入"营改增"的试点范围，营业税从此退出了历史舞台。"营改增"彻底理顺了我国的流转税制度，也使得征管机构的设置更加合理化。

二、绿色税收助力生态文明建设

党的十八大以后，生态文明建设被放在了更加突出的地位，绿色税制建设成为我国税制改革的重要内容。2018 年我国开征了环境保护税，对消费税、资源税、企业所得税等税种也不断"绿化"。2014—2015 年，国家 3 次提高汽油等成品油的消费税税率；从 2015 年 2 月 1 日起，电池和涂料这两种对环境污染比较大的产品也被纳入到消费税的征收范围；2014 年 12 月 1 日起，我国将煤炭资源税改为从价计征；2019 年 8 月全国人大常委会通过的资源税法规定，除了地热、石灰岩、砂石等少数矿产品可以从量计征以外，其他绝大多数矿产品都实行从价计征，资源税实行比例税率，我国的绿色税收制度不断完善。

三、减税降费激发经济创新活力

2012 年，伴随着"营改增"改革，我国也开启了真正意义上的减税降费，不仅持续的时间长，而且减税规模也大。2018 年 5 月 1 日，将制造业等行业的增值税适用税率由 17% 降至 16%，将交通运输、建筑等行业适用税率由 11% 降至 10%。2019 年 4 月 1 日又进一步将制造业等行业的增值税适用税率由 16% 降至 13%，将交通运输、建筑等行业适用税率由 10% 降至 9%，并进一步扩大进项税抵扣范围，完善抵扣链条，试行期末留抵退税制度。在提高增值税小规模纳税人月销售额免税标准和年应税销售额标准的基础上，将小规模纳税人的征收率由 3% 降到了 1%。

在企业所得税改革方面，将固定资产加速折旧政策适用范围扩大到全部制造业，逐步提高企业研究开发费用税前加计扣除比例，购进单位价值不超过 500 万元的设备、器具允许一次性扣除，提高职工教育经费支出扣除比例。国家从2018年开始对小微企业的应纳税所得额给予一定的优惠减免，小微企业100万元以内的所得减按12.5%计入应纳税所得额，100万元至300万元的所得减按25%计入应纳税所得额①。

十年来，减税降费规模之大前所未有，惠及范围之广前所未有，对减轻市场主体负担、激发市场主体活力发挥了重要作用。数据显示，党的十八大以来，我国新增减税降费累计8.8万亿元，宏观税负从2012年的18.7%降至2021年的15.1%。

资料来源 朱青. 我国税制改革取得历史性突破［N］. 中国财经报，2022-06-28.

思考：

（1）我国为什么要不断改革税收制度？

（2）我国税制改革对企业财务管理会带来哪些影响？

三、金融环境

企业总是需要资金从事投资和经营活动，而资金的取得，除了自有资金外，主要从金融机构和金融市场取得。金融政策的变化必然影响企业的筹资、投资和资金运营活动。所以，金融环境是企业最为主要的环境因素。

金融环境也可以称为金融市场环境。金融市场是指资金供应者和资金需求者双方通过某种形式融通资金的场所，是政府进行金融宏观调控的对象。金融市场可以分成不同的类型，如图1-6所示。

图1-6 金融市场分类

金融市场由金融市场主体、金融市场工具和交易场所三要素组成。其中，金融市场主体包括个人、企业和政府等提供资金和需要资金的主体。一般而言，个人是金融市场的资金供应者，政府在财政盈余时也会成为金融市场的资金供应者。企业是金融市场的资金需求者，政府在财政赤字时也会成为金融市场的资金需求者。就某个企业或个人在金融市场的地位而言，可能有时是资金供应者，有时是资金需求者。金融市场主体还包括金融中介机构，其职能是将资金供应者手中的钱转移到资金需求者手中。金融中介机构分为银行机构和非银行金融中介机构。我国银行机构主要包括中央银行、国有商业银行、国家政策性银行及其他银行；非银行金融中介机构主要包括信托投资公司、证券公司、租赁公司等。金融工具是资金供应者将资金转移给资金需求者的凭据和证明，如各种票据、证券等。不同金融工具用于不同的资金供求场合，具有不同的法律效力和流通功能。企业为不同金融工具而承担的风险和要付出的成本不同，企业必须选择适合自身情况的金融工具进行资金交易，以相对降低风险和成本。金融交易场所有证券交易所和店头市场，也有有形市场和无形市场，还有初级发生市场和二级流通市场。不同交易场所进行资金交易所需的法律手

① 自2023年1月1日至2027年12月31日，对小型微利企业年应纳税所得额不超过100万元的部分，减按25%计入应纳税所得额，按20%的税率缴纳企业所得税。自2022年1月1日至2027年12月31日，对小型微利企业年应纳税所得额超过100万元但不超过300万元的部分，减按25%计入应纳税所得额，按20%的税率缴纳企业所得税。

续、交易条件、交易成本不同，交易的数量和完成交易的时间也有差别，企业必须选择适合自身情况的交易场所，以相对节省交易费用，并加快交易进程。企业在上述三个方面都涉及怎样利用金融环境，有效进行财务活动，搞好财务管理。如果金融市场发育成熟，功能完善，各种金融工具齐备、流通形式发达，政府对金融市场的调控有力，就能使企业合理、有效地进行筹资、投资和分配活动。

在金融市场上，通过市场主体运用金融工具在各种交易场所进行资金交易，最终会形成金融市场的各种参数，包括市场利率、汇率、证券价格和证券指数等，它们与企业财务管理直接相关，是进行财务决策的前提和基础。在财务管理中，金融环境有着直接的影响和决定作用，表现在以下几个方面：

第一，在筹资活动中，当市场利率上升、汇率下降、证券价格和证券指数下跌时，或者政府控制货币发行、提高银行存款准备金率和再贴现率、参与公开市场卖出业务时，如果它们已经成为一种现时的影响，企业筹资会变得困难，整个金融市场筹资成本和风险会对企业不利；如果它们是一种对未来的预期，财务管理部门应提前采取措施，规避未来筹资成本上升和风险增长的可能，如采用固定利率的长期筹资等。当金融市场参数以及政府的货币政策的变动与上述情况相反时，筹资活动所面临的情形和所采取的措施正好相反。

第二，在投资活动中，当政府控制货币发行、提高存款准备金率和再贴现率、参与公开市场卖出业务时，会使市场利率上升。这时，投资方向主要是存款以获取高利率，或者贷款以获取高利率。当其他条件不变时，市场利率上升，证券价格和证券指数将趋于下降，投资者不是投资于证券而是转移投资方向；同时，投资者会为追逐高利率而放弃外汇投资，转向本币存款或贷款投资。相反，当政府扩大货币发行量、降低存款准备金率和再贴现率、参与公开市场买入业务时，会使市场利率下降。这时，证券价格和证券指数在其他条件不变时会趋于上升，投资者必然将投资转向证券投资领域，不再进行存款或贷款投资。相应地，在其他条件不变时，市场利率下降，投资者必然将本币换成外币，获取相对较高的外币利率收入。除了利率影响外，证券价格、证券指数和汇率也会由于其他因素而发生升降变动。从整体上讲，当证券价格和证券指数上升时，企业将增加证券投资；反之，亦然。当汇率上升时，企业将增加外汇投资；反之，亦然。

第三，在分配活动中，如何确定利润的存分比例，也与金融市场参数和政府货币政策密切相关。当市场利率上升抑或政府采取紧缩的货币政策、证券市场价格和指数低迷、外汇汇率下降时，企业筹资困难，如果企业确有资金需要，应该扩大留存利润；反之，可以相对减少留存利润。当市场利率上升时，如果其他条件不变，为稳住证券市场价格，企业也可以扩大利润的分配份额，使企业证券市价维持在较高位置；反之，亦然。以上是从筹资角度考虑的。如从投资角度考虑，企业的投资机会好，就应扩大留存利润的比例。一般来说，市场利率上升，证券价格和指数上升，外汇汇率上升，都意味着未来投资机会的收益高，因此企业可以增加留存利润；反之，亦然。

第四，在资金运营活动中，随着国家货币政策的调整，企业营运资金的占有量、周转率等也将发生相应的变化。如从紧的货币政策下，极易出现原材料供应紧张、价格上涨，应收账款数额增加，流动资金周转速度放慢等现象。因此，企业应随时关注金融政策变化，及时做好企业自身调整。

阅读与思考

开市两周年　北交所踏上高质量发展新征程

2021年11月15日，北交所鸣锣开市，首批81家公司挂牌交易，至今已正式运行满两周年。开市两年以来，北交所坚持错位发展、突出特色、守正创新，市场建设实现了良好开局。截至2023年11月14日，北交所共有上市公司229家，总市值超2 800亿元。其中，中小企业占比81%，民营企业占比88%。上市公司科技属性突出，高新技术企业占比91%，国家级专精特新"小巨人"企业占比近五成；8家公司被评选为国家级"制造业单项冠军"，15家企业获国家科技进步奖、国家技术发明奖；平均研发强度4.46%，是规模以上企业平均水平的3倍；平均每家拥有19项有效发明专利，是全国高新技术企业平均水平的2.24倍。

两年来，北交所促进创新资本形成，积极引导更多金融资源向科技创新、先进制造、绿色发展和中小微企业聚焦。上市公司公开发行累计融资超470亿元，平均每家融资2亿元左右。上市公司募集资金八成以上投向先进制造、数字经济、绿色低碳等领域，帮助企业"快速融、解急需，按需融、办大事"。完善了全链条服务中小企业的市场体系，2022年新三板新增挂牌公司数量同比增加三倍，定向发行融资金额同比增加12.5%，2023年10月，三四板制度型对接正式落地。

南开大学金融发展研究院院长田利辉认为，两年来，北交所市场功能不断完善，市场的透明度、效率和投资吸引力不断提升，在服务支持创新型中小企业方面表现出色。

资料来源　李静. 开市两周年　北交所踏上高质量发展新征程［EB/OL］.［2023-11-15］. https://baijiahao.baidu.com/s?id=1782594288465075589&wfr=spider&for=pc.

思考：

（1）我国目前有哪几家证券交易所？各自的功能定位有何不同？成立北交所对我国资本市场发展有何意义？

（2）我国资本市场的发展给企业财务管理会带来哪些影响？企业如何从多层次资本市场中寻找发展机遇？

四、法律环境

在市场经济条件下，企业总是在一定的法律前提下从事其各项业务活动的。一方面，法律提出了企业从事各项业务活动必须遵守的规范或前提条件，从而对企业行为进行约束；另一方面，法律也为企业依法从事各项业务活动提供了保护。在市场经济中，政府通常要建立一个完整的法律体系来维护市场秩序。从企业的角度看，这个法律体系涉及企业设立、企业运转、企业合并和分立以及企业的破产清理。其中，企业运转又分为对企业从事生产经营活动的法律规定和企业从事财务活动的法律规定。一般来说，企业设立、合并和分立是通过《中华人民共和国公司法》（简称《公司法》）进行约束的；企业破产清理是通过《中华人民共和国企业破产法》进行约束的；企业生产经营活动主要是通过《中华人民共和国民法典》、《中华人民共和国消费者权益保护法》、《中华人民共和国环境保护法》和《中华人民共和国反垄断法》等进行约束的。企业财务活动是通过《中华人民共和国会计法》、《中华人民共和国证券法》、《中华人民共和国票据法》、《企业财务通则》、企业会计准则，以及税法及相关规定等进行约束的。此外，在企业设立、合并和分立以及破产的有关法律规定中，其主要内容都直接与财务活动相联系。将这些内容与对财务活动运行过程进行规定的法律联结起来，就可以形成一个完整的有关财务活动的法律体系，它对财务管理会产生直接的影响和制约作用，而有关企业生产经营活动的法律规定也会对财务管理产生间接的影响和制约作用。从整体上说，法律环境对财务管理的影响和制约有以下几个方面：

第一，在筹资活动中，国家通过法律规定了筹资的最低规模和结构，规定了筹资的前提条件和基本程序。

第二，在投资活动中，国家通过法律规定了投资的基本前提、投资的基本程序和应履行的手续。

第三，在分配活动中，国家通过法律规定了企业分配的类型或结构、分配的方式和程序、分配过程中应履行的手续，以及分配的数量。

第四，在生产经营活动中，国家规定的各项法律也会引起财务安排的变动，所以在财务活动中必须予以考虑。

案例1-1

雷曼公司破产与财务管理目标的选择

美国雷曼兄弟控股公司（以下简称雷曼公司）成立于1850年，总部设在美国纽约，在英国伦敦和日本东京还设有地区性总部。雷曼公司通过它的分支机构向全球企业、政府部门、市政当局、投资机构和高资产净值个人客户提供各种金融服务。公司业务主要分三大块：资本市场业务、投资银行业务和投资管理业务。资本市场部门为机构投资者的资本流动提供服务，包括二级市场交易、融资、抵押贷款发放和证券化、大宗经纪等业务，以及对固定收益类和权益类产品的研究等。其产品除包括现金、衍生工具、有担保的融资、结构性工具和投资外，它还提供如下权益类和固定收益类产品：美欧亚股票、政府及代理机构证券、资金市场产品、高级别公司证券、高收益率新兴市场证券、抵押和资产支持证券、优先股、市政证券、银行贷款、外汇、融资和衍生产品。这一部门还投资于房地产、私募股权和其他长期投资类别。投资银行部门主要向企业、机构和政府客户就合并、收购和其他金融事务提供建议和咨询。另外，该部门还通过承销公开或非公开发行的负债及权益类工具帮助客户进行融资。投资管理部门又分为私人投资管理部门和资产管理部门两大块。私人投资管理部门主要向高资产净值个人客户和中间市场机构客户提供投资与财富咨询和资本市场执行服务；资产管理部门主要向高资产净值个人客户、共同基金和其他中小型市场机构投资者提供个性化投资管理服务。

雷曼公司在2008年6月16日发布财报称，第二季度（至5月31日）亏损28.70亿美元，是公司1994年上市以来首次出现亏损。雷曼公司股价自2008年以来不断下跌。2008年9月10日雷曼公司提前发布的第三季度财报显示，第三季度巨亏39亿美元，创下该公司成立158年以来历史最大季度亏损。财报公布之后，雷曼公司股价应声下挫近7%。雷曼公司股价从年初超过60美元跌至7.79美元，短短9个月狂泻近90%，市值仅剩约60亿美元。在从外部投资者获取资金的努力失败后，雷曼公司决定出售其旗下资产管理部门的多数股权，并分拆价值300亿美元的房地产资产，以期在这场金融危机中生存下来。

雷曼公司首席执行官理查德·福尔德（Richard Fuld）承认说，公司正处于其158年历史上"最为艰难的时期之一"，但会挺过当前的困境。而分析认为，不排除雷曼公司需要政府援手以免破产。

2008年9月15日，由于陷入严重的财务危机，雷曼公司当日宣布将申请破产保护。雷曼公司作为曾经在美国金融界叱咤风云的巨人，在此次爆发的金融危机中也无奈破产，这不仅与过度的金融创新和乏力的金融监管等外部环境有关，也与雷曼公司本身的财务管理目标有着某种内在的联系。

1.股东财富最大化：雷曼公司财务管理目标的现实选择

雷曼公司正式成立于1850年，在成立初期，公司主要从事利润比较丰厚的棉花等商品的贸易，公司性质为家族企业，且规模相对较小，其财务管理目标自然是利润最大化。在雷曼公司从经营干洗、兼营小件寄存的小店逐渐转型为金融投资公司的同时，公司的性质也从一个地道的家族企业逐渐成长为在美国乃至世界都名声显赫的上市公司。由于公司性质的变化，其财务管理目标也随之由利润最大化转变为股东财富最大化。其原因至少有：❶美国是一个市场经济比较成熟的国家，建立了完善的市场经济制度和资本市场体系，因此，以股东财富最大化为财务管理目标能够获得更好的企业外部环境支持；❷与利润最大化的财务管理目标相比，股东财富最大化考虑了不确定性、时间价值和股东资金的成本，无疑更为科学和合理；❸与企业价值最大化的财务管理目标相比，股东财富最大化可以直接通过资本市场股价来确定，比较容易量化，操作上显得更为便捷。因此，从某种意义上讲，股东财富最大化是雷曼公司财务管理目标的现实选择。

2.股东财富最大化：成也萧何，败也萧何

股东财富最大化是通过财务上的合理经营，为股东带来最多的财富。当雷曼公司选择股东财富最大化为其财务管理目标之后，公司迅速从一个名不见经传的小店发展成闻名于世界的华尔街金融巨头，但同时，由于股东财富最大化的财务管理目标利益主体单一（仅强调了股东的利益）、适用范围狭窄（仅适用于上市公司）、目标导向错位（仅关注现时的股价）等，雷曼公司最终也无法在此次百年一遇的金融危机中幸免于难。股东财富最大化对于雷曼公司来说，颇有"成也萧何，败也萧何"的意味。主要表现在：

（1）过度追求利润而忽视经营风险控制是雷曼公司破产的直接原因

在利润最大化的财务管理目标指引之下，雷曼公司开始转型经营美国当时最有利可图的大宗商品期货交易，其后，公司又开始涉足股票承销、证券交易、金融投资等业务。1899年至1906年的7年间，雷曼公司从一个金融门外汉成长为纽约当时最有影响力的股票承销商之一。其每一次业务转型都是资本追逐利润的结果，然而，由于公司在过度追求利润的同时忽视了对经营风险的控制，从而最终为其破产埋下了伏笔。雷曼公司破产的原因，从表面上看是美国过度的金融创新和乏力的金融监管所导致的全球性的金融危机，但从实质上看，则是公司一味地追求股东财富最大化，而忽视了对经营风险进行有效控制的结果。对合成CDO（担保债务凭证）和CDS（信用违约互换）市场的深度参与，而忽视了CDS市场相当于4倍美国GDP的巨大风险，是雷曼公司轰然倒塌的直接原因。

（2）过多关注股价而使其偏离了经营重心是雷曼公司破产的推进剂

股东财富最大化认为，股东是企业的所有者，其创办企业的目的是扩大财富，因此企业的发展理所当然应该追求股东财富最大化。在股份制经济条件下，股东财富由其所拥有的股票数量和股票市场价格两方面决定。而在股票数量一定的前提下，股东财富最大化就表现为股票价格最高化，即当股票价格达到最高时，股东财富达到最大。为了使本公司的股票在一个比较高的价位上运行，雷曼公司自2000年开始连续7年将公司税后利润的92%用于购买自己的股票，此举虽然对抬高公司的股价有所帮助，但同时也减少了公司的现金持有量，降低了其应对风险的能力。另外，将税后利润的92%全部用于购买自己公司而不是其他公司的股票，无疑是选择了"把鸡蛋放在同一个篮子里"的投资决策，不利于分散公司的投资风险；过多关注公司股价短期的涨和跌，也必将使公司在实务经营上的精力投入不足，经营重心发生偏移，使股价失去高位运行的经济基础。因此，因股东财富最大化过多关注股价而使公司偏离了经营重心是雷曼公司破产的推进剂。

（3）强调股东的利益而忽视相关者的利益是雷曼公司破产的内在原因

雷曼公司自1984年上市以来，公司的所有权和经营权实现了分离，所有者与经营者之间形成委托代理关系。同时，在公司中形成了股东阶层（所有者）与职业经理阶层（经营者）。股东委托职业经理人代为经营企业，其财务管理目标是为达到股东财富最大化，并通过会计报表获取相关信息，了解受托者的受托责任履行情况以及理财目标的实现程度。上市之后的雷曼公司，实现了14年连续盈利的显著经营业绩和10年间高达1 103%的股东回报率。然而，现代企业是多种契约关系的集合体，不仅包括股东，还包括债权人、经理层、职工、顾客、政府等利益主体。股东财富最大化片面强调了股东利益的至上性，而忽视了其他利益相关者的利益，导致雷曼公司内部各利益主体的矛盾冲突频繁爆发，公司员工的积极性不高，虽然其员工持股比例高达37%，但主人翁意识淡薄。另外，雷曼公司选择股东财富最大化，导致公司过多关注股东利益，而忽视了一些公司应该承担的社会责任，加剧了其与社会之间的矛盾，这也是雷曼公司破产的原因之一。

（4）股东财富最大化仅适用于上市公司是雷曼公司破产的又一原因

为了提高集团公司的整体竞争力，1993年，雷曼公司进行了战略重组，改革了管理体制。和中国大多企业上市一样，雷曼公司的母公司（美国运通公司）为了支持其上市，将有盈利能力的优质资产剥离后注入上市公司，而将大量不良资产甚至可以说是包袱留给了集团公司，在业务上实行核心业务和非核心业务分开，上市公司和非上市公司分立运行。这种上市方式注定了其上市之后无论是在内部公司治理，还是在外部市场运作上，都无法彻底地与集团公司保持独立。因此，在考核和评价其业绩时，必须站在整个集团公司的高度，而不能仅从上市公司这一个子公司甚至孙公司的角度来分析和评价其财务状况和经营成果。由于只有上市公司才有股价，因此股东财富最大化的财务管理目标只适用于上市公司，而集团公司中的母公司及其他子公司并没有上市，因而，股东财富最大化财务管理目标也无法引导整个集团公司进行正确的财务决策，还可能导致集团公司中非上市公司的财务管理目标缺失、财务管理活动混乱等。因此，股东财富最大化仅适用于上市公司是雷曼公司破产的又一原因。

请问：企业财务管理目标的重要性体现在哪里？企业应该如何制定合适的财务管理目标？股东财富最大化是否可以作为雷曼公司的财务管理目标？

【分析提示】

（1）关于财务管理目标的重要性。企业财务管理目标是企业从事财务管理活动的根本指导，是企业财务管理活动所要达到的根本目的，是企业财务管理活动的出发点和归宿。财务管理目标决定了企业要建立什么样的财务管理组织、遵循什么样的财务管理原则、运用什么样的财务管理方法和建立什么样的财务指标体系。财务管理目标是财务决策的基本准则，每一项财务管理活动都是为了实现财务管理的目标。因此，无论从理论意义还是从实践需要的角度看，制定并选择合适的财务管理目标都是十分重要的。

（2）关于财务管理目标的制定原则。雷曼公司破产给我们的启示是，企业在制定财务管理目标时，需遵循如下原则：❶价值导向和风险控制原则。财务管理目标首先必须激发企业创造更多的利润和价值，但同时也必须时刻提醒经营者要控制经营风险。❷兼顾更多利益相关者的利益而不偏袒少数人利益的原则。企业是一个多方利益相关者利益的载体，财务管理的过程就是一个协调各方利益关系的过程，而不是激发矛盾的过程。❸兼顾适宜性和普遍性原则。既要考虑财务管理目标的可操作性，又要考虑财务管理目标的适用范围。❹绝对稳定和相对变化原则。财务管理目标既要保持绝对的稳定，以便制定企业的长期发展战略，同时又要考虑对目标的及时调整，以适应环境的变化。

（3）关于财务管理目标的选择。无论是雷曼公司奉行的股东财富最大化，还是其他的财务管理目标，如产值最大化、利润最大化、企业价值最大化，甚至包括非主流财务管理目标——相关者利益最大化等，在具有诸多优点的同时，也存在一些自身无法克服的缺点。企业在选择财务管理目标时，可以同时选择两个或两个以上的目标，以便克服各目标的不足，在确定具体选择哪几个组合为财务管理目标时可遵循以下原则：❶组合后的财务管理目标必须有利于企业提高经济效益；有利于企业提高"三个能力"（营运能力、偿债能力和盈利能力）；有利于维护社会的整体利益。❷组合后的财务管理目标之间必须要有主次之分，以便克服各财务管理目标之间的矛盾和冲突。

资料来源 佚名. 雷曼兄弟破产对企业财务管理目标选择的启示［EB/OL］.［2010-07-09］. http://www. mof. gov. cn/preview/czzz/zhongguocaizhengzazhishe_daohanglanmu/zhongguocaizhengzazhishe_kan-wudaodu/zhongguocaizhengzazhishe_caiwuyukuaiji/333/444/666/201007/t20100709_327039.html.

本章小结

1.财务管理是一种价值管理，主要利用资金、成本、收入、利润等价值指标，运用财务预测、财务决策、财务预算、财务控制、财务分析等手段来组织企业中价值的形成、实现和分配，并处理资金运动中的经济关系，具有很强的综合性。

2.财务管理的对象是企业再生产过程中的资金运动及其所体现的财务关系。财务活动包括筹资活动、投资活动、资金营运活动和分配活动。

3.财务管理目标是企业进行财务活动所要达到的目的，它决定企业财务管理的发展方向。财务管理目标包括总体目标和具体目标。财务管理的总体目标是实现企业价值最大化或股东财富最大化。

4.财务管理工作的有效进行必须依赖于财务管理人员的基本理财观念，即资金时间价值观念和投资风险价值观念。无论是资金筹集、资金投放，还是收益分配，都必须考虑资金时间价值和投资风险价值这两个基本问题。

5.企业财务活动是在一定财务管理环境下进行的，财务管理环境的变化，影响着企业的筹资成本和风险、资金占用水平、投资报酬与风险、盈利水平及现金净流量等，良好的理财环境有助于财务管理活动的顺利开展。

概念回顾

财务管理　财务关系　企业价值　资金时间价值　投资风险价值　财务管理环境

课堂讨论题

1.财务管理与财务会计的区别与联系是什么？
2.财务管理在企业管理中的地位与作用是怎样的？
3.企业应如何结合实际选择财务管理目标？

复习思考题

1.企业财务管理的对象及财务活动的内容是什么？
2.企业在财务管理活动中应当正确处理哪些财务关系？
3.为什么将企业价值最大化或股东财富最大化作为财务管理的最优目标？
4.企业集团内部财务管理体制有哪几种？
5.投资者的财务管理职责是什么？
6.经营者的财务管理职责是什么？
7.资金时间价值的计算方法有哪几种？
8.如何对投资风险进行量化？考虑投资风险价值时，怎样选择最优投资方案？
9.财务管理的外部环境包括哪些？

第二章

筹资管理

内容提要

本章主要介绍筹资的目的与要求、筹资的渠道与方式、筹资的种类、资金需要量预测的定性预测法和定量预测法、权益资金的筹集方式及特点、负债资金的筹集方式及特点、个别资本成本和综合资本成本的计算、财务杠杆利益和最佳资本结构决策的基本方法。

第一节　筹资管理概述

一、筹资的目的与要求

筹资活动是企业生存与发展的基本前提，没有资金，企业将难以生存，也不可能发展。所谓筹资，是指企业根据其生产经营、对外投资及调整资本结构的需要，通过筹资渠道和资本市场，并运用筹资方式，经济有效地筹集企业所需资金的财务活动。从企业资金运动的过程及财务活动的内容看，它是企业财务管理工作的起点，关系到企业生产经营活动的正常开展和企业经营成果的获取，所以，企业应加强对筹资活动的管理。

(一) 筹资的目的

企业筹资应服务于企业财务管理的总体目标，其基本目的是满足正常的生产经营需要，主要表现在以下几方面：

第一，满足企业设立的需要。新企业的设立，必须准备充足的开业资金，以便购置厂房、机器设备，购进原材料，支付开办费等。作为企业设立的前提，筹资活动是财务活动的起点。

第二，满足生产经营的需要。为满足生产经营需要而进行的筹资活动是企业最为经常性的财务活动，一是满足简单再生产的资金需要；二是满足扩大再生产的资金需要，如开发新产品、提高产品质量和生产工艺技术、追加对外投资、开拓企业经营领域和对外兼并等。这些都需要大量的资金投入，因此必须作为筹资的重点，确保资金能及时到位，否则将影响企业经营成果的有效取得。

第三，满足资本结构调整的需要。资本结构的调整是企业为降低筹资风险、减少资本成本而对资本与负债间的比例关系进行的调整，属于企业重大的财务决策事项，也是企业筹资管理的重要内容。

议一议　同学们，你认为我国企业现在面临的主要筹资问题是什么呢？企业筹集的资金是越多越好吗？

（二）筹资的要求

第一，筹资与投放相结合，提高筹资效益。企业在筹资过程中，无论通过何种渠道、采用何种方式，都应预先确定资金的需要量，使筹资量与需要量相互平衡。同时，还应考虑投资活动在时间上的需要，科学地测算企业未来资金流入量和流出量，确定合理的投放时机，防止因筹资不足而影响生产经营活动的正常开展，也尽量避免因筹资过剩而造成资金闲置，降低筹资效益。

第二，合理选择筹资渠道和方式，力求降低资本成本。企业筹资的方式有多种，每一种方式又可通过多条渠道筹集资金，但不论采用什么方式、通过什么渠道，筹集和占用资金总要付出代价，因此，在筹资时必须对各种筹资方式、各条筹资渠道进行选择、比较，不断优化资金来源结构，力求使资本成本降至最低水平。

第三，适当安排自有资金比例，正确运用负债经营。企业全部资金包括自有资金和借入资金两部分，即所有者权益资金和负债资金。企业在筹资时，必须使自有资金与借入资金保持合理的结构关系，防止负债过多而增加财务风险，增加偿债压力；也不能因惧怕风险而放弃利用负债经营，造成自有资金的收益水平降低。

阅读与思考

京东的融资-扩张-再融资模式

1998年，刚大学毕业的刘强东就进了外企，两年月薪4 000元的日子让他并不甘心，于是他拿着20 000元的积蓄开始创业。最初他在中关村做传统的IT代理和零售，靠一点点建立起来的诚信渐渐地为自己代理的产品打开了销路。2004年，深谙销售渠道和经验的他发现，上游是神舟数码等大的分销商，下游是零售商，代理则处于不上不下、被裹挟的处境之中，前途晦暗。于是他选择下沉渠道做零售，由线下实体触网转型做电子商务，并成立了京东商城。随着京东商城（简称京东）在3C市场地位的建立，其年销售额呈3倍以上的速度增长，当时京东已拥有200万注册用户，每日浏览量上千万。2008年下半年，京东商城决定在3C和家电的基础上，增加日用百货商品。2010年10月，京东商城"品牌直销"频道正式上线，宣告第三方开放平台正式运营，京东商城也成为国内最大的综合性网络零售企业，增长速度始终保持行业领先水平。其2007年销售额为3.6亿元，2008年为13.2亿元，2009年近40亿元，2010年达102亿元。几年以来，京东的销售额始终保持着200%以上的增长速度。

京东商城的快速增长与其"融资-扩张-再融资"的发展模式不无关系。京东商城此前获得过3轮融资，2007年8月获今日资本投资1 000万美元；2009年1月获得今日资本、雄牛资本以及银行家梁伯韬的私人公司共计2 100万美元的联合注资；2011年3月，完成15亿美元C轮融资，投资方包括DST、老虎基金等6家基金以及社会知名人士，其中DST以5亿美元获5%的股份，意味着京东估值达100亿美元。

京东商城的三轮融资正是公司发展的三次转折。第一轮融资为1 000万美元，主要用于广州分公司的建立，库房、品牌建设及产品品类的扩充，产品种类从3 000种增加到18 000种，这一阶段主要是提升商城的销售额、订单量和知名度。第二轮2 100万美元的融资主要用于升级物流平台、服务技术和扩建网络，这是扩大商城规模的发展阶段。鉴于国内物流体系还不够发达，服务品质和效率还远远满足不了顾客的需求，C轮15亿美元融资后，京东又继续加大物流上的投入，将几乎全部融资额投入到信息和物流系统的研发、建设项目中。

资料来源　王珊珊. 京东商城成长之路［EB/OL］.［2011-12-08］. http：//www.ebrun.com/20111208/36983_all.shtml.

思考：

（1）京东商城为何要融资、融资、再融资？

（2）京东的这种"融资–扩张–再融资"发展模式能持续下去吗？可复制到其他公司吗？

二、筹资渠道与方式

（一）筹资渠道

筹资渠道是指企业筹措资金来源的方向与通道，体现着资金的来源与流量。现阶段，我国企业筹集资金的渠道主要有：

第一，国家财政资金。国家财政资金是指国家以财政拨款、财政贷款、国有资产入股等形式向企业投入的资金。它是我国国有企业的主要资金来源。

第二，银行信贷资金。银行信贷资金是指商业银行和专业银行贷放给企业使用的资金，是企业一项十分重要的资金来源。

第三，非银行金融机构资金。非银行金融机构是指各种从事金融业务的非银行机构，如信托投资公司、租赁公司等。非银行金融机构的资金实力虽然较银行小，但它们的资金供应比较灵活，而且可以提供多种特定服务，该渠道已成为企业资金的重要来源。

第四，其他企业和单位资金。其他企业或非营利组织，如各种基金会、各社会团体等，在组织生产经营活动或其他业务活动中，有一部分暂时或长期闲置的资金。企业间的相互投资和短期商业信用，使其他企业资金也成为企业资金的一项重要来源。

第五，职工和民间资金。职工和民间资金是指企业职工和城乡居民闲置的消费基金。随着我国经济的发展，人民生活水平不断提高，职工和居民的节余货币作为"游离"于银行及非银行金融机构之外的社会资金，可用于对企业进行投资。

第六，企业自留资金。企业自留资金是指企业内部形成的资金，包括从税后利润中提取的盈余公积和未分配利润，以及通过计提折旧费而形成的固定资产更新改造资金。这些资金的主要特征是，无须通过一定的方式去筹集，而是直接由企业内部自动生成或转移。

第七，外商资金。外商资金是指外国投资者及我国香港、澳门、台湾地区投资者投入的资金。随着国际经济业务的拓展，利用外商资金已成为企业筹资的一个新的重要来源。

（二）筹资方式

筹资方式是指企业筹措资金所采用的具体形式。如果说，筹资渠道客观存在，那么，筹资方式则属于企业的主观能动行为。如何选择适宜的筹资方式并进行有效的组合，以降低成本，提高筹资效益，成为企业筹资管理的重要内容。目前我国企业的筹资方式主要有：吸收直接投资、发行股票、银行借款、发行债券、商业信用和融资租赁等。

（三）筹资渠道与筹资方式的对应关系

筹资渠道解决的是资金来源问题，筹资方式则解决企业如何取得资金的问题，两者相互独立又密不可分。特定的筹资渠道只能配以相应的筹资方式，而一定的筹资方式可能只适用于某一特定的筹资渠道。它们之间的对应关系可用表2-1表示。

表2-1　　　　　　　　　　**筹资方式与筹资渠道的对应关系**

项目	吸收直接投资	发行股票	银行借款	发行债券	商业信用	融资租赁
国家财政资金	✓	✓				
银行信贷资金			✓			
非银行金融机构资金	✓	✓	✓	✓		
其他企业和单位资金	✓	✓		✓	✓	✓
职工和民间资金	✓	✓		✓		✓
企业自留资金	✓					
外商资金	✓	✓		✓	✓	✓

三、筹资的种类

众多的筹资渠道为企业自主筹资提供了丰富的资金来源，多样化的筹资方式又使企业从不同角度充分考虑筹资效益的要求。企业筹资按不同标志可分为以下几类：

（一）权益筹资、负债筹资和混合筹资

按所筹资金性质不同，企业筹资可分为权益筹资、负债筹资和混合筹资。合理安排权益筹资、负债筹资、混合筹资的比例关系是企业筹资管理的核心内容。

1.权益筹资

权益筹资，是企业通过吸收直接投资或发行股票等方式筹集权益资金或股权资本的行为。权益资金是企业依法筹集并长期拥有、自主支配的资金，其数额就是资产负债表中的所有者权益总额，也称净资产。它的特点是：（1）权益资金的所有权归属于所有者，所有者可以参与企业经营管理，取得收益并承担一定的责任；（2）企业在经营期间可以长期占用，所有者无权以任何方式抽回资本，企业也没有还本付息的压力；（3）权益资金主要通过国家财政资金、其他企业和单位资金、职工和民间资金、外商资金等渠道，采用吸收直接投资、发行股票、留用利润等方式筹集形成。

2.负债筹资

负债筹资，是企业通过借款或发行债券等方式筹集负债资金或债务资金的行为。负债资金又称借入资金或债务资金，是企业依法筹集并依约使用、按期偿还的资金，其数额就是资产负债表中的负债总额，也称债权人权益。它的特点是：（1）负债资金只能在约定的期限内享有使用权，并负有按期还本付息的责任，筹资风险较大；（2）债权人有权按期索取利息或要求到期还本，但无权参与企业经营，也不承担企业的经营风险；（3）负债资金

主要通过银行信贷资金、非银行金融机构资金、职工和民间资金等渠道，采用银行借款、发行债券、商业信用、融资租赁等方式筹措取得。

3.混合筹资

混合筹资，是指兼具股权与债务特性的混合融资行为和其他衍生工具融资行为。我国上市公司目前最常用的混合筹资是可转换债券融资，最常见的其他混合筹资是认股权证融资。

（二）长期筹资和短期筹资

按所筹资金的使用期限不同，企业筹资可分为长期筹资和短期筹资。

长期筹资，是指企业筹集使用期限在一年以上的长期资金的筹资行为。长期资金主要用于满足购建固定资产、取得无形资产、开展长期对外投资、垫支长期占用的资产等方面。长期资金占用期限长，对企业短期经营的影响较小，但成本相对较高，投资风险较大。

短期筹资，是指企业筹集使用期限在一年以内的短期资金的筹资行为。短期资金主要用于维持日常生产经营活动的开展。短期资金具有占用期限短、对短期经营影响大、资本成本相对低的特点。

（三）直接筹资和间接筹资

企业筹资按是否通过金融机构，可分为直接筹资和间接筹资两种类型。

直接筹资是指不通过金融中介机构而直接向资金供应者借入，或通过发行股票、债券等方式进行筹资。常用的形式有出让控股权、联合经营、融资租赁等。

间接筹资是指借助于银行等金融机构进行的筹资活动，其主要形式为银行借款、非银行金融机构借款等，是我国企业最为重要的筹资途径。

理财与思政

红色证券的起源

1922年5月1日，在中共安源路矿支部领导下，安源路矿工人第一次举行盛大集会和游行。为了纪念国际劳动节，安源路矿工人俱乐部宣告成立，李立三被推选为主任。

1922年7月，为了维护工人的利益，抵制商人的中间剥削，减轻工人的生活负担，安源路矿工人俱乐部创办了消费合作社，当时规模很小，集资仅百元，附设在安源路矿工人补习学校内，由李立三兼任总经理。

1923年初，安源路矿工人俱乐部最高代表会议经过讨论，决定在俱乐部成员中招股，并制定了《安源路矿工人消费合作社招股简章》（简称《招股简章》）。根据《招股简章》第九条，股票基本设置方案、认购对象和认购标的、认购手续和股息领取、红利合理分配标准等各项规章，均印制在所发股票背面，公布于众，股票发行条款设置周密，工人们只需照章行事。"以伍角为一股，分为2万股""凡部员每月薪金在九元以下者，劝认一股，九元以上者，劝认二股""股息每年以八分四计算"……筹措的资金用于发展消费合作社事业。

1923年初，工人已认购了15 600余股，很快募集起7 845元股金，连同俱乐部拨来的各种活动经费等，合作社资本金总计达18 662元，资金实力大大增强。

资料来源　金星.红色证券的起源——安源路矿工人消费合作社股票［J］.金融博览（财富），2021（5）：74-76.

讨论：

1.安源路矿工人消费合作社采用的筹资方式是什么？

2.安源路矿工人消费合作社为什么能够取得较快的发展？

| 第二节 | 资金需要量的预测 |

企业合理筹集资金的前提是科学地预测资金需要量，因此，企业在筹资之前，应当采用一定的方法预测资金需要量，以保证企业生产经营活动对资金的需求，同时也要避免筹资过量造成资金闲置。下面介绍两种常见的资金需要量预测方法。

微课

资金需要量预测的定量方法

一、销售百分比法

销售百分比法是根据资产负债表中各个项目与销售收入总额之间的依存关系，按照计划期销售额的增长情况来预测资金需要量的一种方法，是目前最流行的资金需要量预测方法。使用这一方法的前提是必须假设某报表项目与销售指标的比率已知且固定不变，其计算步骤如下：

第一，分析基期资产负债表各个项目与销售收入总额之间的依存关系，计算各敏感项目的销售百分比。

在资产负债表中，有一些项目会因销售额的增长而相应地增加，通常将这些项目称为敏感项目，包括库存现金、应收账款、存货、应付账款和其他应付款等。而其他如对外投资、固定资产、短期借款、非流动负债、实收资本等项目，一般不会随销售额的增长而增加，因此将其称为非敏感项目。

第二，计算预测期各项目预计数并填入预计资产负债表，确定需要增加的资金额。计算公式为：

某敏感项目预计数=预计销售额×某项目销售百分比

第三，确定对外界资金需求的数量。

上述预测过程可用下列公式表示：

$$对外资金的需要量 = \frac{A-B}{S_0} \cdot \Delta S - E \cdot P \cdot S_1$$

式中：A为随销售变化的资产（变动资产）；B为随销售变化的负债（变动负债）；S_0为基期销售额；S_1为预测期销售额；ΔS为销售的变动额；P为销售净利率；E为收益留存比率。

【例2-1】某企业2023年12月31日的资产负债表见表2-2。

表2-2　　　　　　　　　　2023年12月31日资产负债表　　　　　　　　单位：万元

资　产	金　额	负债和所有者权益	金　额
货币资金	10 000	应付票据	8 000
应收账款	24 000	应付账款	20 000
存货	50 000	其他应付款	4 000
预付款项	4 000	短期借款	50 000
固定资产	212 000	非流动负债	80 000
		实收资本	128 000
		未分配利润	10 000
资产总额	300 000	负债和所有者权益总额	300 000

该企业2023年度的销售收入为200 000万元，税后净利为20 000万元，销售净利率为10%，已按50%的比例发放普通股股利10 000万元。目前企业尚有剩余生产能力，即增加收入不需要进行固定资产方面的投资。假定销售净利率仍保持上年水平，预计2024年度销售收入将提高到240 000万元，年末普通股股利发放比例将增加至70%，要求预测2024年需要增加资金的数量。

（1）根据2023年12月31日资产负债表编制2024年12月31日预计资产负债表，见表2-3。

表2-3 　　　　　　　　　2024年12月31日预计资产负债表 　　　　　　　单位：万元

资　产			负债和所有者权益		
项目	销售百分比	预计数	项目	销售百分比	预计数
货币资金	5%	12 000	应付票据	4%	9 600
应收账款	12%	28 800	应付账款	10%	24 000
存货	25%	60 000	其他应付款	2%	4 800
预付款项	2%	4 800	短期借款	—	50 000
固定资产	—	212 000	非流动负债	—	80 000
			实收资本	—	128 000
			未分配利润	—	10 000
			追加资金	—	11 200
合　计	44%	317 600	合　计	16%	317 600

（2）确定需要增加的资金。首先，可根据预计资产负债表直接确认需追加的资金额。表2-3中预计资产总额为317 600万元，而负债与所有者权益为306 400万元，资金占用大于资金来源，则需追加资金11 200万元。其次，也可分析测算需追加的资金额。表2-3中销售收入每增加100万元，需增加44万元的资金占用，但同时自动产生16万元的资金来源。因此，每增加100万元的销售收入，必须取得28万元（44-16）的资金来源。在本例中，销售收入从200 000万元，增加到240 000万元，增加了40 000万元，按照28%的比率可测算出将增加11 200万元的资金需求。

（3）确定对外界资金需求的数量。

上述11 200万元的资金需求可通过企业内部筹集和外部筹集两种方式解决，2024年预计净利润为24 000万元（240 000×10%），如果公司的利润分配给投资者的比率为70%，则将有30%的利润即7 200万元被留存下来，从11 200万元中减去7 200万元的留存收益，则还有4 000万元的资金必须从外界融通。

此外，也可根据上述资料采用公式求得对外界资金的需求量。

A=10 000+24 000+50 000+4 000=88 000（万元）

B=8 000+20 000+4 000=32 000（万元）

S_0=200 000万元

ΔS=240 000-200 000=40 000（万元）

E=1-70%=30%

P=10%

$S_1=240\,000$ 万元

对外筹集资金额 $=\dfrac{88\,000-32\,000}{200\,000}\times40\,000-30\%\times10\%\times240\,000=4\,000$（万元）

二、线性回归分析法

线性回归分析法就是应用最小平方法的原理，对过去若干期间的销售额及资金总量（即资金占用量）的历史资料进行分析，按 y=a+bx 的公式来确定反映产销量（x）和资金总量（y）之间关系的回归直线，并据以预测计划期间资金需要量的一种方法。该方法是在资金变动与产销量变动关系的基础上，将企业资金划分为不变资金和变动资金，然后结合预计的产销量来预测资金需要量。其基本模型为：

资金占用量（y）=不变资金（a）+变动资金（bx）

=不变资金（a）+单位产销量所需的变动资金（b）×产销量（x）

即：y=a+bx

根据历史资料求出 a 和 b 并代入上式，建立预测模型，只要测定出产销量 x，就可以预测出资金占用量。a 和 b 的计算公式为：

$$a=\dfrac{\sum y-b\sum x}{n}$$

$$b=\dfrac{n\sum xy-\sum x\sum y}{n\sum x^2-(\sum x)^2}$$

【例2-2】某企业产销量和资金变化情况见表2-4。

表2-4　　　　　　　　　产销量和资金变化情况（1）

年　份	产销量（x）（万件）	资金占用量（y）（万元）
2019	15	200
2020	25	220
2021	40	250
2022	35	240
2023	55	280

预计2024年产销量为90万件，试计算2024年的资金需要量。

（1）根据表2-4整理编制表2-5。

表2-5　　　　　　　　　产销量和资金变化情况（2）

年份	产销量（x）（万件）	资金占用量（y）（万元）	xy	x²
2019	15	200	3 000	225
2020	25	220	5 500	625
2021	40	250	10 000	1 600
2022	35	240	8 400	1 225
2023	55	280	15 400	3 025
n=5	$\sum x=170$	$\sum y=1\,190$	$\sum xy=42\,300$	$\sum x^2=6\,700$

（2）把表2-5的资料代入公式，解得：

$$b = \frac{n\sum xy - \sum x \sum y}{n\sum x^2 - (\sum x)^2} = \frac{5 \times 42\,300 - 170 \times 1\,190}{5 \times 6\,700 - 170^2} = 2$$

$$a = \frac{\sum y - b\sum x}{n} = \frac{1\,190 - 2 \times 170}{5} = 170$$

（3）把 a=170、b=2 代入 y=a+bx，求得：

y=170+2x

（4）将 2024 年预计销售量 90 万件代入上式，得出：

y=170+2×90=350（万元）

第三节　　权益资金的筹集

权益资金的筹集方式主要有吸收直接投资、发行股票和利用留存收益。

企业依法以吸收直接投资、发行股份等方式筹集权益资金的，应当拟订筹资方案，确定筹资规模，履行内部决策程序和必要的报批手续，控制筹资成本。企业筹集的实收资本，应当依法委托法定验资机构验资并出具验资报告。

一、吸收直接投资

吸收直接投资是指企业以合同、协议等形式吸收国家、其他企业、个人和外商等主体直接投入的资金，形成企业权益资金的一种筹资方式。

（一）吸收直接投资的形式

企业吸收的直接投资，根据投资者的出资形式可分为吸收现金投资和吸收非现金投资。

吸收现金投资是指企业吸收投资者投入的货币资金，是直接投资的最主要形式之一。企业在筹建时，必须吸收一定量的现金，各国的法律法规对现金在资本总额中的比例均有一定的规定。

吸收非现金投资是指企业吸收投资者投入的实物资产（包括房屋、建筑物、设备等）和无形资产（包括专利权、商标权、非专有技术、土地使用权等）等非现金资产。企业在接受这类投资时，应注意做好资产评估、产权转移、财产验收等工作。对于接受的无形资产投资，还应该注意其数额是否符合有关无形资产出资限额的规定。

（二）吸收直接投资的程序

企业筹集权益资金应当履行内部决策程序和必要的报批手续。一般情况下，企业筹资方案是由财务部门和规划部门共同拟订的，经财务审核之后，应当上报公司董事会或股东会批准。

企业履行内部决策程序后，还需要履行外部的报批等手续，主要有：

第一，国有企业筹集权益资金属于投资者的重大决策，需报政府或者有关国有资产监管部门审批。

第二，筹集资金用于固定资产投资项目的，要按照国家关于试行资本金制度的要求，报政府有关主管部门审批。

第三，筹集资金用于设立企业的，所筹资金经依法设立的验资机构验资后，有限责任公司由全体股东指定的代表或共同委托的代理人、股份有限公司由董事会、全民所有制企业等其他非公司制企业由组建负责人，向相关管理机构申请设立登记，其中涉及国有资本的，应当先行办理国有资产产权登记。

（三）持续经营期间的资本金管理

第一，企业筹集的实收资本，在持续经营期间可以由投资者依照法律、行政法规以及企业章程的规定转让或者减少，投资者不得抽逃或者变相抽回出资。

第二，除《公司法》等有关法律、行政法规另有规定外，企业不得收购本企业股份。企业依法收购的本企业股份，应当在 6 个月内依法转让或者注销。

第三，对投资者实际缴付的出资超出注册资本的差额（包括股票溢价），企业应当作为资本公积管理。

第四，经投资者审议决定后，资本公积可用于转增资本。国家另有规定的，从其规定。

（四）吸收直接投资的优缺点

1.吸收直接投资的优点

吸收直接投资的优点主要有：（1）可以直接接受实物投资，快速形成生产能力，满足生产经营的需要。（2）可以增强企业信誉，提高企业借款能力。吸收直接投资所筹资金属自有资金，可扩大企业实力。（3）可以规避财务风险。企业可以根据其经营状况的好坏进行分配，经营状况好可以多分配一些利润，否则可以不分配或少分配利润，所以企业承担的偿付风险小。

2.吸收直接投资的缺点

吸收直接投资的缺点主要有：（1）资本成本较高。一般而言，企业是用税后利润支付投资者报酬的，且视经营情况而定，所以资本成本较高。（2）容易导致企业控制权分散。采用吸收直接投资方式筹集资金，投资者一般要求参与企业管理，当企业接受外来投资较多时，容易造成控制权分散，甚至使企业完全失去控制权。

二、发行股票

股票是股份公司为筹集自有资金而发行的有价证券，是投资人投资入股以及取得股利的凭证，它代表了股东对股份制公司的所有权。

（一）股票的分类

根据不同标准，可以对股票进行不同的分类。

1.按股票票面是否记名分为记名股票与无记名股票

记名股票是在股票上载有股东姓名或名称，并将其记入公司股东名册的一种股票。记名股票要同时附有股权手册，只有同时具备股票和股权手册，才能领取股息和红利。记名股票的转让、继承都要办理过户手续。

无记名股票是指在股票上不记载股东姓名或名称的股票。凡持有无记名股票的人都可成为公司股东。无记名股票的转让、继承无须办理过户手续，只要将股票交给受让人，就可发生转让效力，移交股权。

我国《公司法》规定，公司发行的股票，应当为记名股票。

2.按股东享受权利和承担义务不同分为普通股股票和优先股股票

普通股股票简称普通股，是股份公司依法发行的具有管理权、股利不固定的股票。普通股具备股票的最一般特征，是股份公司资本的最基本部分。

优先股股票简称优先股，是股份公司依法发行的具有一定优先权的股票。从法律上来讲，企业对优先股不承担法定的还本义务，其是企业权益资金的一部分，其股利的分配比例是固定的，这与债券利息相似。因此，优先股是一种具有双重性质的证券，既属权益资金，又兼有债券性质。

普通股与优先股的区别主要在于两者的权利和义务不同：（1）在收益的分配上，普通股股东可按其持有股份或出资比例获得企业分配的利润，其获利水平随企业盈利水平的变动而变动，且一般高于优先股；优先股的持有者可享有较固定的股息，公司有利润时可优先于普通股得到支付，公司利润达到一定水平时也可能享受剩余利润，但较普通股的权利要小些。（2）在剩余财产分配上，当企业转入清算时，优先股对企业剩余财产的分配顺序在普通股之前。（3）在对公司控制权的影响上，普通股股东可参与企业经营管理，对企业经营活动有表决权，且当股份公司增发新股时，普通股股东享有优先认股权；优先股的持有者却无这些权利。（4）在应承担的义务上，当公司出现经营亏损或发生破产清算时，普通股股东要按出资额或所占股份承担公司的经营损失和经济责任；优先股的持有者一般无此义务，但也可能要承担收不回本金的风险。

3.按发行对象和上市地区不同分为A股、B股、H股和N股等

在我国内地，有A股、B股。A股是以人民币标明票面金额，并以人民币认购和交易的股票；B股是以人民币标明票面金额，以外币认购和交易的股票。另外，还有H股和N股，H股为在香港上市的股票；N股是在纽约上市的股票。

（二）股票发行的目的

股份公司发行股票，总的来说是为了筹集资金，但具体来说，有不同原因，主要有：

第一，设立新的股份公司。股份公司成立时，通常以发行股票的方式来筹集资金并进行经营。

第二，扩大经营规模。已设立的股份公司为不断扩大生产经营规模，也需要通过发行股票来筹集所需资金。通常，人们称此类发行为增资发行。如果拟发行的股票在核定资本的额度内，只需经董事会批准；如果超过了核定资本额度，则需召开股东会重新核定资本额度。在核定的资本额度内增资发行，董事会通过之后，还要呈报政府有关机构，办理各种规定的手续。

第三，其他目的。其他目的的股票发行通常与筹资没有直接联系，如发放股票股利。

（三）股票发行的条件

股份公司和股票市场是市场经济发达程度的重要标志，股票的发行必须遵循一定的法律和规定。按国际惯例，股份公司发行股票必须具备一定的发行条件，取得发行资格，并办理必要手续。现对我国股票发行的条件进行适当说明。

➢根据2019年新修订的《中华人民共和国证券法》（简称《证券法》），公开发行股票，必须符合法律、行政法规规定的条件，并依法报经国务院证券监督管理机构或者国务院授权的部门注册。

➢设立股份有限公司公开发行股票，应当符合《公司法》规定的条件和经国务院批准

的国务院证券监督管理机构规定的其他条件，向国务院证券监督管理机构报送募股申请和下列文件：（1）公司章程；（2）发起人协议；（3）发起人姓名或者名称，发起人认购的股份数、出资种类及验资证明；（4）招股说明书；（5）承销机构名称及有关的协议等。

➤公司首次公开发行新股，应当符合下列条件：（1）具备健全且运行良好的组织机构；（2）具有持续经营能力；（3）最近3年财务会计报告被出具无保留意见审计报告；（4）发行人及其控股股东、实际控制人最近3年不存在贪污、贿赂、侵占财产、挪用财产或者破坏社会主义市场经济秩序的刑事犯罪；（5）经国务院批准的国务院证券监督管理机构规定的其他条件。

➤根据中国证监会2023年发布实施的《上市公司证券发行注册管理办法》规定，上市公司向不特定对象发行股票，应当符合下列规定：（1）具备健全且运行良好的组织机构。（2）现任董事、监事和高级管理人员符合法律、行政法规规定的任职要求。（3）具有完整的业务体系和直接面向市场独立经营的能力，不存在对持续经营有重大不利影响的情形。（4）会计基础工作规范，内部控制制度健全且有效执行，财务报表的编制和披露符合企业会计准则和相关信息披露规则的规定，在所有重大方面公允反映了上市公司的财务状况、经营成果和现金流量，最近3年财务会计报告被出具无保留意见审计报告。（5）除金融类企业外，最近一期末不存在金额较大的财务性投资。（6）交易所主板上市公司配股、增发的，应当最近3个会计年度盈利；增发还应当满足最近3个会计年度加权平均净资产收益率平均不低于6%；净利润以扣除非经常性损益前后孰低者为计算依据。

（四）股票发行的程序

上市公司申请发行股票，一般按以下程序办理：

第一，董事会应当依法就下列事项作出决议，并提请股东会批准：（1）本次股票发行的方案；（2）本次发行方案的论证分析报告；（3）本次募集资金使用的可行性报告；（4）其他必须明确的事项。董事会在编制发行方案的论证分析报告时，应当结合上市公司所处行业和发展阶段、融资规划、财务状况、资金需求等情况进行论证分析，独立董事应当发表专项意见。论证分析报告应当包括下列内容：（1）本次发行股票的必要性；（2）本次发行对象的选择范围、数量和标准的适当性；（3）本次发行定价的原则、依据、方法和程序的合理性；（4）本次发行方式的可行性；（5）本次发行方案的公平性、合理性；（6）本次发行对原股东权益或者即期回报摊薄的影响以及填补的具体措施。

第二，股东会就发行股票作出决定。应当包括下列事项：（1）本次发行股票的数量；（2）发行方式、发行对象及向原股东配售的安排；（3）定价方式或者价格区间；（4）募集资金用途；（5）决议的有效期；（6）对董事会办理本次发行具体事宜的授权；（7）其他必须明确的事项。

第三，按照中国证监会有关规定制作注册申请文件，依法由保荐人保荐并向交易所申报。交易所收到注册申请文件后，5个工作日内作出是否受理的决定。

第四，交易所审核部门负责审核上市公司股票发行上市申请。交易所按照规定的条件和程序，形成上市公司是否符合发行条件和信息披露要求的审核意见，认为上市公司符合发行条件和信息披露要求的，将审核意见、上市公司注册申请文件及相关审核资料报中国证监会注册；认为上市公司不符合发行条件或者信息披露要求的，作出终止发行上市审核决定。

第五，中国证监会收到交易所审核意见及相关资料后，基于交易所审核意见，依法履行发行注册程序。在15个工作日内对上市公司的注册申请作出予以注册或者不予注册的决定。

第六，上市公司应当在中国证监会予以注册决定作出之日起1年内发行股票，发行时点由上市公司自主选择。

（五）股票发行价格的确定

股票发行价格是指股份公司在股票发行市场上发行股票时所确定的价格。通常股票的发行价有面值价、时价和中间价三种。

面值价是指按股票的面额发行股票时的发行价，它主要适用于新创立公司初次发行股票或原有股东认购新股；时价是指以流通中的股票现行价格作为基准确定的新股发行价，又叫市价；中间价是指介于股票面额和市场价格之间的某一价格。

股票的时价和中间价可能高于、等于或者低于股票的面额。当股票发行价高于股票面额时叫溢价发行；当股票发行价低于股票面额时叫折价发行；以面值价发行股票则叫平价发行。

通常在确定股票的发行价格时应考虑以下主要因素：

➤市盈率。市盈率是指股票的每股市价与每股盈利的比值，用于体现股票的风险，反映着投资人获取收益的水平，是进行股票估价的重要参数，通常可把每股盈利与市盈率的乘积作为股票发行价格。

➤每股净值。每股净值是指股票的每一股份所代表的公司净资产数额。通常认为，股票的每股净值越高，股票的价格可定得越高。

➤公司的市场地位。市场地位较高的公司，其经营水平、盈利能力和发展前景等一般都比较好，因而其股票的发行价格也比较高。

➤证券市场的供求关系及股价水平。证券市场的供求关系对股票价格有着重要影响，当供过于求时股价一般较低；当供不应求时股价一般较高。一般地讲，股票价格不宜与股票市场的总体水平背离太多，否则容易使投资人持怀疑观望态度。

➤国家有关政策规定。我国禁止股票折价发行，并且规定股票的发行价格在同一次发行中不能改变。

（六）股票上市对公司的影响

股票上市是指股份有限公司公开发行的股票经批准在证券交易所进行挂牌交易。经批准在证券交易所上市交易的股票称为上市股票。我国《公司法》规定，股东转让其股份，即股票流通必须在依法设立的证券交易所进行或者国务院规定的其他方式进行。

1.有利影响

股票上市对公司的有利影响主要体现在以下几个方面：

（1）通过股票上市，改善财务状况，增强融资能力。公司通过股票上市可迅速筹集一笔可观的资金，使公司财务状况发生改变，同时为今后在证券市场增资扩股和向金融机构借贷创造了便利条件。

（2）通过股票市价，评价公司价值。对上市公司来说，股票市价是评价企业价值大小的标准与尺度。每日每时的股市，都是对企业客观的市场估价，也反映了投资人对上市公司的认可程度。

（3）通过股票上市，提高企业知名度，扩大企业市场占有份额。一般来讲，上市公司因经营状况较佳而具有良好的声誉，更利于企业拓宽销售市场，吸引众多用户。

（4）通过股票上市，防止股份过于集中，同时还可以利用股票收购其他公司。由于上市公司股票具有良好的流通性，变现能力强，因此被收购企业乐意接受上市公司出让的股票，从而减轻了上市公司的付现压力，降低了财务风险。

（5）利用股票股权和期权可有效激励员工，尤其是企业关键人员，如营销、科技、管理等方面人才。因为，公开的股票市场提供了股票的准确价值，也可使职员的股票得以兑现。

2.不利影响

股票上市对公司的不利影响主要表现在：

（1）容易泄露商业机密，使公司失去隐私权。公开上市的公司必须向社会公众公布其经营成果及重大经营事项等，以便使社会公众和股东随时了解公司的经营状况。这就使得上市公司隐私权消失，从而加大了经理人员的操作难度。

（2）公开上市需要很高的费用，包括：资产评估费用、股票承销佣金、律师费、注册会计师费、材料印刷费、登记费等。这些费用的具体数额取决于每一个企业的具体情况、整个上市过程的难易程度和上市数额等因素。公司上市后尚需花费一些费用为证券交易所、股东等提供资料，聘请注册会计师、律师等。

> ### 阅读与思考
> #### 我国全面实施股票发行注册制
>
> 2023年2月17日，中国证监会及交易所等发布全面实行股票发行注册制制度规则，自发布之日起施行。这标志着我国注册制的制度安排基本定型，注册制推广到全市场和各类公开发行股票行为，全面实行股票发行注册制正式实施。
>
> 此次发布的制度规则共165部，其中，证监会发布的制度规则57部，证券交易所、全国股转公司、中国结算等发布的配套制度规则108部。其主要内容包括精简优化发行上市条件、完善审核注册程序、优化发行承销制度、完善上市公司重大资产重组制度、强化监管执法和投资者保护等。
>
> （1）在精简优化发行上市条件方面，坚持以信息披露为核心，将核准制下的发行条件尽可能转化为信息披露要求，各市场板块设置多元包容的上市条件。
>
> （2）在完善审核注册程序方面，坚持证券交易所审核和证监会注册各有侧重、相互衔接的基本架构，进一步明晰证券交易所和证监会的职责分工，提高审核注册效率和可预期性。证券交易所审核过程中发现重大敏感事项、重大无先例情况、重大舆情、重大违法线索的，及时向证监会请示报告。证监会同步关注发行人是否符合国家产业政策和板块定位。同时，取消证监会发行审核委员会和上市公司并购重组审核委员会。
>
> （3）在优化发行承销制度方面，对新股发行价格、规模等不设任何行政性限制，完善以机构投资者为参与主体的询价、定价、配售等机制。
>
> 我国注册制改革于2018年11月启动，采取了试点先行、先增量后存量、逐步推开的改革路径，先后在科创板、创业板和北京证券交易所试点，同步推进一揽子改革，打开了资本市场改革发展的新局面。

证监会相关负责人表示，注册制改革的本质是把选择权交给市场，强化市场约束和法治约束。与核准制相比，不仅涉及审核主体的变化，更重要的是充分贯彻以信息披露为核心的理念，发行上市全过程更加规范、透明、可预期。

资料来源　姚均芳，刘羽佳. 全面实行股票发行注册制正式实施［EB/OL］.［2023-02-17］. https://www.gov.cn/xinwen/2023-02-17/content_5741943.htm.

思考：

（1）我国为什么要全面实施股票发行注册制？

（2）注册制与原来的核准制有哪些不同？对企业发行股票筹资会带来哪些影响？

（七）普通股筹资与优先股筹资的比较

1.普通股筹资与优先股筹资的共同点

发行股票筹措的是一种永久性的自有资金，除公司转入清算外无须还本，因而股份公司可长期占用并拥有充分的自主使用权。这不仅能保障公司在持续经营期间拥有稳定的资金来源，而且能作为债权人权利保障的基础提高公司举债能力；股份公司的股东还需按出资额承担公司的经营损失和经济责任，因而股票筹资又具有降低财务负担和分散经济损失的优点；此外，股票持有人作为股份公司的所有者不具备债权人的破产求偿权，因而股票筹资能避免破产偿债的风险。

股票筹资的不足之处主要是资本成本过高。因为股利水平一般比债务利息要高，且股利只能以税后利润支付，不能获得债务资金的抵税效益，因此股票资金的成本率通常是企业全部资金中最高的一种。

2.普通股筹资的优缺点

与优先股相比，普通股筹资的主要优点是股利负担不固定，发行公司可根据其盈利状况决定是否支付股利及股利支付水平的高低。在公司经营状况或财务状况不佳时，可减少股利支出，减轻财务负担。普通股筹资的主要缺点体现在普通股股东有经营参与权，因而对公司的经营自主权有一定的影响。

3.优先股筹资的优缺点

与普通股相比，利用优先股筹资的优势主要是能增强公司筹资弹性和保持股东控制权。由于优先股的种类多，公司可根据自身情况调整股本数额，改善资本结构，因而使筹资弹性加大。另外，优先股一般无权参与企业经营管理，因而发行优先股既可为企业筹得长期资金，又不影响前期普通股的控制权，还因其股利较固定可产生财务杠杆作用，可能提高普通股的每股收益。优先股筹资的主要缺点在于，当公司大量发行优先股时会给公司形成较大的股息偿付负担，影响正常偿债；若延期支付又会对公司形象造成不利影响。

阅读与思考

顺丰借壳鼎泰新材上市

一向声称"不缺钱"的顺丰创始人王卫，突然出手将顺丰推向国内的资本市场，引来了行业内外的极大关注。2016年5月23日，A股上市公司鼎泰新材发布公告，拟以全部资产和负债与顺丰控股全体股东持有的顺丰控股100%股权的等值部分进行置换。鼎泰新材作价8亿元，顺丰控股作价433亿元，公司还将发行股份募集总金额不超过80亿元的配套资金。公告透露，所有交易完成后，顺丰总裁王卫控制的明德控股将持有新公司总股本的55.04%。王卫持有明德控股99.9%的股份，将成为上市公司实际控制人。根据公告，本次重大资产重组中，计划募集配套资金不超过80亿元，扣除发行费用后拟用于航材购置及飞行支持项目、冷运车辆与温控设备采购项目、信息服务平台建设及下一代物流信息化技术研发项目和中转场建设项目。此外，根据《盈利预测补偿协议》，顺丰控股承诺在2016年度、2017年度和2018年度预测实现的合并报表范围扣除非经常性损益后归属于母公司所有者的净利润分别不低于21.8亿元、28亿元和34.8亿元。

2016年10月11日，中国证监会发布2016年第75次会议审核结果公告称，马鞍山鼎泰稀土新材料股份有限公司发行股份购买资产获有条件通过，这意味着顺丰控股将借壳鼎泰新材登陆A股市场。2017年2月23日，顺丰借壳鼎泰新材（002352）正式在深圳证券交易所敲钟，且鼎泰新材于24日正式更名，证券简称由"鼎泰新材"变更为"顺丰控股"，证券代码不变。2017年2月22日，鼎泰新材发布了顺丰借壳后的首份业绩快报，2016年利润超40亿元人民币。

资料来源　佚名. 顺丰借壳上市事件［EB/OL］.［2017-02-23］. http：//wiki.mbalib.com/wiki/%E9%A1%BA%E4%B8%B0.

思考：

（1）什么是借壳上市？如何才能实现借壳上市？

（2）顺丰为何不直接申请IPO，而要通过借壳方式实现上市？

（3）我国股票市场中有一种"壳资源"现象，越是亏损的公司股票，越有人敢买，为什么会出现这种情况？

三、利用留存收益

留存收益是企业最常见的资金来源形式。企业从税后利润中提取的盈余公积包括法定盈余公积和任意盈余公积，可以用于弥补企业亏损或者转增资本。法定盈余公积转增资本后留存企业的部分，以不少于转增前注册资本的25%为限。

企业增加实收资本或者以资本公积、盈余公积转增实收资本，由投资者履行财务决策程序后，办理相关财务事项和工商变更登记。

盈余公积是企业从税后利润中提取的资本积累。盈余公积的用途包括：❶形成内部筹资，壮大自有资金规模，改善资本结构；❷用于弥补企业亏损；❸用于转增资本。

阅读与思考

科创板首批公司挂牌上市

2019年7月22日，我国科创板首批25家公司在上海证券交易所挂牌上市交易，这标志着设立科创板并试点注册制这一重大改革举措正式落地。

中国证监会副主席李超在科创板首批公司上市仪式上表示，将不断深化对科创板市场发展和运行规律的认识，始终坚持市场化、法治化的方向，充分借鉴国际最佳实践，发挥科创板的试验田作用，总结可复制、可推广的经验，加快关键制度创新，推动资本市场全面深化改革和健康发展。

2018 年 11 月，习近平总书记在首届中国国际进口博览会开幕式上宣布，将在上海证券交易所设立科创板并试点注册制，支持上海国际金融中心和科技创新中心建设，不断完善资本市场基础制度。从宣布设立，到科创板开板，再到首批公司正式上市，前后筹备只用了 8 个多月。截至 2019 年 7 月 21 日，上交所共披露 149 家科创板受理公司，其中 25 家成为科创板首批上市公司，主要集中于成长性好的高新技术和战略性新兴产业，大多分布于新一代信息技术、生物医药和高端装备等产业，具备较强的科创属性，多处于快速发展阶段，符合国家战略和经济结构调整方向。首批拿到上市"入场券"的 25 家企业中，长三角地区占 12 家，将近一半。

从总体情况看，科创板开市首日运行平稳。25 家公司均大幅上涨，涨幅中位数为 110%；成交额为 485 亿元，占两市的成交比例为 12%，整体换手率为 78%；大、中、小市值股票涨幅相近；新一代信息技术行业涨幅居前。

资料来源　刘士安，徐志峰，谢卫群. 科创板首批公司挂牌上市［N］. 人民日报，2019-07-23.

思考：

（1）什么是科创板？我国为什么要设立科创板？

（2）科创板在股票发行和上市方面与我国股票市场中的主板、中小板和创业板有何不同？

第四节　负债资金的筹集

企业依法以借款、商业信用、发行债券、融资租赁等方式筹集债务资金的，应当明确筹资目的，根据资本成本、债务风险和合理的资金需求，进行必要的资本结构决策，并签订书面合同。

一、短期借款

短期借款是指企业向银行或其他非银行金融机构借入的偿还期在一年以内的各种款项，主要用于满足企业流动资金周转的需要，包括生产（商品）周转借款、临时借款、结算借款和票据贴现等。

（一）短期借款的信用条件

一般地讲，银行短期借款的信用条件包括贷款期限和贷款偿还方式、贷款利率和利息支付方式、信贷额度、循环使用的信用协议、补偿性余额、借款抵押等几个方面。

1.贷款期限和贷款偿还方式

短期借款的期限不超过一年，在银行与借款企业之间签订的协议中都明确规定了具体的贷款期限。根据我国金融制度的规定，贷款到期后仍无能力偿还的，视为逾期贷款，银行要照章加收逾期罚息。贷款的偿还有到期一次偿还和在贷款期内定期等额偿还两种方式。一般来说，企业不希望采用后一种方式，因为这会提高贷款的实际利率；而银行则不希望采用前一种方式，因为这会加重企业还款时的财务负担，增加企业的拒付风险，同时会降低实际贷款利率。不同的偿还方式，对企业的财务负担和筹资成本有不同的影响，企业应根据自身情况作出选择。

2.贷款利率和利息支付方式

短期借款一般采用固定利率，银行在确定贷款利率时又根据不同的企业分别采用优惠利率和非优惠利率。优惠利率是银行向财力雄厚、经营状况好的企业贷款时收取的名义利率；而非优惠利率则是银行向一般企业贷款时收取的高于优惠利率的利率。非优惠利率一般是在优惠利率的基础上加一定的百分比，所加百分比的高低由借款企业的信誉、与银行的往来关系等因素决定。

短期借款的利息支付方式有两种：一是利随本清法，又称收款法，是借款企业在借款到期时一次性向银行支付利息的方法；二是贴现法，即银行在向企业发放贷款时，先从本金中扣除利息部分，企业所得到的贷款额只有贷款本金减去利息部分后的差额，而到期时企业仍要偿还贷款全部本金的付息方式。

3.信贷额度

信贷额度即贷款限额，是借款人与银行在协议中规定的允许借款人借款的最高限额。如借款人超过规定限额继续向银行借款，银行则停止办理。此外，如果企业信誉恶化，即使银行曾经同意按信贷限额提供贷款，企业也可能得不到借款。这时，银行不会承担法律责任。

4.循环使用的信用协议

循环使用的信用协议即循环使用的信贷额度。这时的信用期限有两个：一个是信贷额度的期限，通常不超过1年；另一个是信贷额度循环使用的期限，一般为2~6年。

例如，银行与A企业签订的循环使用信用协议规定，信贷额度为200万元，期限为半年，使用期限为3年。这就是说，A企业在未来3年内每半年可取得200万元的借款额度，相当于取得一笔200万元的3年期借款，不同的是每半年期满时需将200万元归还，然后在下一个半年再使用不超过200万元的借款。对此，银行除按一般短期贷款向借款人收取利息外，还要就贷款限额的未使用部分向借款人收取承诺费。如前例中的A企业，若借款年利率为10%，承诺费率为0.5%，A企业在第一个半年中实际使用借款180万元，则这半年A企业应付的利息与费用总额为9.05万元（180×5%+20×0.25%）。

5.补偿性余额

补偿性余额是银行要求借款人在银行中保持按贷款限额或实际借用额的一定百分比（通常为10%~20%）计算的最低存款余额。补偿性余额有助于银行降低贷款风险，补偿其可能遭受的损失；但对借款企业来说，补偿性余额则提高了借款的实际利率，加重了企业的利息负担。

6.借款抵押

银行向财务风险较大、信誉不好的企业发放贷款时，往往需要有抵押品担保，以降低自己蒙受损失的风险。借款的抵押品通常是借款企业的应收账款、存货、股票、债券以及房屋等。银行接受抵押品后，根据抵押品的账面价值决定贷款金额，一般为抵押品账面价值的30%~50%。这一比率的高低取决于抵押品的变现能力和银行的风险偏好。抵押借款的资本成本通常高于非抵押借款，这是因为银行主要向信誉好的客户提供非抵押贷款，而将抵押贷款视为一种风险贷款，因而收取较高的利息；此外，银行管理抵押贷款比管理非抵押贷款更为困难，为此往往另外收取手续费。

（二）短期借款的成本[①]

通常人们将银行借款利率作为短期借款的成本，但是，由于短期借款本息偿付方式及其他附加条件的影响，常常使借款的实际利率与名义利率发生差异。因此，考虑短期借款成本必须结合本息偿付方式及其他附加条件，才能作出正确评价。

1.收款法下的借款成本

在收款法下，借款本息都在到期时一次清偿，这时借款的名义利率与实际利率一致。因此，收款法下的借款成本就是借款利率，但是，如果有其他附加条件，则应另行加以考虑。

2.贴现法下的借款成本

在贴现法下，企业取得借款时要事先支付贷款利息，从而使企业能够使用的资金低于贷款总额，故其实际利率总是高于名义利率。这时的借款成本可按下式计算：

$$借款实际利率=\frac{实付利息额}{(借款总额-实付利息额)\times n/12}\times100\%$$

$$=\frac{R\cdot i\cdot n/12}{(R-R\cdot i\cdot n/12)\times n/12}\times100\%=\frac{12i}{12-n\cdot i}\times100\%$$

式中：R为借款总额；i为借款的年名义利率；n为借款的期限（每一个月为一期）。

【例2-3】企业从银行借入9个月期年利率为12%的短期借款100万元，采用贴现法支付利息，则该借款的成本为：

$$借款实际利率=\frac{12\times12\%}{12-9\times12\%}\times100\%=13.19\%$$

理财与思政

远离不良"校园贷"，青春不负"债"

"只要你是学生，有身份证，就借给你钱！""零门槛、无抵押、无利息、一秒到账、先消费后付款！"……这样的"校园贷"可信吗？随着开学季到来，大学生们的消费需求高涨，一些不良校园贷乘虚而入，如果不注意辨别，易上当受骗。有关部门提示广大学生：及时准确识别不法分子典型套路，坚决远离不良校园贷。

1.不良校园贷的套路

第一步：设计五花八门圈套。设计"手机贷""整容贷""培训贷""求职贷""创业贷"等五花八门的形式，引诱涉世未深的在校学生过度消费。

第二步：抛出低息低门槛诱饵。不良校园贷通常会进行利息低、贷款门槛低等迷惑性宣传，或弱化还款难度、贷款利息等，如声称"无门槛、零利息、免担保"，告诉学生贷款只需要一张身份证或者学生证就可以办理。

第三步：签订虚假合同。跟受骗学生签订金额虚高的贷款合同或者"阴阳合同"，有些除了合同，还会额外要求打欠条等。

第四步：制造银行流水。通常把贷款金额转入学生的银行卡，但会派人陪同学生去银行全部取出，然后再要求学生退一部分金额，这样就形成了银行流水与借款合同一致的"证据"。

第五步：单方面制造违约。通常使用"不接电话、不回信息"等方式拒绝接受学生还款，并且故意拖延，目的就是制造学生违约逾期的情况，以收取高额违约金。

---

① 此处是指短期借款的税前成本。

第六步：借新款还旧款。一旦学生违约无法偿还贷款和利息，不良校园贷可能还会设计另一个圈套，介绍学生去其他公司贷款来偿还此前的贷款。

第七步：恶意追债。到这一步，一旦被骗学生无法偿还贷款，不法分子就会通过暴力催收、骚扰父母亲友等各种手段追债。

这些不良校园贷背后隐藏着极大的危机，有的学生面对还款压力，选择"以贷养贷"，从而债台高筑；还有的学生因无力偿还校园贷，长期遭受暴力催债的骚扰，甚至被逼无奈自杀。

2.如何防范校园贷

北京银保监局（现为国家金融监督管理总局北京监管局）提示广大学生：做到三要三不要，远离不良"校园贷"，青春不负"债"!

一是花钱要理性，不要让"开学季"变成"烧钱季"。大学生要坚持以学业为重，不要盲从、攀比、炫耀，不要超前消费、过度消费或从众消费，否则一旦资金断流，就容易落入不良校园贷的圈套。要警惕一些大型消费贷款平台针对大学生提供所谓"精准服务"，防止各类循循善诱的让利规则暗藏玄机。要树立正确的消费观、价值观，提高网贷风险防范意识，培养理性消费习惯，弘扬勤俭节约美德，科学安排生活支出，做到开源节流、量入为出，不给不良校园贷留下可乘之机。

二是借钱要正规，不要把"假李鬼"当成"真李逵"。凡是非正规金融服务都要远离，凡是有金融需求都要找正规金融机构，可通过拨打金融机构官方客服电话或前往金融机构营业网点进行咨询办理。切不可轻信不法分子的诈骗诱饵，让不良校园贷钻空子。同时，要增强自我保护意识，不将自己的身份证、学生证借给他人，保护好个人及家庭的信息不外泄。

三是救济要理智，不要让"校园贷"变成"校园害"。如果不幸遭遇了不良校园贷，一定要保持理智，寻求正确的救济渠道，不要"以贷养贷"，更不要采取极端解决方式，同时积极保留证据，保持与家长和学校的密切沟通，主动向公安、司法机关寻求帮助，借助法律手段、运用法律知识维护自身合法权益。

资料来源　佚名. 北京银保监局提示学生：远离不良"校园贷"，青春不负"债"[EB/OL].
[2021-03-18]. https://www.sohu.com/a/456277473_114988.

二、长期借款

长期借款是指企业向银行或非银行金融机构取得的、偿还期限在一年以上的借款。

（一）长期借款的种类

1.按借款有无担保分为信用贷款和抵押贷款

信用贷款是指不要求借款企业以实物抵押作担保，仅凭借款企业的信誉或借款担保人的信誉所发放的贷款。抵押贷款是指要求借款企业以实物资产作抵押而取得的贷款。通常作为抵押品的实物资产主要是不动产，如房屋、机器设备、原材料、库存商品等。若借款企业到期无力归还贷款，银行则有权取消企业对抵押品的赎回权，并有权作出变卖等处理，以所得款项抵还贷款。

2.按提供借款的机构分为政策性银行贷款、商业银行贷款、保险公司贷款等

政策性银行贷款一般是指办理国家政策性贷款业务的银行向企业发放的贷款。如国家开发银行主要为满足企业承建国家重点建设项目的资金需要提供贷款；进出口信贷银行则为大型设备的进出口提供买方或卖方信贷。商业银行贷款是指由各商业银行向各类企业提供的贷款。这类贷款主要为满足企业建设性项目的资金需要，企业对贷款自主决策、自担风险、自负盈亏。保险公司贷款是指由保险公司向企业提供的贷款。其期限一般比银行贷款长，但利率高，对贷款对象的选择也较严格。此外，信托投资公司、财务公司等也向企业提供各种中长期贷款。

另外，长期借款还可以按借款用途分为固定资产投资借款、更新改造借款、科技开发和新产品试制借款等。

（二）长期借款还可以长期借款的条件

➤ 独立核算、自负盈亏、有法人资格。
➤ 经营方向和业务范围符合国家产业政策，借款用途属于银行贷款办法规定的范围。
➤ 借款企业具有一定的物资和财产保证，担保单位具有相应的经济实力。
➤ 具有偿还贷款的能力。
➤ 财务管理和经济核算制度健全，资金使用效益和企业经济效益良好。
➤ 在银行设有账户，办理结算。

具备上述条件的企业，可向银行申请取得长期借款。

（三）长期借款合同的内容

借款合同是规定借贷当事人双方权利和义务的契约，具有法律约束力。当事人双方必须严格遵守合同条款，履行合同规定的义务。

1.借款合同的基本条款

借款合同应具备以下基本条款：（1）贷款种类；（2）借款用途；（3）借款金额；（4）借款利率；（5）借款期限；（6）还款资金来源及还款方式；（7）保证条款；（8）违约责任等。

2.借款合同的限制条款

放款银行避免和降低贷款风险的一个重要措施，是要求借款人接受基本条款以外的其他限制性条款，包括：（1）持有一定的现金及其他流动资产，保持合理的流动性及还款能力；（2）限制现金股利的支付，限制资本支出的规模；（3）限制借入其他长期债务；（4）定期向银行报送财务报表；（5）及时偿付到期债务；（6）限制资产出售；（7）禁止应收账款出售或贴现；（8）违约责任等。

此外，长期借款合同必须采用书面形式，借款申请书、有关借款的凭证、协议书和当事人双方同意修改借款合同的有关材料，也是借款合同的组成部分。

（四）长期借款筹资的优缺点

1.长期借款筹资的优点

长期借款筹资的优点有：（1）筹资速度快，手续简便。向银行借款，通常只需银行审批，而无需其他行政管理部门或社会中介机构的工作，只要具备条件，可在较短的时间内，花较少的费用取得。（2）资本成本低。银行借款利率一般比债券要低，且利息费用可全部在企业所得税前列支，而且由于借款是在企业与银行之间直接协商确定，故不存在交易成本，因此其资本成本相对较低。（3）借款弹性大。借款合同只要双方同意即可修改其内容，因此，当企业在借款期内发生财务困难或其他影响偿债能力的事项，而不能按期还本付息时，可通过与银行协商修改借款条件，缓解财务困难，扩大筹资弹性。

2.长期借款筹资的缺点

长期借款筹资的缺点有：（1）筹资风险较大。当企业不能按期还本付息而又不能修改借款条件时，放款银行可采用扣押、拍卖抵押资产，要求企业破产偿债等措施，从而使企业陷入财务或经营困境，加大了筹资的风险。(2)限制条件较多。如前所述，银行借款通常附加有许多限制条件，如资产控制权、再借款自主权等，从而影响企业未来的筹资和投资活动。(3)筹资数量有限。银行虽然有较为雄厚的财力，但由于各方面原因的影响，银行不可能将资金过分集中地投放于某一个企业，与股票、债券筹资方式相比，其资金量通常要少得多。

阅读与思考

宁向股东伸手，不要银行贷款

负债经营有好处，也有弊端。正常的负债是企业实现股东财富最大化的措施之一。但是，资料表明：中国上市公司历年来的负债比例都低于正常水平，但又频频申请配股。人们不禁要问：我国上市公司累积那么多募股资金，闲置不用，为什么又要向股东配股"收钱"？有人说：上市公司不懂得投资；有人说：上市公司在"圈钱"。据统计，我国上市公司中负债比例低于30%的占1/4强。有些公司的负债比例如此之低，令人难以置信！在20家负债比例最低的企业中，汕电力的负债比例最低，仅为1.84%；凌桥股份最高，也只有10.22%。我国上市公司负债比例如此之低的原因，并非是像微软公司那样经济效益很好而不需要负债。即使是微软公司，近年来最低负债比例也控制在15%以上，最低净资产收益率在35%以上。而汕电力1999年的每股收益只有1分多，净资产收益率仅为0.67%。

资料来源　黑龙江省齐齐哈尔林业学校.齐齐哈尔林业学校会计学专业教学案例汇编［EB/OL］.［2016-07-03］.http：//www.qqhrlx.com/sfxjs/show.asp？id=339.

思考：

(1)我国上市公司为何偏好通过发行股票融资？

(2)我国上市公司不愿意负债的原因是要控制财务风险吗？

三、商业信用

商业信用是指商品交易中的延期付款或延期交货所形成的借贷关系，是企业之间的一种直接信用关系。商业信用是商品交易中钱与货在时间上和空间上的分离而产生的，它的形式多样，范围广泛，已成为企业筹集资金的重要方式。

(一)商业信用的形式

商业信用是企业短期资金的重要来源。从筹资角度看，商业信用主要表现为以下几种形式：

1.应付账款

应付账款是企业购买商品暂未付款而对卖方的欠账。如果卖方允许买方在购进商品后的一定时期内支付货款，就构成了卖方与买方的商业信用所形成的资金结算关系，这种资金结算关系的实质是资金借贷关系。对于卖方来说，可以利用这种方式促销；而对于买方来说，延期付款则等于向卖方借用资金，可以满足短期资金的需要。应付账款是由赊购商品形成的、以记账方法表达的商业信用。赊购商品是一种最典型、最常见的商业信用形式。在此种情况下，买卖双方发生商品交易，买方收到商品后不立即支付现金，可延期到一定时间以后付款。在这种形式下，账款的支付主要依赖于卖方的信用条件。如卖方为促使买方及时承付货款，一般均给对方一定的现金折扣。"2/10，N/30"即表示货款在10天内付清，可以享受货款金额2%的现金折扣；货款在30天内付清（即信用期为30天），则须付全部货款。

在这种形式下，买方通过商业信用筹资的数量与是否享有折扣有关。一般认为，企业存在三种可能性：（1）享有现金折扣，从而在现金折扣期内付款，其占用卖方货款的时间短，信用筹资相对较少；（2）不享有现金折扣，而在信用期内付款，其筹资量大小取决于对方提供的信用期长短；（3）超过信用期的逾期付款（即拖欠），其筹资量最大，对企业信用的负作用也大，成本也最高，企业一般不宜以拖欠货款来筹资。

现金折扣的资本成本计算公式为：

$$现金折扣的资本成本=\frac{现金折扣}{1-现金折扣}×\frac{360}{信用期-折扣期}×100\%$$

【例2-4】某企业每年向供应商购入200万元的商品，该供应商提供的信用条件为"2/10，N/30"，若该企业放弃上述现金折扣条件，则其资本成本计算如下：

$$放弃现金折扣的资本成本=\frac{现金折扣}{1-现金折扣}×\frac{360}{信用期-折扣期}×100\%=\frac{2\%}{1-2\%}×\frac{360}{30-10}×100\%=36.73\%$$

这说明该企业只要从其他途径取得资金所付出的代价低于36.73%时，就应放弃这种商业信用筹资方式，在10天以内把货款付清以取得2%的现金折扣。

【随堂测】某公司按信用条件"2.5/10，N/40"购进一批商品，若公司准备放弃现金折扣，请测算一下，放弃现金折扣的资本成本是多少？

2.应付票据

应付票据是指企业根据购销合同的要求，在进行延期付款的商品交易时开具的反映债权债务关系的票据。根据承兑人的不同，商业汇票可分为商业承兑汇票和银行承兑汇票。商业承兑汇票是指由收款人开出，经付款人承兑，或由付款人开出并承兑的汇票。银行承兑汇票是指由收款人或承兑申请人开出，由银行审查同意承兑的汇票。商业汇票是一种期票，是反映应付账款和应收账款的书面证明。对于买方来说，它是一种短期融资方式。

不管承兑人是谁，最终的付款人仍是购买人。从应付票据的付款期限看，一般为1~6个月，最长不超过9个月，并有带息票据和不带息票据两种。即使是带息票据，其利率通常也比银行借款利率低，一般无其他可能导致资本成本升高的附加条件，所以应付票据的资本成本通常低于银行借款。

3.预收货款

预收货款是指卖方按合同或协议规定，在交付商品之前向买方预收部分或全部货款的信用方式。通常购买单位对于紧俏商品乐意采用这种形式，以便顺利获得所需商品。另外，生产周期长、售价高的商品，如轮船、飞机等，生产企业也经常向订货者分次预收货款，以缓解资金占用过多的压力。

此外，企业在生产经营活动中往往还形成一些应付费用，如应付工资、应交税费、应付利息、应付水电费等。这些费用项目的发生受益在先，支付在后，支付期晚于发生期，因此它们也属于"自然筹资"的范围。由于这些应付项目的支付具有时间规定性，其负债额度因而较为稳定，因此，企业习惯上称之为"定额负债"或视同"自有资金"。

（二）商业信用筹资的优缺点

1.商业信用筹资的优点

利用商业信用筹资的优点主要表现在：（1）筹资便利。商业信用与商品买卖同时进行，属于一种自然性融资，无须作特殊的安排，也不需要事先计划，随时可以随着购销行为的产生而得到该项资金。（2）筹资成本低。大多数商业信用都是由卖方免费提供的，如果没有现金折扣，或企业不放弃现金折扣，则利用商业信用筹资没有实际成本。（3）限制条件少。商业信用比其他筹资方式条件宽松，无须担保或抵押。如果企业利用银行借款筹资，银行会规定一些限制条件，而商业信用则限制较少，选择余地大。

2.商业信用筹资的缺点

商业信用筹资也有其不足之处，主要表现在：（1）期限短。它属于短期筹资方式，不能用于长期资产占用。（2）风险大。由于各种应付款项目经常发生，次数频繁，因此需要企业随时安排现金的调度。

四、发行债券

公司债券是指企业为筹集资金而发行的、向债权人承诺按期支付利息和偿还本金的书面凭证。它是一种要式证券，体现的是持有人与发行企业之间的债权债务关系。

（一）债券的种类

1.按债券券面是否记名分为记名债券和不记名债券

记名债券是指券面上记载有债权人的姓名，本息只向登记人支付，转让需办理过户手续的债券。不记名债券是指券面上无债权人姓名，本息直接向持有人支付，可由持有人自由转让的债券。

2.按债券有无担保分为抵押债券和信用债券

抵押债券是指以发行企业的特定财产作为抵押品的债券。根据抵押品的不同，抵押债券又分为不动产抵押债券、动产抵押债券和信托抵押债券。其中，信托抵押债券是指债券发行企业以其持有的其他有价证券作为抵押品的债券。对于抵押债券，若发行企业不能按期偿还本息，持有人可以行使其抵押权，拍卖抵押品作为补偿。信用债券是指单纯凭企业信誉或信托契约而发行的债券。通常由那些信誉较好、财务能力较强的企业发行。

3.按债券利率是否固定分为固定利率债券和浮动利率债券

固定利率债券是指债券发行时确定的券面利率在债券有效期内不能改变的债券。浮动利率债券是指在债券发行时只规定一个利率最低水平，实际付息则根据将来市场利率的变动情况予以调整的债券。

4.按债券是否能转换为公司股票分为可转换债券和不可转换债券

可转换债券是指在特定时期内可以按某一固定的比例转换成普通股的债券。由于可转换债券赋予债券持有人将来成为公司股东的权利，因此其利率通常低于不可转换债券。若将来转换成功，在转换前发行企业达到了低成本筹资的目的，转换后又可节省股票的发行成本。根据《公司法》的规定，股份有限公司经股东会决议，或者经公司章程、股东会授权由董事会决议，可以发行可转换为股票的公司债券，并规定具体的转换办法。上市公司发行可转换为股票的公司债券，应当经国务院证券监督管理机构注册。。

5.按债券的还本方式不同分为定期偿还债券和随时偿还债券

定期偿还债券是指债券在发行时就已经规定了本金归还时间的债券，包括定期一次清偿全部本金和按规定时间分批偿还部分本金两种方式。随时偿还债券是指在发行时对债券还本时间不作规定，而是根据将来的具体情况，由发行企业随时确定还本时间的债券，包括根据抽签号码偿还的抽签偿还债券和根据发行企业资金余缺情况通知债权人还本的买入偿还债券。

（二）发行债券的资格与条件

企业发行债券必须遵守《证券法》及《上市公司证券发行注册管理办法》的有关规定，要具备发行资格及发行条件，并经同级人民银行及计划部门审批后方能发行。

1.债券发行资格

股份有限公司、国有独资公司、两个以上的国有企业或者其他两个以上的国有投资主体设立的有限责任公司，为筹集生产经营资金，可以发行公司债券。

2.债券发行条件

我国《证券法》规定，公开发行公司债券，应当符合下列条件：（1）具备健全且运行良好的组织机构。（2）最近3年平均可分配利润足以支付公司债券1年的利息。（3）公开发行公司债券筹集的资金，必须按照公司债券募集办法所列资金用途使用；改变资金用途，必须经债券持有人会议作出决议；公开发行公司债券筹集的资金，不得用于弥补亏损和非生产性支出。

《证券法》还规定，有下列情形之一的，不得再次公开发行公司债券：❶对已公开发行的公司债券或者其他债务有违约或者延迟支付本息的事实，仍处于继续状态；❷违反《证券法》规定，改变公开发行公司债券所募资金的用途。

（三）发行债券的程序

1.作出发行债券的决议或决定

股份有限公司、有限责任公司发行公司债券，由董事会制订方案，股东（大）会作出决议；国有独资公司发行公司债券，应由国家授权投资的机构或者国家授权的部门作出决定。上述规定说明，发行公司债券的决议应由公司最高权力机构作出。

2.报请批准

公司作出发行债券的决议或决定后，应向国务院债券管理部门报请批准。报请批准需提供以下文件资料：公司登记证明、公司章程、公司债券募集办法、资产评估报告和验资报告。

3.制作并向社会公告募集办法

发行公司债券的申请经批准后，发行公司应制作公司债券募集办法，并向社会公告。公司债券募集办法中应载明的主要事项包括：公司名称、债券总额和债券的票面金额、债券的利率、还本付息的期限和方式、债券付息的起止日期、公司净资产额、已发行的尚未到期的公司债券总额、公司债券的承销机构等。

4.募集债款

（1）募集方式。公司债券募集方式一般有公募发行和私募发行两种。公募发行是指以不特定的多数人为募集对象而公开发行，又分为直接公募和间接公募两种。私募发行是指只向少数特定投资者发行的募集方式。这里的特定投资者是指个人投资者和机构投资者。

（2）签订承销合同，结算债款。销售债券是债券发行过程中的一项重要工作，它直接关系到债券发行能否成功，因此发行公司首先应慎重选择承销机构，并与承销机构签订承销合同。发行期结束后应及时与承销机构结算债款，争取资金早日到位。

（四）债券的发行价格

债券的发行价格有三种：等价发行、折价发行和溢价发行。等价发行又叫面值发行，是指按债券的面值出售；折价发行是指以低于债券面值的价格出售；溢价发行是指按高于债券面值的价格出售。

对于债券的发行价格，发行企业与投资者是从不同角度来看待的。发行人考虑的是发行收入能否补偿未来所应支付的本息；投资者考虑的则是放弃资金使用权而应该获取的收益。由于公司债券的还本期限一般在一年以上，因此确定债券发行价格时，不仅应考虑债券面值和利率与市场利率之间的关系，还应考虑债券资金所包含的时间价值。

债券之所以会存在溢价发行和折价发行，是因为资金市场上的利息率是经常变化的，而企业债券上的利息率，一经印出，便不易再进行调整。从债券的开印到正式发行，往往需要经过一段时间，在这段时间内如果资金市场上的利率发生变化，就要靠调整发行价格来使债券顺利发行。但无论以哪种价格发行债券，投资者的收益都保持在与市场利率相等的水平上。

债券发行价格的计算公式为：

$$债券发行价格 = \frac{R}{(1+i)^n} + \sum_{t=1}^{n} \frac{R \cdot r}{(1+i)^t} = R \cdot (P/F, i, n) + R \cdot r \cdot (P/A, i, n)$$

式中：R为债券面值；n为债券期限；t为付息期限；i为市场利率；r为票面利率。

【例2-5】某公司打算发行面值为100元、利息率为8%、期限为5年的债券。在公司决定发行债券时，如果市场上的利率发生变化，那么就要调整债券的发行价格。现分如下三种情况来说明：

（1）资金市场的利率保持在8%，该公司的债券利率为8%，则债券可等价发行，其发行价格为：

发行价格=100×（P/F，8%，5）+100×8%×（P/A，8%，5）

　　　　=100×0.6806+100×8%×3.9927=100（元）

也就是说，当债券利率等于市场利率时，按100元的价格发行此债券，投资者可以获得8%的报酬。

（2）资金市场上的利率大幅度上升到12%，公司债券利率为8%，低于资金市场利率，则应采用折价发行，其发行价格为：

发行价格=100×（P/F，12%，5）+100×8%×（P/A，12%，5）

　　　　=100×0.5674+100×8%×3.6048=85.58（元）

也就是说，只有按85.58元的价格发行，投资者才会购买此债券，以获得与市场利率12%相等的报酬。

（3）资金市场上的利率大幅度下降到5%，公司债券利率为8%，则可采用溢价发行，其发行价格为：

发行价格=100×（P/F，5%，5）+100×8%×（P/A，5%，5）

　　　　=100×0.7835+100×8%×4.3295=112.99（元）

也就是说，投资者把112.99元的资金投资于该公司面值为100元的债券，才能获得

5%的回报，与市场利率相同。

（五）债券筹资的优缺点

1.债券筹资的优点

债券筹资的优点有：（1）资本成本较低。利用债券筹资的成本要比股票筹资的成本低，这主要是因为债券的发行费用较低，债券利息在税前支付，有一部分利息由政府负担了。（2）有利于保障所有者权益。由于债券持有人无权参与企业的经营管理，也无权分享利润，因而不会改变所有者对企业的控制权，也不会对所有者原有的收益造成损失。（3）发挥财务杠杆作用。不论公司赚钱多少，债券持有人只收取固定的、有限的利息，而更多的收益可分配给股东，增加其财富，或留归企业以扩大经营。（4）有利于调整资本结构。当企业发行可转换债券或可提前收回债券时，可增强企业财务能力的弹性，便于企业调整资本结构。

2.债券筹资的缺点

债券筹资的缺点有：（1）筹资风险高。债券有固定的到期日，并定期支付利息。利用债券筹资，要承担还本、付息的义务。在企业经营不景气时，向债券持有人还本、付息，无异于釜底抽薪，会给企业带来更大的困难，甚至导致企业破产。（2）限制条件多。发行债券的契约书中往往有一些限制条款，这种限制比优先股及短期债务严得多，可能会影响企业的正常发展和以后的筹资能力。（3）筹资额有限。利用债券筹资有一定的限度，当公司的负债比率超过了一定限度后，债券筹资的成本会迅速上升，有时甚至会发行不出去。

🌿**议一议**　同学们，你认为权益筹资和负债筹资哪种方式更好呢？为什么我国很多企业更热衷于发行股票筹资呢？

五、融资租赁

融资租赁是指由租赁公司按承租人的要求出资购买资产，在较长的契约或合同期内提供给承租单位使用的信用业务。

（一）融资租赁的种类及特点

1.融资租赁的种类

融资租赁又称财务租赁，通常是一种长期租赁，可解决企业对资产的长期需要，故有时也称为资本租赁。融资租赁是现代租赁的主要形式，其具体形式有以下几种：（1）直接租赁。直接租赁是指承租人直接向出租人租入所需要的资产，并付出租金。直接租赁的出租人主要是制造厂商、租赁公司。除制造厂商外，其他出租人都是从制造厂商处购买资产出租给承租人。（2）售后租回。根据协议，企业将某资产卖给出租人，再将其租回使用，资产的售价大致为市价。采用这种租赁形式，出售资产的企业可得到相当于售价的一笔资金，同时仍然可以使用资产。当然，在此期间，该企业要支付租金，并失去了财产所有权。从事售后租回的出租人为租赁公司等金融机构。（3）杠杆租赁。杠杆租赁要涉及承租人、出租人和资金出借者三方当事人。从承租人的角度来看，这种租赁与其他租赁形式并无区别，同样是按合同的规定，在基本租赁期内定期支付定额租金，取得资产的使用权。但对出租人却不同，出租人只出购买资产所需的部分资金（如30%），作为自己的投资；另外以该资产作为担保向资金出借者借入其余资金（如70%）。因此，它既是出租人又是借款人，同时拥有对资产的所有权，既收取租金又要偿付债务。如果出租人不能按期偿还借款，那么资产的所有权就要转归资金出借者。

2.融资租赁的特点

融资租赁的特点主要是：（1）一般由承租人向出租人提出正式申请，由出租人融通资金引进用户所需设备，然后再租给用户使用。（2）租期较长。融资租赁的租期一般为租赁财产寿命的一半以上。（3）租赁合同比较稳定。在融资租赁期内，承租人必须连续支付租金，除非经双方同意，中途不得退租。这样既能保证承租人长期使用资产，又能保证出租人在基本租期内收回投资并获得一定利润。（4）租赁期满后，可选择以下办法处理租赁财产：将设备作价转让给承租人；由出租人收回；延长租期续租。（5）在租赁期内，出租人一般不提供维修和保养设备方面的服务。

（二）融资租赁的程序

➤选择租赁公司。选择租赁公司主要应考虑租赁公司的经营范围、业务能力、融资条件、费用水平及租赁公司与其他金融机构的关系等因素，以保证租赁资产的来源并相对降低成本。

➤办理租赁委托。选定租赁公司以后，便可向其提出租赁申请，办理租赁委托。办理租赁委托一般需提供企业的财务状况文件，如资产负债表、利润表、现金流量表等，并填写"租赁申请书"，说明所需资产的具体要求。

➤签订购货协议并购买资产。租赁委托被接受后，一般由承租人与租赁公司双方共同选定资产制造商或销售商，共同与其签订购货协议或办理购买资产事宜。

➤签订租赁合同。融资租赁合同是租赁公司与承租企业双方共同签订的用于明确双方权利与义务的法律文件。

➤办理验货与投保。承租企业对收到的租赁资产应做好验收工作，签发交货及验收证书并提交给租赁公司，同时还应办理财产投保等有关事宜。

➤支付租金。租赁业务完成后，承租企业应按租赁合同的约定及时足额支付租金。

➤租赁期满时的资产处理。租赁期满时如何处理资产在租赁合同中已有规定，应按合同执行。

（三）租金的确定

1.租金总额

融资租赁的租金包括设备价款和租息两部分。设备价款是指租赁公司取得资产所支付的代价，包括购买价格、运杂费、途中保险费等。它是租金的主要组成部分。租息又包括租赁公司的融资成本和租赁手续费。租赁融资成本是指租赁公司为购买租赁设备所筹资金的成本，即设备租赁期间的利息。租赁手续费则包括租赁公司承办租赁设备的营业费用和一定的盈利。租赁手续费的高低一般无固定标准，可由承租企业与租赁公司协商确定。

2.租金支付方式

（1）按支付时期长短，可以分为年付、半年付、季付和月付等方式。（2）按支付时期先后，可以分为先付租金和后付租金两种。先付租金是指在期初支付；后付租金是指在期末支付。（3）按每期支付金额，可以分为等额支付和不等额支付两种。

3.租金的计算方法

在我国的融资租赁业务中，融资租赁的租金在租期内分期支付，而且一般是将总租金分期平均支付，可称为"等额年金"方式。根据租金总额的构成及租金支付方式的特点，可得出以下计算公式：

应付租金总额＝设备价款＋租息

每期应付租金＝应付租金总额÷支付期数

或　　　　　　　＝应付租金总额÷年金现值系数

【例2-6】某企业以融资租赁方式取得一商品储存仓库，租期4年，租金总额1 600万元，每年年末等额支付一次。则承租企业每年应付租金为：

（1）不考虑资金时间价值，分期平均计算：

每年应付租金＝1 600÷4＝400（万元）

（2）考虑资金时间价值，假定贴现率为10%：

每年应付租金＝1 600÷（P/A，10%，4）＝1 600÷3.1699＝504.75（万元）

（四）融资租赁筹资的优缺点

1.融资租赁筹资的优点

融资租赁筹资的优点有：（1）筹资速度快，筹资弹性大。融资租赁往往比借款购置设备更迅速、更灵活，因为融资租赁是筹资与设备购置同时进行，可以缩短设备的购进、安装时间，使企业尽快形成生产能力，有利于企业尽快占领市场，打开销路。另外，有些企业由于种种原因，如负债比率过高，不能向外界筹集大量资金。在这种情况下，采用融资租赁的形式就可使企业在资金不足而又急需设备时，不付出大量资金就能及时得到所需设备。（2）限制条款少。如前所述，债券和长期借款都有相当多的限制条款，虽然类似的限制在租赁公司中也有，但一般比较少。（3）可避免资产陈旧过时所带来的风险。当今，科学技术在迅速发展，固定资产更新周期日趋缩短，承租人在签订租赁合同时都会考虑企业自身生产技术发展的情况，利用租赁筹资可避免自行购置设备而发生的无形损耗，从而降低风险。（4）到期还本负担轻。租金在整个租期内分摊，不用到期归还大量本金，这会适当减少不能偿付的风险。（5）税收负担轻。租金可在税前扣除，具有抵免所得税的效用。

2.融资租赁筹资的缺点

融资租赁筹资的缺点有：（1）取得成本过高。融资租赁筹资的最主要缺点就是资本成本较高。一般来说，其租金要比举借银行借款或发行债券所负担的利息高得多，在财务困难时，固定的租金也会构成一项较沉重的负担。（2）资产处置权有限。由于承租企业在租赁期内无资产所有权，因而不能根据自身的要求自行处置租赁资产。

【随堂测】请从下列备选答案中选择正确答案：

资本成本高而财务风险很低的筹资方式有（　　　）。

A.吸收直接投资　　　　　　　B.发行股票　　　　　　　　C.发行债券

D.长期借款　　　　　　　　　E.融资租赁

第五节　　　　　　　资本结构决策

一、资本成本

（一）资本成本的概念及作用

1.资本成本的概念

资本成本是指企业为筹集和使用资金而付出的代价，包括筹资费用和使用费用两部分。筹资费用是指企业在筹措资金过程中为获取资金而支付的费用，如向银行借款的手续费，股票、债券的发行费等。筹资费用通常是在筹措资金时一次支付，在用资过程中不再发生。使用费用则是指企业在生产经营、投资过程中因使用资金而付出的代价，如向股东支付的股利、向债权人支付的利息等，这是资本成本的主要内容。

2.资本成本的作用

资本成本是企业财务管理的重要概念，它的作用主要表现在以下几个方面：

（1）资本成本是企业筹资决策的主要依据。资本成本是决定筹资活动的首要因素，因为在不同的资金来源和筹资方式下，资本成本各不相同。为了提高筹资效果，就必须分析各种筹资方式资本成本的高低，并进行合理配置，使资本成本降到最低。

（2）资本成本是评价投资项目的重要标准。投资项目的决策通常采用净现值、现值指数和内含报酬率等指标来进行评价，其中，净现值的计算一般就是以资本成本作为折现率，当净现值大于0时方案可行，否则方案不予采纳；而用内含报酬率评价方案的可行性时，一般以资本成本作为基准收益率，当内含报酬率大于资本成本时，说明方案可行，否则不可行。

（3）资本成本可以作为衡量企业经营成果的尺度。当企业经营利润率大于资本成本时，说明经营业绩好，否则经营业绩欠佳。

资本成本可以用绝对数表示，也可用相对数表示，但在财务管理中，一般用相对数表示，即表示为用资费用与实际筹得资金（即筹资总额扣除筹资费用后的差额）的比率。其通用计算公式为：

$$资本成本 = \frac{每年的用资费用}{筹资总额 - 筹资费用}$$

（二）资本成本的计算

1.个别资本成本的计算

个别资本成本是指各种筹资方式的成本，主要包括：银行借款成本、债券成本、优先股成本、普通股成本和留存收益成本。前两者可统称为负债资本成本，后三者统称为权益资本成本。

企业资金来源及取得方式不同，其成本含义也不同，因此对于不同来源和方式下的资金，应分别计算其成本。

（1）银行借款成本。银行借款成本包括借款利息和筹资费用。由于借款利息计入税前成本费用，可以起到抵税的作用，因此，其成本可按下式计算：

$$K_l = \frac{I \cdot (1-T)}{L \cdot (1-f)} = \frac{i \cdot L \cdot (1-T)}{L \cdot (1-f)} = \frac{i \cdot (1-T)}{1-f}$$

式中：K_l为银行借款成本；I为银行借款年利息；L为银行借款筹资总额；T为所得税税率；i为银行借款利息率；f为银行借款筹资费率。

由于银行借款的手续费很低，上式中的f常常可以忽略不计，则上式可简化为：

$$K_l = i \cdot (1-T)$$

【例2-7】某企业从银行取得长期借款150万元，年利率为8%，期限3年，每年年末付息一次。假定筹资费率为1%，企业所得税税率为25%，则其借款的成本为：

$$K_l = \frac{150 \times 8\% \times (1-25\%)}{150 \times (1-1\%)} = 6.06\%$$

（2）债券成本。债券成本主要是指债券利息和筹资费用。由于债券利息在税前支付，具有减税效应，其债券利息的处理与银行借款相同。债券的筹资费用一般较高，这类费用主要包括申请发行债券的手续费、债券注册费、印刷费、上市费以及推销费用等，其计算公式如下：

$$K_b = \frac{I \cdot (1-T)}{B_0 \cdot (1-f)} = \frac{B \cdot i \cdot (1-T)}{B_0 \cdot (1-f)}$$

式中：K_b为债券成本；I为债券每年支付的利息；T为所得税税率；B为债券面值；f为债券筹资费率；B_0为债券筹资额，按发行价格确定；i为债券票面利息率。

【例2-8】某企业发行一笔期限为5年的债券，债券面值为200万元，票面利率为10%，每年付一次利息，发行费率为3%，假设所得税税率为25%，债券按面值等价发行，则该笔债券的成本为：

$$K_b = \frac{200 \times 10\% \times (1-25\%)}{200 \times (1-3\%)} = 7.73\%$$

【随堂测】某公司于2023年1月1日发行5年期、面值为100元、票面利率为10%、一次性还本的公司债券，每年12月31日支付一次利息。债券发行时市场利率为8%，所得税税率为25%，筹资费率为4%。请计算此债券的发行价格和资本成本。

（3）优先股成本。企业发行优先股，既要支付筹资费用，又要定期支付股利。它与债券不同的是股利在税后支付，且没有固定到期日。企业破产时，优先股股东的求偿权位于债券持有人之后，优先股股东的风险大于债券持有人的风险，这就使得优先股的股利率一般要大于债券的利息率。另外，优先股股利要从净利润中支付，不能抵减所得税，所以，优先股成本通常要高于债券成本，其计算公式为：

$$K_p = \frac{D}{P_0 \cdot (1-f)}$$

式中：K_p为优先股成本；D为优先股每年的股利；P_0为发行优先股总额；f为优先股筹资费率。

【例2-9】某企业按面值发行100万元的优先股，筹资费率为4%，每年支付10%的股利，则优先股的成本为：

$$K_p = \frac{100 \times 10\%}{100 \times (1-4\%)} = 10.42\%$$

（4）普通股成本。普通股成本的计算相对复杂，从理论上看，股东的投资期望收益率即为公司普通股成本；在计算时，常常将此作为计算的依据，采用股利贴现法。股利贴现法是一种将未来的期望股利收益折为现值，以确定其成本率的方法。基本计算公式为：

$$K_s = \frac{D}{V_0 \cdot (1-f)}$$

式中：K_s为普通股成本；D为每年固定股利；V_0为普通股金额，按发行价计算；f为普通股筹资费率。

许多公司的股利都是不断增加的，假设年增长率为g，则普通股成本的计算公式为：

$$K_s = \frac{D_1}{V_0 \cdot (1-f)} + g$$

式中：D_1为第1年的股利。

【例2-10】某公司以每股10元发行普通股6 000万股，筹资费率为5%，第一年年末每股发放股利2元，以后每年增长4%，则普通股的成本为：

$$K_s = \frac{6\,000 \times 2}{6\,000 \times 10 \times (1 - 5\%)} + 4\% = 25.05\%$$

（5）留存收益成本。一般企业都不会把全部收益以股利形式分给股东，所以，留存收益是企业资金的一种重要来源。从成本的实际支付看，留存收益并不像其他筹资方式那样直接从市场取得，而是将利润再投资，因此不产生筹资费用。但它确实存在资本成本，这是因为，投资者如果将这部分收益用于购买股票、存入银行或进行其他方面的投资，也会获得投资收益，而投资人同意将这部分收益留在企业，是期望从中取得更高的投资回报。所以，留存收益也要计算成本。留存收益成本的计算与普通股基本相同，其计算公式为：

$$K_e = \frac{D_1}{V_0} + g$$

式中：K_e 为留存收益成本；其他符号含义与普通股成本计算公式相同。

普通股与留存收益都属于所有者权益，股利的支付不固定。企业破产后，股东的求偿权位于最后。与其他投资者相比，普通股股东所承担的风险最大，因此，普通股的报酬也应最高。所以，在各种资金来源中，普通股的成本最高。

2.综合资本成本的计算

企业往往从多种渠道、采用多种方式来筹集资金，其筹资成本各不相同，而企业的资金往往不可能是单一形式的，需要将各种筹资方式进行组合。为了正确进行筹资和投资决策，就必须计算企业的综合资本成本。综合资本成本是以个别资本所占的比重为权数，对个别资本成本进行加权平均计算出来的，故也称为加权平均资本成本。综合资本成本的计算公式为：

$$K_w = \sum W_j K_j$$

式中：K_w 为综合资本成本；W_j 为第 j 种资本占总资本的比重；K_j 为第 j 种资本的成本。

【例2-11】某企业共有资本 1 000 万元，其中，债券 300 万元，普通股 500 万元，优先股 100 万元，留存收益 100 万元，各种资本的成本分别为：K_b 为 5%，K_s 为 18%，K_p 为 12%，K_e 为 15%。试计算该企业加权平均的资本成本。

（1）计算各种资本所占的比重：

$$W_b = \frac{300}{1\,000} \times 100\% = 30\%$$

$$W_s = \frac{500}{1\,000} \times 100\% = 50\%$$

$$W_p = \frac{100}{1\,000} \times 100\% = 10\%$$

$$W_e = \frac{100}{1\,000} \times 100\% = 10\%$$

（2）计算加权平均资本成本：

$$K_w = 30\% \times 5\% + 50\% \times 18\% + 10\% \times 12\% + 10\% \times 15\% = 13.20\%$$

二、财务杠杆利益

（一）财务杠杆与财务风险

1.财务杠杆

财务杠杆又称融资杠杆，是指企业在制定资本结构决策时对债务筹资的利用。不论企业营业利润是多少，债务的利息和优先股的股利通常都是固定不变的。当息税前利润增大时，每1元盈余所负担的固定财务费用就会相对减少，这给普通股股东带来额外的收益；反之，当息税前利润降低时，每1元盈余所负担的固定财务费用就会相对增加，这就会大幅度减少普通股盈余。这种债务对投资者收益的影响，称作财务杠杆。

2.财务风险

财务风险是指由于负债结构及债务比例等因素的变动，给企业财务成果及偿债能力带来不确定性的风险。当债务比例较高时，企业将负担较多的债务成本，相应地要经受较大的财务杠杆作用所引起的较大收益变动的冲击，从而加大财务风险；相反，当债务比例较低时，财务风险相应较小。

3.财务杠杆系数

财务杠杆系数是普通股每股税后利润变动率相当于息税前利润变动率的倍数，是反映财务杠杆作用程度的指标。财务杠杆系数值越大，说明企业的财务风险越大。

（二）财务杠杆利益的表达方式

财务杠杆利益产生的原因主要有两个：一是在原有资本结构下，息税前利润变动所带来的杠杆利益；二是息税前利润维持原有水平不变，调整资本结构所带来的杠杆利益。

1.息税前利润变动下的财务杠杆利益

在企业资本结构一定的情况下，企业需支付的债务利息是相对固定的。当息税前利润增加时，投资人可分配利润增加，从而给企业所有者带来额外收益。这种情况下通常用财务杠杆系数来描述：

$$DFL = \frac{\Delta EPS / EPS}{\Delta EBIT / EBIT}$$

式中：DFL为财务杠杆系数；ΔEPS为普通股每股利润变动额；EPS为基期每股利润；$\Delta EBIT$为息税前利润变动额；EBIT为基期息税前利润。

财务杠杆系数的计算公式可进一步简化。设I为债务利息；D为优先股股利；T为所得税税率。

上式中基期每股利润可表达如下：

$$EPS = \frac{(EBIT - I) \cdot (1 - T) - D}{N}$$

由于资本结构不变，所以利息费用、优先股股利相对不变，因此可得到：

$$\Delta EPS = \frac{\Delta EBIT \cdot (1 - T)}{N}$$

则：

$$DFL = \frac{EBIT}{EBIT - I - \frac{D}{1 - T}}$$

就未发行优先股的企业而言，其财务杠杆系数的计算公式可简化为：

$$DFL = \frac{EBIT}{EBIT - I}$$

【例2-12】某企业资产总额为100万元，负债与自有资金的比例为3∶7，借款年利率为10%，企业基期息税前利润率为15%，企业预计计划期息税前利润率将由15%增长到20%，所得税税率为25%，问资本利润率将增长多少？

计算结果见表2-6。

表2-6　　　　　　　　　　　　　资本利润率计算表金额　　　　　　　　　单位：万元

项　目	基　期	计划期
EBIT	15	20
利息	3	3
税前利润	12	17
所得税	3	4.25
税后利润	9	12.75
资本利润率	12.86%*	18.21%**

注：*9÷（100×70%）×100%=12.86%

　　**12.75÷（100×70%）×100%=18.21%

息税前利润增长率=（20-15）÷15×100%=33.33%

资本利润率增长率=（18.21%-12.86%）÷12.86%=41.60%

财务杠杆系数=41.60%÷33.33%=1.25

从表2-6中可以看出，息税前利润率的增长会带来资本利润率的成倍增长。息税前利润率增长引起资本利润率增长的幅度越大，财务杠杆效用就越强。为取得财务杠杆利益，如果企业加大举债比重，其财务杠杆系数也会相应提高，但同时会增加企业还本付息的压力，引起财务风险相应增大。所以说，企业利用财务杠杆，可能产生好的效果，也可能产生坏的效果。

2.息税前利润不变时，调整负债比例对资本利润率的影响

当息税前利润一定时，如果息税前利润率大于利息率，提高负债比重会相应提高资本利润率；反之，则会引起资本利润率的大幅降低。可用公式表示如下：

$$税前资本利润率=息税前利润率+\frac{负债}{自有资本}×（息税前利润率-利息率）$$

$$税后资本利润率=税前资本利润率×（1-所得税税率）$$

【例2-13】某企业总资产为100万元，息税前利润率为20%，负债利率为10%，所得税税率为25%。现有负债与自有资本的比例分别为0：100、40：60、70：30等三种不同的资本结构，试测算出各种资本结构下的资本利润率。

计算结果见表2-7。

表2-7　　　　　　　　　　　　　资本利润率计算表　　　　　　　　　金额单位：万元

负债：自有资本	结构（1）	结构（2）	结构（3）
	0：100	40：60	70：30
息税前利润	20	20	20
利息	0	4	7
税前利润	20	16	13
所得税	5	4	3.25
税后利润	15	12	9.75
资本利润率	15%	20%	32.5%

由表2-7得知，当息税前利润率大于利息率时，加大负债比例会使资本利润率大幅提高，调低负债比例则将产生资本利润率的损失。

三、资本结构决策

（一）资本结构的概念

资本结构是指企业各种资金的构成及其比例关系，是企业筹资决策的核心问题。企业应综合考虑有关影响因素，运用适当的方法确定最佳资本结构，并在以后追加筹资中继续保持。

企业资本结构是由企业采用的各种筹资方式筹集资金而形成的，各种筹资方式的不同组合类型决定着企业资本结构及其变化。企业采用各种方式筹集的资金，总的来看可分为负债资金和权益资金两类，因此，资本结构决策主要是确定负债资金的比例，即确定负债资金在企业全部资金中所占的比重。

（二）最佳资本结构

所谓最佳资本结构是指企业在一定时期内，使综合资本成本最低、企业价值最大时的资本结构。其判断标准有三个：❶有利于最大限度地增加所有者财富，能使企业价值最大化；❷企业综合资本成本最低；❸资产保持适宜的流动，并使资本结构具有弹性。

（三）资本结构决策的方法

资本结构决策的方法主要有以下两种：

1.比较资本成本法

比较资本成本法是指通过计算不同资本组合的综合资本成本，并以其中资本成本最低的组合为最佳的一种方法。它以资本成本的高低作为确定最佳资本结构的唯一标准。其操作过程为：第一步，确定不同筹资方案的资本结构；第二步，计算不同方案的资本成本；第三步，选择资本成本最低的资本组合，即最佳资本结构。

【例2-14】某企业拟筹资组建一分公司，投资总额为500万元，有三个方案可供选择。甲方案：长期借款50万元、债券100万元、普通股350万元；乙方案：长期借款100万元、债券150万元、普通股250万元；丙方案：长期借款150万元、债券200万元、普通股150万元。三种筹资方案所对应的资本成本分别为：6%、10%、15%。试分析何种方案资本结构最佳。

①计算各方案的综合资本成本：

甲方案的综合资本成本 $=\frac{50}{500}\times6\%+\frac{100}{500}\times10\%+\frac{350}{500}\times15\%=13.10\%$

乙方案的综合资本成本 $=\frac{100}{500}\times6\%+\frac{150}{500}\times10\%+\frac{250}{500}\times15\%=11.70\%$

丙方案的综合资本成本 $=\frac{150}{500}\times6\%+\frac{200}{500}\times10\%+\frac{150}{500}\times15\%=10.30\%$

②根据计算结果，最佳筹资方案为丙方案，其综合资本成本最低。

2.每股利润分析法

企业合理的资本结构，应当注意其对企业的盈利能力和股东财富的影响，因此将息税前利润（EBIT）和每股利润（EPS）作为分析确定企业资本结构的两大要素。每股利润分析法就是将息税前利润和每股利润这两大要素结合起来，分析资本结构与每股利润之间的关系，进而确定最佳资本结构的方法。由于这种方法需要确定每股利润的无差异点，因此又称每股利润无差异点法。其决策程序为：第一步，计算每股利润无差异点；第二步，绘制每股利润无差异点图；第三步，选择最佳筹资方式。

该方法测算每股利润无差异点的计算公式为：

$$\frac{(EBIT-I_1)\cdot(1-T)-D_1}{N_1}=\frac{(EBIT-I_2)\cdot(1-T)-D_2}{N_2}$$

式中：EBIT为每股利润无差异点处的息税前利润；I_1、I_2为两种筹资方式下的年利息；D_1、D_2为两种筹资方式下的优先股股利；N_1、N_2为两种筹资方式下的流通在外的普通股股数。

每股利润无差异点的息税前利润计算出来以后，可与预期的息税前利润进行比较，据以选择筹资方式。当预期的息税前利润大于无差异点息税前利润时，应采用负债筹资方式；当预期的息税前利润小于无差异点息税前利润时，应采用普通股筹资方式。

【例2-15】某公司欲筹集新资金400万元以扩大生产规模。筹集新资金可采用增发普通股或长期借款方式。若增发普通股，则计划以每股10元的价格增发40万股；若采用长期借款，则以10%的年利率借入400万元。已知该公司现有资产总额为2 000万元，负债比率为40%，年利率为8%，普通股为100万股。假定增加资金后预期息税前利润为500万元，所得税税率为25%，试采用每股利润分析法计算分析应选择何种筹资方式。

（1）计算每股利润无差异点。根据资料计算如下：

$$\frac{(EBIT-64)\times(1-25\%)}{100+40}=\frac{(EBIT-64-40)\times(1-25\%)}{100}$$

EBIT=204（万元）

将该结果代入上式可得无差异点的每股利润（EPS）为0.75元。

（2）计算预计增资后的每股利润（见表2-8），并选择最佳筹资方式。

表2-8　　　　　　　　预计增资后的每股利润金额　　　　　　单位：万元

项　　目	增发股票	增加长期借款
预计息税前利润（EBIT）	500	500
减：利息	64	64+40
税前利润	436	396
减：所得税	109	99
税后利润	327	297
普通股股数（万股）	140	100
每股利润（EPS）	2.34	2.97

由表2-8的计算得知，预计息税前利润为500万元时，追加负债筹资的每股利润较高（为2.97元），应选择负债方式筹集资金。

由此表明，当息税前利润等于204万元时，采用负债或发行股票方式筹资都是一样的；当息税前利润大于204万元时，采用负债方式筹资更有利；当息税前利润小于204万元时，则应采用发行股票方式筹资。该公司预计EBIT为500万元，大于无差异点的EBIT，故采用长期借款的方式筹资较为有利，此结论也可通过分析图（如图2-1所示）加以证明。

（3）绘制 EBIT-EPS 分析图（如图 2-1 所示）。

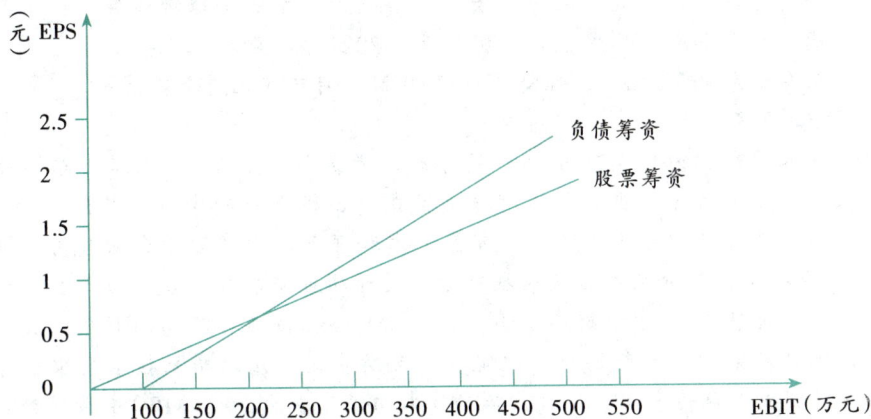

图2-1　EBIT-EPS分析图

由图 2-1 可以看出，当 EBIT 为 204 万元时，两种筹资方式的 EPS 相等；当 EBIT 大于 204 万元时，采用负债筹资方式的 EPS 大于普通股筹资方式的 EPS，故应采用负债筹资方式；当 EBIT 小于 204 万元时，采用普通股筹资方式的 EPS 大于负债筹资方式的 EPS，故应采用普通股筹资方式。

每股利润分析法确定最佳资本结构，是以每股利润最大为分析起点，它直接将资本结构与企业财务目标、企业市场价值等相关因素结合起来，因此是企业在追加筹资时经常采用的一种决策方法。

应当看到，资本结构决策是企业财务决策中一项比较复杂的内容。上述两种方法都直接地以加权平均成本高低，或者以每股利润的大小为依据，虽然集中地考虑了资本成本与财务杠杆利益，但不够全面，如没有考虑资本结构弹性、财务风险大小及其相关成本等因素。因此，企业在进行资本结构决策时，要权衡利弊，统筹安排，并最终合理地选择筹资方案。

案例2-1

全球智能硬件 ODM 龙头企业华勤技术成功上市

2023 年 8 月 8 日，华勤技术股份有限公司（股票简称：华勤技术；股票代码：603296）在上海证券交易所主板成功上市。本次公开发行股票 72 425 241 股，发行价格 80.8 元/股，新股募集资金总额 58.52 亿元，发行后总股本 724 252 410 股，其中 5 945.8005 万股于 2023 年 8 月 8 日起上市交易。

一、公司概况

华勤技术成立于 2005 年，经过 18 年的探索和发展，目前已形成较为成熟的 ODM（智能通信终端）经营模式，主要业务涵盖了智能手机、笔记本电脑、平板电脑、智能穿戴、AIoT 产品、服务器等智能硬件产品的研发设计、采购、生产制造、物流、批量交付等各个环节，产业链条较为完整。依托自身的研发设计、系统软件开发、工程测试、供应链资源整合、生产制造和品质管理能力，公司已经发展成为具备先进的智能硬件研发制造能力与生态平台构建能力，并在全球消费电子 ODM 领域拥有领先市场份额和独特产业链地位的大型科技研发制造企业。公司与三星、

OPPO、小米、vivo、亚马逊、联想、宏基、华硕、索尼等全球智能硬件知名品牌企业建立了稳定的上下游合作关系。数据显示，2021年华勤技术在全球"智能硬件三大件"领域的出货量超2亿台，在智能硬件ODM/IDH行业位居全球第一。

二、IPO历程

华勤技术被戏称为"全球手机厂商背后的最强打工者"，其上市之路却颇为坎坷：2021年6月华勤技术便向上交所提交了在科创板上市的申请，其间受到3轮问询。但不到一年，2022年4月29日，华勤技术和保荐人中国国际金融股份有限公司（简称"中金公司"）分别向上交所提交了《关于撤回首次公开发行股票并在科创板上市申请文件的申请》，申请撤回申请文件。根据《上海证券交易所科创板股票发行上市审核规则》第六十七条的有关规定，上交所决定终止对华勤技术首次公开发行股票并在科创板上市的审核。彼时，华勤技术向媒体表示，撤回IPO申请材料系公司对现状及未来战略发展审慎、综合考虑的结果。

2022年7月，华勤技术又向上交所重新递交招股说明书，转战上交所主板上市，并公布了主板IPO申报稿，募集资金从75亿元改为55亿元。2023年2月底获上交所受理，华勤技术更新主板IPO申报稿，并在5月5日更新了对上交所问询函的回复。2023年5月，上交所上市委公告，华勤技术首发5月23日上会。5月23日，上海证券交易所上市审核委员会2023年第39次审议会议召开，审议结果显示，华勤技术股份有限公司（首发）符合发行条件、上市条件和信息披露要求。6月21日，证监会发布关于同意华勤技术股份有限公司首次公开发行股票注册的批复，同意该公司上交所主板首次公开发行股票的注册申请。7月28日，华勤技术日开启申购。8月8日，华勤技术在上交所上市。

三、主要财务指标

2023年7月20日，华勤技术发布首次公开发行股票并在主板上市招股意向书及首次公开发行股票并在主板上市发行安排及初步询价公告。意向书显示，2020年至2022年，华勤技术的主要财务数据和财务指标见表2-9。

表2-9　　　　　　　　华勤技术主要财务数据和财务指标表

项目	2022 年 12 月 31 日 / 2022 年度	2021 年 12 月 31 日 / 2021 年度	2020 年 12 月 31 日 / 2020 年度
资产总额（万元）	4 382 103.98	4 523 997.53	3 213 916.30
归属于母公司所有者权益（万元）	1 238 301.92	956 184.20	740 731.92
资产负债率（合并）	71.68%	78.65%	76.59%
资产负债率（母公司）	30.22%	26.51%	27.23%
营业收入（万元）	9 264 570.16	8 375 852.43	5 986 574.33
净利润（万元）	249 251.27	187 500.05	219 072.92
归属于母公司所有者的净利润（万元）	256 367.68	189 284.04	219 149.55
扣除非经常性损益后归属于母公司所有者的净利润（万元）	186 845.25	104 281.48	169 509.19
基本每股收益（元）	3.93	2.90	3.48
稀释每股收益（元）	3.93	2.90	3.48
加权平均净资产收益率	23.35%	22.31%	38.98%
经营活动产生的现金流量净额（万元）	256 726.60	248 994.85	262 566.36
现金分红（万元）	——	——	41 600.26
研发投入占营业收入的比例	5.45%	4.32%	4.06%

四、股票发行基本情况

2023年7月20日，华勤技术同时发布了首次公开发行股票并在主板上市发行安排及初步询价公告。根据公告，首次公开发行股票的基本情况如下：

（一）发行方式

1.华勤技术首次公开发行人民币普通股（A股）并在主板上市的申请已经上交所上市审核委员会审议通过，并已经中国证券监督管理委员会同意注册（证监许可〔2023〕1340号）。本次发行的保荐人（联席主承销商）为中金公司，联席主承销商为中信证券。发行人股票简称为"华勤技术"，股票代码为"603296"，该代码同时适用于本次发行的初步询价及网下申购。网上申购简称为"华勤申购"，申购代码为"732296"。按照《国民经济行业分类》，公司所处行业为"计算机、通信和其他电子设备制造业（C39）"。

2.本次发行采用向参与战略配售的投资者定向配售、网下向符合条件的网下投资者询价配售与网上向持有上海市场非限售A股股份和非限售存托凭证市值的社会公众投资者定价发行相结合的方式进行。战略配售、初步询价及网上、网下发行由联席主承销商负责组织；战略配售在保荐人（联席主承销商）处进行，初步询价及网下发行通过上交所互联网交易平台实施；网上发行通过上交所交易系统进行。

3.北京市海问律师事务所对本次发行与承销过程进行全程见证，并出具专项法律意见书。

（二）公开发行新股数量和老股转让安排

本次公开发行股票数量为7 242.524 1万股，发行股份占公司发行后总股本的比例为10.00%，全部为公开发行新股，不设老股转让。本次发行后公司总股本为72 425.241 0万股。

（三）战略配售、网下、网上发行数量安排

本次发行初始战略配售发行数量为1 448.504 8万股，约占本次发行数量的20%。最终战略配售数量与初始战略配售数量的差额将根据"发行回拨机制"中的原则进行回拨。回拨机制启动前，网下初始发行数量为4 055.819 3万股，约占扣除初始战略配售数量后发行数量的70%，网上初始发行数量为1 738.200 0万股，约占扣除初始战略配售数量后发行数量的30%。最终网下、网上发行合计数量为本次发行总数量扣除最终战略配售数量，网上及网下最终发行数量将根据回拨情况确定。

（四）定价方式

本次发行通过向符合条件的投资者进行初步询价确定发行价格，不再进行累计投标询价。定价时发行人和联席主承销商将综合考虑剔除最高报价部分后的初步询价数据、公司基本面情况、未来成长性及可比公司估值水平等因素。

（五）限售期安排

本次发行的股票中，网上发行的股票无流通限制及限售期安排，自本次公开发行的股票在上交所上市之日起即可流通。网下发行部分采用比例限售方式，网下投资者应当承诺配售对象最终获配股票数量的10%（向上取整计算）的限售期限为自发行人首次公开发行股票并上市之日起6个月。即每个配售对象获配的股票中，90%的

股份无限售期，自本次发行股票在上交所上市交易之日起即可流通；10%的股份限售期为 6 个月，限售期自本次发行股票在上交所上市交易之日起开始计算。

（六）发行重要日期

初步询价日及起止时间：2023 年 7 月 25 日（T-3 日）09:30-15:00

发行公告刊登日：2023 年 7 月 27 日（T-1 日）

网下申购日及起止时间：2023 年 7 月 28 日（T 日）09:30-15:00

网上申购日及起止时间：2023 年 7 月 28 日（T 日）09:30-11:30，13:00-15:00

网下缴款日及截止时间：2023 年 8 月 1 日（T+2 日）16:00

网上缴款日及截止时间：2023 年 8 月 1 日（T+2 日）日终。

五、股票发行结果

2023 年 7 月 27 日，华勤技术发布了首次公开发行股票并在主板上市发行公告，8 月 3 日，发布了首次公开发行股票并在主板上市招股说明书，同时发布了首次公开发行股票并在主板上市发行结果公告。根据有关公告，发行结果如下：

（一）每股发行价格

发行人与联席主承销商根据初步询价结果，综合发行人基本面、市场情况、同行业上市公司估值水平、募集资金需求及承销风险等因素，协商确定本次发行价格为 80.80 元/股。

（二）发行数量

发行人和联席主承销商协商确定本次发行股票数量为 7 242.5241 万股，发行股份占公司发行后总股本的 10.00%，全部为公开发行新股，不设老股转让。本次发行后公司总股本为 72 425.2410 万股。本次发行初始战略配售发行数量为 1 448.5048 万股，约占本次发行数量的 20.00%。参与战略配售的投资者承诺的认购资金已于规定时间内全部汇至保荐人（联席主承销商）指定的银行账户。依据发行价格确定的最终战略配售数量为 1 101.7865 万股，约占发行数量的 15.21%，初始战略配售与最终战略配售股数的差额 346.7183 万股回拨至网下发行。网上、网下回拨机制启动后，网下最终发行数量为 1 946.2376 万股，约占扣除最终战略配售数量后公开发行数量的 31.69%；网上最终发行数量为 4 194.5000 万股，约占扣除最终战略配售数量后发行数量的 68.31%。回拨机制启动后，网上发行最终中签率为 0.05285833%。本次发行的网上、网下认购缴款工作已于 2023 年 8 月 1 日（T+2 日）结束。

（三）发行市盈率

按询价后确定的每股发行价格除以发行后每股收益确定的发行市盈率为 31.32 倍。每股收益按 2022 年经审计的扣除非经常性损益前后孰低的归属于母公司股东的净利润除以本次发行后的总股数计算。

（四）每股净资产

发行前每股净资产 19.00 元（按 2022 年 12 月 31 日经审计的归属于母公司的所有者权益除以本次发行前总股本计算）；发行后每股净资产 25.01 元（按 2022 年 12 月 31 日经审计的归属于母公司的所有者权益加上本次募集资金净额除以本次发行后总股本计算）。

（五）每股收益

发行前每股收益2.87元（按2022年度经审计的扣除非经常性损益前后孰低的归属于母公司股东的净利润除以本次发行前总股本计算）；发行后每股收益2.58元（按2022年度经审计的扣除非经常性损益前后孰低的归属于母公司股东的净利润除以本次发行后总股本计算）。

（六）发行市净率

按发行后每股净资产计算为3.23倍。

（七）募集资金数量

本次募集资金总额为585 195.95万元，募集资金净额为573 068.36万元。

六、募集资金用途

（一）募集资金拟投资项目

招股说明书显示，本次首次公开发行股票所募集的资金扣除发行费用后将投资于以下项目，见表2-10。

表2-10　　　　　　　　　　　募集资金投资方向及金额

序号	募集资金投资方向	投资总额	拟使用募集资金金额
1	瑞勤科技消费类电子智能终端制造项目	270 648.96	140 147.58
2	南昌笔电智能生产线改扩建项目	80 961.81	74 869.95
3	上海新兴技术研发中心项目	150 149.55	150 149.55
4	华勤丝路总部项目	99 883.27	79 127.08
5	华勤技术无锡研发中心二期	51 625.00	45 705.84
6	补充流动资金	60 000.00	60 000.00
	合计	713 268.59	550 000.00

其中，南昌笔电智能生产线改扩建项目顺应华勤技术笔记本电脑业务快速发展的趋势，将在南昌制造中心投资建设笔记本电脑智能生产线，为公司多元业务发展提供有力支撑。项目建成后将新增笔记本电脑产能2 160万台/年。

（二）募集资金对公司主营业务发展的贡献及对未来经营战略的影响

本次募集资金投资项目的建设均紧密围绕公司主营业务及核心技术展开，着眼于扩大公司日益紧张的制造产能和提升公司的技术研发实力，是现有业务的升级、延伸与补充，项目的开展将有助于公司实现现有产品市场的扩大和新技术、新产品的研发和创新。同时，募集资金投资项目的顺利实施将有利于进一步提升公司研发和制造能力，有效增加公司营运资金、优化资本结构，进一步提升公司的核心竞争力，为公司主营业务的持续稳定发展提供了保障。

未来三年，华勤技术将继续聚焦多品类智能硬件ODM领域，巩固智能手机、笔记本电脑等产品的领先地位，加大开拓智能穿戴、AIoT产品等新兴市场，同时挖掘服务器和汽车电子两个重要增量市场，打造业内领先的软件中心，打造2+N+3的产品结构，形成智能手机和笔记本电脑品牌、平板电脑品牌、互联网客户、汽车客户并列的健康客户结构，实现全球智能产品硬件平台的战略目标。

请问：IPO是一种非常重要的融资方式，对企业发展具有重大的影响。什么是

IPO？我国实行注册制后，企业IPO需要具备哪些基本条件？华勤技术为什么要放弃申请科创板IPO，转而向上交所申请主板上市？

【分析提示】

IPO（Initial Public Offerings）即首次公开募股，是指企业通过证券交易所首次公开向投资者发行股票，以募集企业发展资金的过程。我国现有上海、深圳和北京三个证券交易所，分别设有上海主板、科创板、深圳中小企业板、创业板、北京新三板五个上市板块，各板块定位有所不同，IPO条件和要求也有所差别。

资料来源　根据华勤技术股份有限公司首次公开发行股票并在主板上市招股意向书、首次公开发行股票并在主板上市发行安排及初步询价公告、首次公开发行股票并在主板上市发行公告、首次公开发行股票并在主板上市发行结果公告等资料整理。

案例2-2

山东财金集团发行20亿元公司债

据上交所公告，2023年12月6日，山东省财金投资集团有限公司（以下简称"山东财金集团"）面向专业投资者公开发行公司债券（第四期），发行时间为2023年12月6日至7日。

公告显示，2023年11月9日，山东财金集团获得证监会出具的《关于同意山东省财金投资集团有限公司向专业投资者公开发行公司债券注册的批复》，注册规模为不超过130亿元。发行人选择分期发行，本期债券发行规模不超过人民币20亿元，票面利率3.20%，期限为"3+2"，债券持有人有权在本期债券存续期的第3年年末将其持有的全部或部分本期债券回售给发行人；发行人有权在第3年年末调整本期债券后续计息期间的票面利率。

募集资金在扣除发行费用后，拟全部用于偿还有息债务本息。根据披露，山东财金集团拟偿还的对象分别为济南农商行、恒丰银行、工商银行、交通银行、北京银行，预计还款日期最近的为2023年12月13日（见表2-13）。

表2-13　　　　　　　山东财金集团拟募资金用途　　　　　　　单位：亿元

借款主体	贷款类型	贷款余额	拟使用募集资金金额	预计还款日期
山东财金集团	济南农商行	4.30	4.00	2023年12月31日
山东财金集团	恒丰银行	5.00	5.00	2023年12月19日
山东财金集团	工商银行	6.00	6.00	2024年2月6日
山东财金集团	交通银行	2.00	2.00	2024年2月7日
山东财金集团	北京银行	3.00	3.00	2024年2月15日
合计			20.00	

作为由省财政厅根据省政府授权直接履行国有金融资本出资人职责的省属骨干金融企业、功能型国有资本投资运营公司，山东财金集团获上海新世纪资信评估投资服务有限公司主体信用评级 AAA，评级展望为稳定。

2020—2022 年及 2023 年 1—6 月，山东财金集团分别实现营业收入 9.04 亿元、41.44 亿元、65.37 亿元和 31.54 亿元，主要构成为基金运营业务收入、基础设施服务收入、融资租赁收入、供应链业务收入及其他业务收入；对应的营业利润分别为7.39 亿元、23.05 亿元、21.59 亿元以及 8.16 亿元。

截至 2020—2022 年年末及 2023 年 6 月末，集团资产总额分别为 2 722.22 亿元、2 860.33 亿元、3 002.93 亿元和 3 096.94 亿元，其中，非流动资产分别为 2 667.71 亿元、2 657.88 亿元、2 705.90 亿元和 2 690.00 亿元，占比分别为 98.00%、92.92%、90.11%和 86.86%。

山东财金集团表示，非流动资产占比较高主要是长期应收款占比较高，长期应收款主要包括融资租赁款和拨付各项目公司政策性项目资金等。截至 2020—2022年年末及 2023 年 6 月末，长期应收款分别为 2 017.48 亿元、1 921.35 亿元、1 861.71 亿元和 1 831.40 亿元，在非流动资产中占比分别为 75.63%、72.29%、68.80%和68.08%，在总资产中占比分别为 74.11%、67.17%、62.00%和 59.14%。

2023 年 11 月 16 日，山东财金集团刚刚发行了"23 财金 03"公司债，发行规模30 亿元，发行利率 3.15%，最终市场认购量超 90 亿元，创 2023 年山东省公司债单品种最大规模、2012 年以来山东省同规模公司债券最低利率。截至目前，山东财金集团公开发行且尚处于存续期的公司债券发行规模为 180 亿元，除了"20 财金 01"有 10 亿元用于疫情防控外，其余均已按募集资金约定，全部用于偿还有息债务或金融机构借款。

请问：我国目前对公司发行债券有哪些要求？企业发行债券时应考虑哪些问题？

【分析提示】

发行债券是企业常用的融资方式，以其资本成本较低、不分散公司控制权、易于被投资者接受等优点而被融资者普遍采用；同时，也因其投资风险小、收益稳定而受到众多投资者的青睐。

企业债券是依照法定程序发行，约定在一定期限内还本付息的债券。企业通过发行债券融资的方式属于直接融资。企业债券可以按照债券本息偿还方式、担保类别、债权人收益类别、发行方式、市场划分、是否记名、与股票的关系以及流通性等标准进行分类。

企业发行债券筹集资金时必须考虑的有关因素即债券发行的主要条件包括：发行额、票面利率、市场利率、发行价格、是否记名、担保情况、债券期限、偿还方式等。其中，票面利率、发行价格、债券期限是债券的三要素，也是影响债券筹资决策的重要因素。

资料来源　齐鲁壹点. 鑫闻界｜山东财金集团 20 亿元公司债开始发行，拟全部用于偿还有息债务［EB/OL］.［2023-12-06］. https://baijiahao.baidu.com/s? id=1784500577225630430&wfr=spider&for=pc.

案例2-3

乐视网正式退市　1 700亿市值灰飞烟灭

自2020年7月21日起，乐视网终止上市交易。2020年7月20日成为了乐视网最后一个交易日，最终股价收报0.18元，总市值7.18亿元，公司股票已于退市整理期交易满30个交易日，退市整理期结束。市值较高峰时的1 700亿元蒸发99%以上。公司股票于当天被深圳证券交易所予以摘牌。

公告披露，乐视网股票终止上市后，将进入股转系统进行股份转让。关于终止上市后公司股票办理股份确权、登记和托管的手续及具体安排，公司将另行公告。股票在2020年9月21日前开始在股转系统转让。

因2018年度经审计的归属于上市公司股东的期末净资产为负值，乐视网股票自2019年5月13日起暂停上市，2019年5月14日，深圳证券交易所下发通知，正式终止乐视网股票上市。

2010年，乐视网在创业板上市，上市之后公司市值一度超过1 700亿元。从2019年4月26日开始，乐视网开始了长期停牌，股价也被定格在了1.69元/股，市值仅为67亿元。2020年4月底，乐视网同时发布了2019年报和2020年一季报。报告显示，2019年共实现营收4.86亿元，同比下降68.83%；净亏损112.79亿元，同比下降175.39%。2020年一季度，乐视网实现营收8 895万元，同比下滑30.98%；净亏损1.5亿元，同比增长15.52%。从2017年及2018年两份年报来看，乐视网2017年亏损138.78亿元，2018年亏损40.95亿元，加上2019年的亏损额，3年累计亏损额达约293亿元，刷新了创业板上市公司3年累计亏损额的历史新高，曾经的创业板一哥正式退出了江湖。

请问：

（1）公司股票退市的条件是什么？乐视网因何退市？

（2）作为我国创业板公司中曾经的明星，乐视网从上市到摘牌不过短短10年时间，这一过山车似的历程给了我们哪些启示？

【分析提示】

退市制度是资本市场的一项基础性制度，对提高我国上市公司整体质量，形成优胜劣汰的市场机制发挥着积极作用。上市公司连续3年亏损，或构成欺诈发行、重大信息披露违法或者其他涉及国家安全、公共安全、生态安全、生产安全和公众健康安全等领域的重大违法行为的，证券交易所应当严格依法作出暂停、终止公司股票上市交易的决定。

乐视网"贾式"神话的破灭，缘于其当初步子迈得太大，在没有明显盈利的状况下贸然进军手机、体育、汽车、互联网金融等7大领域，其根源在于公司没有核心竞争力。

资料来源　福布斯中国. 乐视网正式退市　1 700亿市值灰飞烟灭 [EB/OL]. [2020-07-21]. https://baijiahao.baidu.com/s?id=1672822256896868887&wfr=spider&for=pc.

本章小结

1.合理筹集资金的前提是科学地预测资金需要量，资金需要量的预测通常采用销售百分比法和线性回归分析法。

2.权益资金是供企业长期使用的资金，主要筹集方式有直接投资、发行股票和利用留存收益。

3.负债资金的筹集方式主要有短期借款、长期借款、商业信用、发行债券和融资租赁等。

4.资本成本是指企业筹集和使用资金而付出的代价，包括使用费用和筹集费用两部分。个别资本成本包括债券成本、银行借款成本、优先股成本、普通股成本和留存收益成本；综合资本成本是以个别资本所占的比重为权数，对个别资本成本进行加权平均计算出来的资本成本，它是判断资本结构优劣的一个重要参考指标。

5.财务杠杆是指企业在制定资本结构决策时对债务筹资的利用；财务杠杆系数是普通股每股税后利润变动率相当于息税前利润变动率的倍数，是反映财务杠杆作用程度的指标。财务杠杆利益是指由于借入资金存在，当息税前利润率大于资本利润率时，息税前利润率的增长、借入资金的增加会引起资本利润率更大幅度的增长。

6.资本结构决策的方法主要有比较资本成本法和每股利润分析法。

概念回顾

筹资方式　销售百分比法　融资租赁　资本成本　财务杠杆　资本结构

课堂讨论题

1.目前我国中小企业融资过程中存在哪些问题？有哪些对策？

2.我国现行股票发行制度存在哪些问题？应如何进行改革？

3.如何优化企业的资本结构？

复习思考题

1.简述企业筹集资金的目的与要求。

2.确定股票发行价格应考虑哪些因素？

3.确定债券发行资格有哪两方面的要求？

4.影响资本结构的主要因素有哪些？

5.股票与债券有哪些主要区别？

第三章

营运资金管理

内容提要

本章主要介绍营运资金的概念及特点；现金的持有动机与成本、最佳现金持有量的确定；应收账款的功能与成本、信用政策决策、应收账款的日常管理；存货的功能与成本、存货经济批量决策。

第一节　　营运资金管理概述

一、营运资金的概念

营运资金是指在企业生产经营活动中用于流动资产上的资金。营运资金有广义和狭义之分。广义的营运资金又称毛营运资金（总营运资金），是指一个企业流动资产的总额；狭义的营运资金又称净营运资金，是指流动资产减去流动负债后的余额。流动资产是指在一年以内或超过一年的一个营业周期内变现或运用的资产，主要包括货币资金、短期投资、应收及预付款项、存货等；流动负债则是指将在一年或超过一年的一个营业周期内必须清偿的债务，主要包括短期借款、应付票据、应付账款、预收款项、应付职工薪酬、应交税费、一年内到期的非流动负债等。在资产负债表中，流动资产列于左上方，流动负债列于右上方。从财务管理角度看，流动资产与流动负债之间存在一定的对应关系，且一般来说流动资产大于流动负债。

二、营运资金的特点

营运资金的特点可以通过流动资产和流动负债的特点体现出来。

（一）流动资产的特点

➤流动资产投资回收期短，变现能力强。投资于流动资产的资金一般在一年或一个营业周期内收回，相对于非流动资产来说，其回收期较短。同时，当企业急需现金时，流动资产的变现能力也比较强。流动资产的变现能力比较强，主要是指两层意思：其一是流动资产很容易变卖或转让；其二是在变卖或转让的过程中，流动资产的价值一般不会遭受较大的损失。

➤流动资产的获利能力较弱，投资风险较小。相对于非流动资产而言，流动资产的获利能力较弱，投资风险较小。另外，企业在流动资产（如存货）中保持大量投资，会减少由于存货不足而影响生产经营的可能性，即减少了企业的经营风险。但是，流动资产的增加会降低企业的整体投资效益，所以，流动资产投资必须保持在一个恰当的水平。

➤流动资产的数量波动很大。流动资产的数量并非一个常数，随着供产销的变化，其投资的数量时高时低，起伏不定，季节性企业在这点上表现得尤其突出。企业在生产经营过程中的流动资产，可以划分为固定性流动资产和波动性流动资产。固定性流动资产是维持企业正常生产经营活动所必需的流动资产，一般比较稳定；而波动性流动资产是由于临时或季节性原因而投资的流动资产，一般具有很强的波动性。对于流动资产投资管理来说，应该尽可能使流动资产的变动与企业的生产经营波动保持一致。

➤流动资产的占用形态经常变动。流动资产在循环周转过程中，经过供产销三个阶段，其占用形态不断变化，即按"现金→材料→在产品→产成品→应收账款→现金"的顺序转化。企业营业利润主要是通过流动资产在这种不断的循环周转的过程中得以实现的。流动资产管理的重点就是要使这种周转顺利而快速地进行。而要保持流动资产周转的顺利进行就必须加强现金管理、应收账款管理和存货管理。

（二）流动负债的特点

➤融资速度快。一般说来，筹借短期借款比筹借长期借款不仅容易取得，而且所需时间往往较短，因为贷款方往往不需要对借款方进行财务状况评估。

➤财务弹性高。与非流动负债相比，流动负债使企业具有较大的灵活性，企业可以根据自己的资金需要量，及时调整流动负债的数额。

➤筹资成本低。在正常情况下，相同的贷款时间内，短期贷款与相应数额的长期贷款相比所付利息要少一些。而对于某些具有"自然筹资"性质的流动负债（如应付账款、应交税费等），则根本没有筹资成本。

➤偿债风险大。流动负债的偿还期较短，当企业的资金周转产生问题而企业的短期筹资能力有限时，企业将面临不能偿还到期债务的风险。

三、营运资金管理的内容

（一）营运资金管理的综合策略的制定

营运资金管理的综合策略是指流动资产与流动负债的匹配策略，即在满足企业经营需要的流动资产占用量的基础上，其流动资产与流动负债筹资的匹配情况。营运资金管理的综合策略能够体现企业管理者对风险与收益的态度。

（二）现金管理

从企业的角度来说，现金是不产生收益的资产，因此从企业价值最大化的角度讲，应尽量减少现金的持有量。但企业由于经营的需要，又不能不持有部分现金。现金管理的主要内容就是要在满足企业生产经营需要的前提下，如何降低企业的现金持有量。

（三）应收账款管理

应收账款是企业赊销的结果，并与企业的信用政策密切相关。应收账款的管理一方面要确定企业的信用标准和信用政策，另一方面要制定收款政策，加速应收账款的收回。

（四）存货管理

存货在企业流动资产中所占的比例最大，它涉及企业的供、产、销全过程。存货管理的目标是在确保生产经营活动顺利开展的前提下，尽量降低资金占用。

第二节　　　　　　　　　　现金管理

现金是流动性最强的资产，具有普遍的可接受性，可立即用来购买原材料、商品、劳务或者偿还债务。现金不仅包括库存现金，还包括银行存款和有价证券等。

一、现金管理的目标与内容

（一）现金管理的目标

现金虽然是一种无法产生收益或产生极少收益的资产，但是为了应付经营过程中的正常支出和某些突然支出，企业又不得不持有现金。因此，现金管理的目标是在保证企业生产经营所需现金的情况下，尽量降低现金的持有成本。具体而言，现金管理有两个主要目标：一是现金的持有量能满足企业各种业务往来的需要；二是将闲置资金减少到最低限度。

（二）现金管理的内容

企业现金管理的内容主要包括：

▷按照国家有关现金管理的规定和企业的实际情况，建立现金的内部管理制度。

▷编制现金收支计划，以便合理地估计未来的现金需求。

▷对日常的现金收支计划进行控制，力求加速收款；同时，在允许的情况下，尽量延缓付款。

▷采用一定的方法确定企业的最佳现金持有量，为企业的现金持有水平确定一个参照标准。

▷对存放在银行、购买有价证券及持有的库存现金的数量结构进行决策；同时对现金的筹措进行决策。

二、现金的持有动机和成本

（一）现金的持有动机

一般而言，企业持有现金的动机主要有三种：

1.交易动机

交易动机是指企业为了满足经常发生的业务需要而持有现金，如购买固定资产和原材料、支付工资、缴纳税款等。企业每天的现金收入和现金支出很少同时等额发生，保留一定的现金余额可使企业在现金支出大于现金收入时，不致中断交易。

2.预防动机

预防动机是指为了应对意外的现金需求而持有现金。预防动机对企业现金的持有量有很大的影响。例如，航空企业的现金具有较高的不确定性，天气情况、燃油价格、游客的变化等因素使其现金流预测极为困难，所以，航空企业要求的最低现金余额往往较多。预防动机所需现金的多少取决于以下三个因素：（1）现金收支预测的可靠程度；（2）企业临时筹措现金的能力；（3）企业愿意承担的风险程度。在实际工作中，企业还可以通过持有一定数量的有价证券来满足预防动机。在正常情况下，有价证券和现金之间的转化非常容易实现。相对于持有现金而言，有价证券这种准现金资产可以获得较高的回报率，因此通过投资有价证券来满足预防动机是一种合理的选择。

3.投机动机

投机动机是指企业为了能趁机利用潜在的获利机会而持有现金。一般来说，这种投资机会具有时间短、收益高的特点。例如，利用原材料价格的波动进行投机，在估计原材料价格将大幅上涨时，大量购进原材料，从而获得价差收益。

（二）现金的成本

企业拥有任何资产都有成本，现金的成本通常由以下三个部分组成：

1.持有成本

现金的持有成本是指企业因持有现金而放弃的再投资收益和增加的相应的管理费用。现金的再投资收益一般是指将现金投资于有价证券所能获得的收益，是持有现金的机会成本，所以，现金的再投资收益通常称为现金的机会成本。例如，某企业持有现金10万元，若投资于证券，可以获得10%的收益率，即现金的再投资收益为1万元。同时，放弃的再投资收益即机会成本属于变动成本，它与现金的持有量存在正比例关系，即现金持有量越大，机会成本越高；反之，则越小。企业为了经营业务的需要，持有一定的现金是必要的，但是现金持有量过高，机会成本代价就会大幅度上升，从而降低企业的收益。

持有现金的管理费用是指企业为了对所持有的现金进行管理而发生的管理费用，主要包括管理人员的工资及必要的安全设施投资等。持有现金的管理费用具有固定成本的性质，在一定范围内，它一般与所持现金的数量没有密切的关系。因此持有现金的管理费用属于决策无关成本。

2.转换成本

转换成本是指企业用现金购入有价证券以及转让有价证券换取现金时付出的交易费用，即现金同有价证券之间相互转换的成本，如委托买卖佣金、委托手续费、证券过户费、实物交割手续费等。严格地讲，转换成本并不都是固定费用，有的具有变动成本的性质，如委托买卖佣金或手续费，这些费用通常是按照委托成交金额计算的。因此，在证券总额既定的条件下，无论变动次数是多少，所需支付的委托成交费用是相同的。因此，那些依据委托成交金额计算的转换成本与证券转换次数关系不大，属于决策的无关成本，在此不予考虑。这样，与证券变动次数密切相关的转换成本便只包括其中的固定性交易费用。这时，转换成本与证券转换次数呈线性关系，即：

转换成本总额=证券转换次数×每次的转换成本

证券转换成本与现金持有量的关系是：在现金需要量既定的前提下，每次现金持有量即有价证券变现额的多少，必然对有价证券的变现次数产生影响，即现金持有量越少，进行证券变现的次数就越多，相应的转换成本就越大；反之，现金持有量越多，证券变现的次数就越少，需要的转换成本就越小。因此，现金持有量的不同必然通过证券变现次数的多少而对转换成本产生影响。

3.短缺成本

现金的短缺成本是指在现金持有量不足而又无法及时通过有价证券变现加以补充而给企业造成的损失，包括直接损失和间接损失。直接损失是由于现金的短缺而使企业的生产经营及投资受到影响而造成的损失，例如，由于现金短缺而无法购进急需的原材料，从而使企业的生产经营及投资中断而给企业造成的损失。间接损失是指由于现金的短缺而给企业带来的无形损失，例如，由于现金短缺而不能按期支付货款或不能按期归还贷款，这将给企业的信用和企业形象造成损害。现金的短缺成本随现金持有量的增加而下降，随着现金持有量的减少而上升，即与现金持有量负相关。

三、最佳现金持有量的确定

现金是企业主要的支付手段，又是一种非营利性的资产。现金持有不足，则可能影响企业的生产经营，加大企业的财务风险；现金持有过多，则会降低企业的整体盈利水平。因此，企业确定最佳现金持有量具有重要的意义。确定最佳现金持有量的方法很多，下面仅介绍几种最常用的方法。

（一）成本分析模式

如前所述，现金成本分为持有成本、转换成本、短缺成本3种。成本分析模式是在不考虑现金转换成本的情况下，通过对持有成本和短缺成本进行分析而找出最佳现金持有量的一种方法。由于持有成本分为机会成本和管理费用，所以，成本分析模式是找到机会成本、管理费用和短缺成本所组成的总成本曲线中最低的点所对应的现金持有量，把它作为最佳现金持有量。因为持有现金的机会成本为现金持有量与有价证券收益率之积，所以它与现金持有量成正比；管理费用具有固定成本的属性，不随现金持有量变化；而现金短缺成本与现金持有量呈反比例变化。以上关系可用图3-1表示。

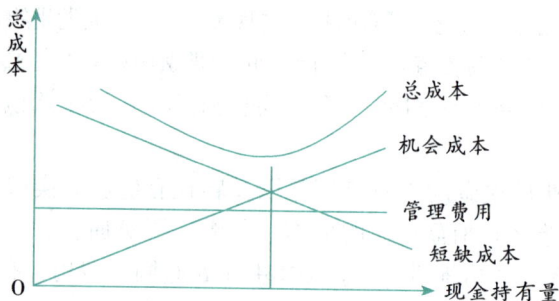

图3-1　成本分析模式

从图3-1中可以看出，总成本曲线呈抛物线形，抛物线的最低点即为总成本的最低点，其所对应的现金持有量便是最佳现金持有量。在实际工作中运用该模式确定最佳现金持有量的具体步骤为：第一，根据各种可能的现金持有量测算与确定有关成本数值；第二，根据上一步骤的结果编制最佳现金持有量的测算表；第三，从测算表中找出总成本最低时的现金持有量，即最佳现金持有量。

【例3-1】某企业有4种现金持有方案，其相应的成本资料见表3-1。

表3-1　　　　　　　　　　　现金持有量及相关成本表　　　　　　　　　　金额单位：元

项目	方案			
	A	B	C	D
现金持有量	20 000	30 000	40 000	50 000
机会成本率	10%	10%	10%	10%
管理费用	1 000	1 000	1 000	1 000
短缺成本	6 000	4 000	2 000	1 200

根据表3-1，可编制最佳现金持有量测算表，见表3-2。

表3-2　　　　　　　　　　　　　最佳现金持有量测算表　　　　　　　金额单位：元

方案	机会成本	管理费用	短缺成本	总成本
A	2 000	1 000	6 000	9 000
B	3 000	1 000	4 000	8 000
C	4 000	1 000	2 000	7 000
D	5 000	1 000	1 200	7 200

比较各方案的总成本可知，C方案总成本最低，该企业的最佳现金持有量应为40 000元。

（二）现金周转模式

现金周转模式是从现金周转的角度出发，根据现金的周转速度来确定最佳现金持有量。现金的周转速度一般以现金周转期或现金周转率来衡量。所谓现金周转期是指从用现金购买原材料开始，到销售产品并最终收回现金的整个过程所花费的时间。具体包括以下3个方面：第一，存货周转期，是指将原材料转化为产成品并出售所需要的时间；第二，应收账款周转期，是指将应收账款转化为现金所需要的时间；第三，应付账款周转期，是指从收到尚未付款的原材料到以现金支付货款所需要的时间。

现金周转期=存货周转期+应收账款周转期-应付账款周转期

现金周转率（次数）=360（天）÷现金周转期

一般来说，利用现金周转模式确定最佳现金持有量，包括以下3个步骤：第一，计算现金周转期；第二，计算现金周转率；第三，计算最佳现金持有量。公式如下：

$$最佳现金持有量 = \frac{预测期全年现金需要量}{现金周转率}$$

【例3-2】根据测算，某企业预计全年需用现金1 440万元，预计的存货周转期为100天，应收账款周转期为50天，应付账款周转期为60天，试计算该企业的最佳现金持有量。

根据资料计算：

现金周转期=100+50-60=90（天）

现金周转率=360÷90=4（次）

最佳现金持有量=1 440÷4=360（万元）

（三）存货模式

存货模式是1952年由美国经济学家W.J.Baumol首先提出的，他认为，最佳现金持有量与存货的经济批量问题在许多方面都很相似，因此，可用存货的经济批量模型来确定最佳现金持有量。在存货模式中只考虑现金的机会成本和转换成本，而不考虑现金的管理费用和短缺成本。这是因为：一方面，在一定范围内，现金的管理费用与现金持有量一般没有关系，所以属于决策无关成本；另一方面，由于现金的短缺成本具有不确定性，其成本往往不易计量，所以在此也不予考虑。

如果现金持有量大，则现金的机会成本高，转换成本低；反之，现金持有量小，则现金的机会成本低，转换成本高。最佳现金持有量就是使现金机会成本与转换成本之和最低的现金持有量。

设：T为特定时期内的现金总需求量；F为每次转换有价证券的转换成本；Q为最佳现金持有量；K为有价证券利息率；TC为总成本（机会成本与转换成本之和）。

则：现金总成本=机会成本+转换成本

即：$TC=\dfrac{Q}{2}\times K+\dfrac{T}{Q}\times F$ 　　　　　　　　　　　　　　　　[公式3-1]

对自变量 Q 求导数可知：

$$\frac{d(TC)}{dQ}=\frac{K}{2}-\frac{T\times F}{Q^2}$$

令：$\dfrac{d(TC)}{dQ}=0$

则：$\dfrac{K}{2}=\dfrac{TF}{Q^2}$

从而：$Q=\sqrt{\dfrac{2TF}{K}}$ 　　　　　　　　　　　　　　　　　　　[公式3-2]

$TC=\sqrt{2TFK}$

有价证券交易次数$=\dfrac{T}{Q}=\sqrt{\dfrac{TK}{2F}}$ 　　　　　　　　　　　　　　[公式3-3]

【随堂测】某企业每月现金需要量为160 000元，现金和有价证券的转换成本为每次30元，有价证券的月利率为0.6%。

请计算该企业的最佳现金余额。

【例3-3】某企业预计全年需要现金100 000元，现金与有价证券的转换成本为每次200元，有价证券的利息率为10%。则可根据以上公式计算：

最佳现金持有量（Q）$=\sqrt{\dfrac{2TF}{K}}=\sqrt{\dfrac{2\times100\,000\times200}{10\%}}=20\,000$（元）

有价证券的交易次数$=\dfrac{100\,000}{20\,000}=5$（次）

最低总成本（TC）$=\sqrt{2TFK}=\sqrt{2\times100\,000\times200\times10\%}=2\,000$（元）

（四）因素分析模式

因素分析模式是根据上年度现金实际平均持有量和有关因素的变动情况来确定最佳现金持有量的一种方法。基本的计算公式为：

$$\text{最佳现金持有量}=（\text{上年度现金实际平均持有量}-\text{不合理占用额}）\times（1\pm\text{预计销售收入变化百分比}）$$

【例3-4】某企业2023年现金实际平均持有量为100万元，经分析，其中不合理占用额为20万元，预计2024年销售收入将比2023年增长30%。

根据因素分析模式，该企业2024年的最佳现金持有量为：

（100-20）×（1+30%）=104（万元）

四、现金的日常管理

企业不仅应该确定最佳现金持有量，以确保企业在具有足够的现金支付能力的基础上使现金的管理总成本最低，而且应该采取各种措施加强现金的日常管理，以确保现金的安全性、流动性、收益性，最大限度地发挥其效用。现金的日常管理主要包括以下几个方面：

（一）现金回收管理

为了加速现金的周转，企业应尽量缩短账款的回收时间。一般来说，普通的现金回收系统如图3-2所示。

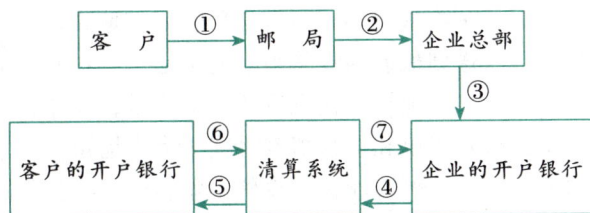

图3-2　普通的现金回收系统

其中：①、②表示邮寄支票；③表示处理支票并存入银行；④、⑤表示转账；⑥表示支付支票；⑦表示现金存入银行，成为可用资金。

在这个系统中，客户将支票寄到邮局，邮局将支票送到企业总部，这就产生了邮寄时滞；客户的支票到达企业总部后，财务部门将其记入会计账户，进行相应的会计处理，然后将支票存入开户银行，这就产生了处理时滞；支票通过商业银行的清算系统进行传递并清算，同时银行会从客户的账户内扣回手续费，银行清算支票的过程将产生转账时滞。邮寄时滞和处理时滞不仅与客户、企业、银行之间的距离有关，而且与收款的效率有关。在实际工作中，缩短这段时间的方法一般有邮政信箱法、集中银行法等。转账时滞主要与客户的开户银行和企业的开户银行之间的转账处理方式相关，为了缩短转账时滞，可以采用最快的转账结算方式。

1.邮政信箱法

邮政信箱法又称为锁箱法，它是指在各主要客户所在地承租专门的邮政信箱，并开立分行存款账户，授权当地银行每日开启信箱，在取得客户支票后立即予以结算，并通过电汇再将货款拨给企业总部。简单的锁箱系统如图3-3所示。

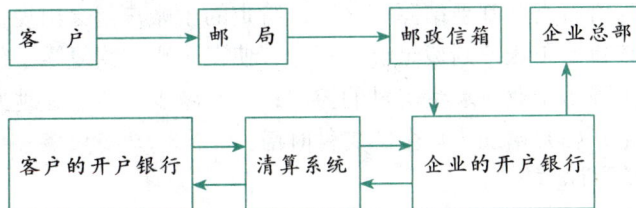

图3-3　简单的锁箱系统

采用邮政信箱法可以大大缩短企业办理收款的时间，因为这种方法不仅缩短了支票的邮寄时间，而且消除了处理时滞。但是，采用邮政信箱法需要支付额外的费用。这种费用支出一般来说与存入支票张数成一定比例，所以，如果平均汇款数额较小，采用这种方法不一定有利。

随着互联网的发展，企业可以使用电子锁箱替代传统锁箱。在电子锁箱中，客户利用互联网来点击他们的账户，查阅账单，并授权支付，不再在交易中有纸质支票或账单的传递。这种现金收付款方式十分方便、快捷，是企业间进行支付交易的主要方式。

2.集中银行法

集中银行法是指通过设立多个策略性的收款中心来加快资金周转的方法。在这种方法下，企业往往指定一个主要开户银行为集中银行，并在收款额较集中的若干地区设立若干个收款中心，客户首先将款项交给较近的收款中心，然后由收款中心将款项交给集中银行。集中银行法的具体做法如下：（1）企业以服务地区和各销售地区的账单数量为依据，设立若干收款中心，并指定一个收款中心（通常是总部所在地收款中心）的账户为集中银行。（2）企业通知客户将货款送到最近的收款中心而不必送到企业总部。（3）收款中心将当天收到的货款存入当地银行，当地银行在进行票据交换后，立即将款项转给集中银行。

集中银行法的优点是：（1）账单和货款邮寄时间可大大缩短。账单由收款中心寄发给该地区顾客，与由总部寄发相比，顾客能较早收到。顾客付款时，货款邮寄到最近的收款中心，通常也较直接邮寄给企业总部所需时间短。（2）支票兑现的时间可以缩短。收款中心收到客户汇来的支票后存入该地区的地方银行，而支票的付款银行通常也在该地区内，因而支票兑现较方便。

但集中银行法也有缺点：（1）每个收款中心的地方银行都要求有一定的补偿余额，而补偿余额是一种闲置的不能使用的资金。开设的中心越多，补偿余额也越多，闲置的资金也越多。（2）设立收款中心需要一定的人力和物力，费用较高，因此，企业应在权衡利弊得失的基础上，作出是否采用集中银行法的决策。例如，某企业目前应收账款年平均余额为1 000万元，若采用集中银行法，则可使应收账款平均余额降为900万元。但是企业增加收款中心预计每年会增加费用8万元，企业加权平均的资本成本为10%。则采用集中银行法时可节约成本额2万元〔（1 000-900）×10%-8〕，故该企业应采用集中银行法。

（二）现金支出管理

现金支出管理主要是在合理合法的前提下，控制现金的支出和尽可能延缓现金的支出时间。具体而言，现金支出管理可采用以下方法：

1.采用零余额账户的方法控制现金的支出

这种账户系统一般由银行提供。在这一系统下，由一个主支付账户为其他所有的子账户服务。每日末，当所有支票都被结算完之后，特定的子账户就会出现负余额，此时，银行自动从主账户向该特定子账户划拨足够的资金，使得子账户恢复零余额。采用零余额账户的优点是：（1）加强了企业对现金支付的控制；（2）减少了企业在地方银行账户上用于支付账款的超额现金；（3）增加了现金的支付时滞。

2.合理使用现金"浮游量"

企业账簿上的现金数字往往并不能代表企业在银行中的可用现金，这是因为，从企业开出支票、收票人收到支票并存入银行，至银行将款项划出企业账户，中间需要一段时间。现金在这段时间的占用称为现金"浮游量"。在这段时间里，尽管企业已经开出了支票，却仍可动用在活期存款账户上的这笔资金。使用现金"浮游量"可以减少企业现金持有量，从而提高企业的现金使用效率。但是，使用现金"浮游量"也有一定的风险：一方面，可能会出现支付不及时的情况，破坏企业之间的信用关系；另一方面可能会出现银行存款的透支现象。所以在使用现金"浮游量"时，必须注意控制好使用的额度和使用的时间。

3.采用承兑汇票延迟付款

与普通支票不同的是，承兑汇票不是"见票即付"的票据。当它被提交给开票方开户银行时，开户行还必须将它交给签发者以获承兑，然后，付款人将一笔相当于汇票金额的资金存入银行，这样就推迟了企业调入现金支付汇票实际所需要的时间。其缺点是，对方可能更喜欢用支票付款，同时银行也需要更多的手续处理汇票，因而会收取更高的手续费。

4.尽量推迟支付应付账款的时间

企业可以在不影响信誉的情况下，尽量推迟应付账款的支付期。例如，如果付款条件是"2/10，N/45"，则企业若想得到现金折扣，就应在发票开出后的第10天付款，否则，就应该在第45天付款。

理财与思政

毛泽民的红色理财之路

毛泽民生于1896年4月，比兄长毛泽东小3岁。1922年，毛泽民在毛泽东创办的湖南自修大学搞庶务工作，不久，他加入中国共产党，从此，开始了职业革命家的生涯。

1931年11月，中华苏维埃共和国临时中央政府在江西瑞金成立。毛泽民被任命为中华苏维埃共和国国家银行行长。处在残酷战争环境下的临时中央政府，经济补给极为困难，财政金融秩序混乱。既要发展苏区经济，改善人民生活，又要保证军需，支撑前方战事，毛泽民面临着极为严峻的考验。

毛泽民把统一财政作为首要任务：建立国家金库。国家银行的财政来源主要是战争中的缴获物资，统一财政首先是把战争中的战利品由银行统管起来。因此，每逢红军有重大作战行动，国家银行都会组织没收征集委员会，随部队到前方筹粮筹款。

1932年3月下旬，毛泽东率领红一军团和红五军团组成的东路军，打下漳州城。这次出征，红军不仅得到大批军用物资、许多金银珠宝及苏区奇缺的布匹、医药、汽油和食盐，还筹得100多万元大洋的军费。毛泽民请了不少挑夫，把这些物资挑回瑞金，初步缓解了苏区资金匮乏和供给紧张的困难。

统一财政后，还要统一货币。国家银行成立之前，江西工农银行和闽西工农银行均发行过纸币。当时，国民政府的法币、白区的杂币也在中央苏区流通，无疑给国民党方面破坏苏区的金融市场提供了可乘之机。发行苏区统一的货币已成当务之急。

发行货币还要解决纸张和油墨的问题，要有人设计票面图案。经过了解，毛泽民找到汀州城里一位叫黄亚光的人。此人能写会画，但当时根据地连最起码的绘图工具都买不到。后来，毛泽民托人从上海买来两脚规、鸭舌笔以及刻制石印模的工具。

1932年7月7日，国家银行正式发行统一的纸币——中华苏维埃共和国国家银行银币券，又称"苏维埃国币"，有1元、5角、2角、1角、5分五种票面。1元票正面为紫红色，横楣书有"中华苏维埃共和国国家银行"的字样，票面中央有列宁的头像，票面下方的两边，分别是国家银行行长毛泽民和国家财政部部长邓子恢的签字。

毛泽民作为第一任国家银行行长，身居要职，但从不利用职务之便谋取半分私利，经常是一双草鞋，一顶竹笠，一个小背包，过着极其俭朴的艰苦生活。一天，有位平日与他极要好的领导有意考验他，硬要向他私下借10块银元，说急用。毛泽民却犯难地说："对不起，我虽是个银行行长，只有管钱的义务，没有用钱的权力。"

资料来源　曹宏，周燕. 毛泽民的红色理财之路［EB/OL］.［2019-01-28］. https://www.sohu.com/a/291996547_120024817.

讨论：

1.毛泽民为中国革命作出了哪些重要贡献？

2.毛泽民的红色理财之路给了我们哪些启示？

第三节 应收账款管理

应收账款是指企业对外赊销产品、材料，供应劳务等应向对方收取而未收取的款项。影响企业应收账款水平的主要因素有经济状况、产品定价、产品质量和企业的信用政策等。这些影响因素中除最后一项外，其他因素不是财务部门能控制的。所以，财务部门管理应收账款，主要是通过对赊销风险与获利能力之间的权衡而制定适当的信用政策，从而改变应收账款的水平。

一、应收账款管理的目标与内容

（一）应收账款管理的目标

随着社会主义市场经济体制的建立与完善，企业与企业之间相互提供商业信用已成为一种越来越普遍的现象，因此，企业应收账款的数额越来越多，对应收账款进行管理已经成为企业流动资产管理的重要组成部分。

企业提供商业信用，采取赊销方式，会使企业应收账款的数额大量增加，现金的回收时间延长，甚至会使企业遭受不能收回应收账款的损失。但赊销又可以扩大销售，增加企业的市场占有率和盈利。因此，应收账款管理的目标是充分发挥应收账款功能，权衡应收账款投资所产生的收益、成本和风险，作出有利于企业的应收账款决策。

（二）应收账款管理的内容

为了充分发挥应收账款的作用，必须加强应收账款的管理，其核心是建立应收账款的管理制度，制定适当的信用政策。制定信用政策时，一方面要考虑到有利于扩大销售；另一方面要考虑到有利于降低应收账款占用的资金，缩短应收账款的回收期，防止发生坏账损失。具体来说，应收账款管理的内容主要包括：❶建立客户信用风险评估制度，制定合理的应收账款信用政策。信用政策的制定必须符合企业目前的发展状况和企业所处的市场环境状况。❷进行应收账款的投资决策。应收账款的投资决策主要是在已经制定的应收账款信用政策的基础上，对具体的应收账款投资行为（如向某一特定客户是否提供商业信用）进行决策。❸做好应收账款的日常管理工作，建立减少坏账损失的评估决策制度。

📌 **议一议** 同学们，应收账款是怎样形成的？在现实生活中，为什么有些企业的应收账款越来越多？解决应收账款问题的关键在哪里呢？

二、应收账款的功能与成本

（一）应收账款的功能

应收账款的功能是指它在生产经营中的作用，主要有以下两个方面：

第一，促进销售的功能。企业销售产品可以采取现销和赊销两种方式，现销对企业有利，赊销则会导致应收账款。但在激烈的市场竞争环境中，赊销往往是企业经常采用的促销手段，它可以扩大产品的销售，特别是在企业销售新产品、开拓新市场时，赊销就更加具有重要的意义。这是因为购货方一方面可以在不付款的情况下得到自己需要的商品，降低了在商品质量、性能等方面存在问题的风险；另一方面，购货方可以在一定时期内减少自己的资金占用。

第二，减少存货的功能。应收账款和存货同属于流动资产，但是应收账款的流动性远远高于存货。当企业产成品较多时，可以采用赊销等手段尽快将存货转为应收账款，这样不但可以减少企业持有存货所发生的一系列费用，比如仓储费、管理费及保险费等，同时也可以避免有些产品因为长期储存而造成的变质、损毁或变形。

（二）应收账款的成本

企业持有应收账款，也要付出一定的代价，增加相关成本，应收账款的成本有：

1.机会成本

应收账款的机会成本是指企业资金因被客户占用，不能用于投资而失去的收益。这一成本的大小通常与企业维持赊销业务所需要的资金数量、资本成本有关。其计算公式为：

应收账款的机会成本=维持赊销业务所需要的资金×资本成本

其中，资本成本一般可按有价证券收益率计算。维持赊销业务所需的资金可按下列步骤计算：

（1）计算应收账款周转率：

应收账款周转率=日历天数（360）÷应收账款周转期

（2）计算应收账款平均余额：

应收账款平均余额=赊销收入净额÷应收账款周转率

（3）计算维持赊销业务所需要的资金：

维持赊销业务所需要的资金=应收账款平均余额×变动成本÷销售收入

=应收账款平均余额×变动成本率

=赊销收入净额×变动成本率÷应收账款周转率

可见，随着赊销业务的扩大，赊销收入增加，维持赊销业务所需的资金就越多；而应收账款的周转率越高，维持赊销业务所需的资金就越少。所以，提高应收账款的周转率是减少应收账款机会成本的有效方法。

【例3-5】若某企业预测的年度赊销收入净额为1 000 000元，应收账款周转期为45天，变动成本率为80%，资本成本为10%。试计算其应收账款的机会成本。根据以上资料，得：

应收账款周转率=360÷45=8（次）

应收账款平均余额=1 000 000÷8=125 000（元）

维持赊销业务所需要的资金=125 000×80%=100 000（元）

应收账款机会成本=100 000×10%=10 000（元）

2.管理成本

应收账款的管理成本是指企业对应收账款进行管理而耗费的开支，是应收账款成本的重要组成部分。管理成本主要包括：对顾客信用情况调查的费用、收集信息的费用、催收账款的费用、账簿的记录费用等。

3.坏账成本

坏账成本是指由于某种原因导致应收账款不能收回而给企业造成的损失。坏账成本的大小与应收账款的数量成正比例变化，而且与企业的信用政策有密切关系，所以，防止坏账的发生是企业制定信用标准的一项十分重要的工作。

三、信用政策的制定

信用政策又称为应收账款政策，在企业中可以体现为客户信用风险评估制度，是企业财务政策的重要组成部分。制定合理的信用政策是加强应收账款管理、提高应收账款投资效益的重要前提。信用政策是企业对应收账款进行规划与管理而制定的基本原则和行为规范，一般由信用标准、信用条件和收账政策组成。

（一）信用标准

信用标准是企业同意向客户提供商业信用而要求对方必须具备的最低条件，一般以坏账损失率表示。企业信用标准越高，企业的坏账损失就越少，同时，应收账款的机会成本和管理成本也就越少。但是，过高的信用标准不利于企业扩大销售，这样就有可能影响企业产品的市场竞争能力；反之，如果企业的信用标准过低，虽然有利于企业扩大销售，提高产品的市场竞争力和占有率，但会相应增加应收账款的机会成本、管理成本和坏账成本。

1. 信用标准的定性分析

企业在制定信用标准时，首先应进行定性分析。在分析中主要考虑以下三个方面的因素：其一，同行业竞争对手的情况。如果竞争对手实力很强，企业就应考虑是否可以采取较低的信用标准，增强对客户的吸引力；反之，则可以考虑制定较严格的信用标准。其二，企业承担违约风险的能力。当企业具有较强的违约风险承担能力时，就可以考虑采用较低的信用标准，以提高企业产品的竞争能力；反之，如果企业承担违约风险的能力较弱时，则应制定较严格的信用标准，谨防坏账的发生。其三，客户的资信程度。企业应在对客户的资信程度进行调查、分析的基础上，判断客户的信用状况，并决定是否给该客户提供商业信用。客户的信用状况通常可以从以下五个方面来评价，简称"5C"评价法。这五个方面是：

（1）品质（character）。品质是指客户履约或违约的可能性。客户是否愿意按期支付货款，与该客户在以往的交易过程中所表现出来的品质有很大的关系，因此，品质是信用评价体系中的首要因素。

（2）能力（capacity）。能力是指客户支付货款的能力。客户支付货款的能力取决于其资产特别是流动资产的数量、质量、流动比率以及现金的持有水平等因素。一般来说，企业的流动资产数量越多，质量越好，流动比率越高，持有现金越多，其支付货款的能力就越强；反之，就越弱。

（3）资本（capital）。资本是指客户的经济实力和财务状况。该指标主要是根据有关的财务比率来测定客户净资产的大小及其获利的可能性。

（4）抵押品（collateral）。抵押品是指客户拒付或无力支付款项时能被用作抵押的资产。当对客户的信用状况有怀疑时，如果客户能够提供足够的抵押品，就可以向其提供商业信用。这不仅对顺利收回货款比较有利，而且一旦客户违约，也可以变卖抵押品，挽回经济损失。

（5）经济状况（conditions）。经济状况是指可能影响客户付款能力的经济环境，包括一般经济发展趋势和某些地区的特殊发展情况。当发现客户的经济状况向不利的方向发展时，给其提供商业信用就应十分谨慎。

上述各种信息资料主要通过下列渠道取得：（1）商业代理机构或资信调查机构所提供的客户信息资料及信用等级标准资料；（2）委托往来银行信用部门向与客户有关联业务的银行索取信用资料；（3）与同一客户有信用关系的其他企业相互交换该客户的信用资料；（4）客户的财务报告资料；（5）企业自己总结的经验与其他可取得的资料等。

2.信用标准的定量分析

信用标准的定量分析主要是解决两个问题：一是制定信用标准，即确定坏账损失率，以作为给予或拒绝向客户提供商业信用的依据；二是具体确定客户的信用等级。

信用标准的制定主要通过比较不同方案之间的销售收入和相关成本，最后比较不同方案之间的净收益来进行。

但是，在具体实行信用标准时，首先必须对具体的客户的信用等级进行评定，同时确定对其提供商业信用时可能导致的坏账损失率。确定客户信用等级的具体步骤是：

（1）设定信用等级的评价标准，即根据对客户信用资料的调查分析，选取一组具有代表性的、能够说明付款能力和财务状况的若干比率，作为信用风险评价指标，并给出不同信用状况的指标标准值及其对应的拒付风险系数。通常可以选用的评价指标有：流动比率、速动比率、现金比率、产权比率、已获利息倍数、应收账款周转率、存货周转率、总资产报酬率、赊销付款履约情况等。

（2）根据特定客户的财务数据，计算出以上选定指标的指标值，并与本企业制定的标准值相比较，然后确定各指标相对应的拒付风险系数（或称坏账损失率），最后计算总的拒付风险系数。总的拒付风险系数可以反映向客户提供商业信用时可能发生的坏账损失率。

（3）根据上面计算出的该客户的拒付风险系数，确定其信用等级，并将其与制定的信用标准（坏账损失率）进行比较，以确定是否给该客户提供商业信用。下面分别举例说明信用标准的定量分析方法。

【例3-6】某企业有两种信用标准可供选择，有关资料见表3-3。

表3-3　　　　　　　　　　两种信用标准的有关资料　　　　　　　　　金额单位：元

项　目	A方案 （坏账损失率≤10%）	B方案 （坏账损失率≤15%）
销售收入	100 000	120 000
固定成本	3 000	3 000
变动成本	60 000	72 000
可能的收账费用	2 000	3 000
可能的坏账损失	10 000	18 000
平均收账期（天）	45	60

该企业的综合资本成本为10%，试作出信用标准决策。

采用A方案时：

①销售毛利=100 000-3 000-60 000=37 000（元）

②应收账款的机会成本=45÷360×100 000×60%×10%=750（元）

③采用A方案的净收益=37 000-2 000-10 000-750=24 250（元）

采用B方案时：

①销售毛利=120 000-3 000-72 000=45 000（元）

②应收账款的机会成本=60÷360×120 000×60%×10%=1 200（元）

③采用B方案的净收益=45 000-3 000-18 000-1 200=22 800（元）

比较A、B方案的净收益，应选A方案。

【例3-7】某企业按照其以往的经验确定信用等级评价标准，见表3-4。

表3-4　　　　　　　　　　　　　**信用等级评价标准表**

指标	比率范围	拒付风险系数（%）
流动比率	≥2.1	0
	1.5～2.1	5
	<1.5	10
速动比率	≥1.1	0
	0.8～1.1	5
	<0.8	10
现金比率	≥0.4	0
	0.2～0.4	5
	<0.2	10
产权比率	<1.8	0
	1.8～4	5
	≥4	10
已获利息倍数	≥3	0
	1.5～3	2.5
	<1.5	5
应收账款周转率（次）	≥14	0
	9～14	2.5
	<9	5
存货周转率（次）	≥6	0
	4～6	2.5
	<4	5
总资产报酬率（%）	≥25	0
	10～25	2.5
	<10	5
赊销付款履约情况	及时	0
	拖欠	40

该企业将客户按拒付风险系数分成三个等级：A级、B级、C级。其中：A级拒付风险系数小于等于5%；B级拒付风险系数介于5%与10%之间；C级拒付风险系数大于10%。

假设某客户的各项指标值及累计风险系数见表3-5。

表3-5　　　　　　　　　　　　　**客户信用状况评价表**

指标	比率	拒付风险系数（%）
流动比率	2.2	0
速动比率	1.1	0
现金比率	0.3	5
产权比率	1.6	0
已获利息倍数	4	0
应收账款周转率（次）	12	2.5
存货周转率（次）	8	0
总资产报酬率（%）	30	0
赊销付款履约情况	及时	0
累计拒付风险系数		7.5

当给该客户提供商业信用发生坏账损失的可能性为7.5%，其信用等级为B级。若该企业的信用标准为坏账损失率不超过10%，则可以给该客户提供商业信用；若该企业的信用标准为坏账损失率不超过7%，则不应该给该客户提供商业信用。

对信用标准进行定量分析，有利于企业提高应收账款投资决策的效果。但由于实际工作中的具体情况十分复杂，不同企业的同一指标往往存在着很大的差异，难以按照统一的标准进行衡量。因此，企业的财务管理者必须在更加深入地考察各指标内在质量的基础上，结合以往的经验，对各项指标进行具体的分析、判断，不能机械照搬。

（二）信用条件

1.信用条件的构成

信用条件是指企业向对方提供商业信用时要求其支付赊销款项的条件，具体内容由信用期限、折扣期限和现金折扣三部分构成。信用条件的一般形式如"2/10，N/30"，表示若客户在10天内付款，可以享受2%的现金折扣；即使客户不享受现金折扣，也必须在30天内付款。这就是说上述信用条件的信用期限为30天，折扣期限为10天，现金折扣率为2%，信用条件是否优惠对企业的产品销售具有很大的影响。

信用期限是企业允许客户从购货到付清货款的最长时间。一般来说，信用期限越长，对客户的吸引力就会越大，因而可以在一定程度上扩大产品的销售量。但是应该注意到，过长的信用期限可能会给企业带来以下问题：一是会使应收账款的平均收账期限延长，占用在应收账款上的资金也就会增加，进而使企业应收账款资金占用的机会成本增加。二是会增加企业的坏账损失和收账费用，因为赊销的时间越长，发生坏账的可能性就越大，收回账款的费用也会相应增加。因此，企业在进行信用期限决策时，应该视延长信用期限增加的边际收入是否大于增加的边际成本而定。

为了缩短客户的实际付款时间，加速资金的周转，同时减少坏账损失，企业常常给客户提供一个折扣期限。客户若在折扣期限内付款，则企业可以按销售收入的一定比率给予其现金折扣。现金折扣实际上是产品售价的扣减，企业提供一个什么样的折扣期限和现金折扣，应该看提供现金折扣后所得的收益是否大于现金折扣的成本。

除上述信用条件外，企业还可以采取阶段性的现金折扣期与不同的现金折扣率。例如"2/10，1/20，N/30"，其表示：在10天内付款，给予2%的现金折扣；在11~20天内付款，给予1%的现金折扣；在21~30天内付款，不给予现金折扣。

微课

信用条件的选择

2.信用条件的选择

信用条件的选择与信用标准的选择相似，即比较不同的信用条件的销售收入及相关成本，最后计算出各自的净收益，并选择净收益最大的信用条件。

【例3-8】某企业采用赊销方式销售甲产品，该产品的单位售价为20元，单位产品的变动成本为15元，固定成本总额为400 000元。当该企业没有对客户提供现金折扣时，该产品的年销售量为100 000件，应收账款的平均回收期为45天，坏账损失率为2%。为了增加销售，同时加速应收账款的回收，企业考虑给客户提供"2/10，N/60"的信用条件。估计采用这一新的信用条件后，销售量将增加20%，有70%的客户将在折扣期内付款，坏账损失率将降为1%。另外，应收账款的机会成本率为20%，该企业的生产能力有剩余。试选择对企业最有利的信用条件。

采用旧的信用条件时：

销售收入=100 000×20=2 000 000（元）

信用成本前边际收益=2 000 000-100 000×15=500 000（元）

应收账款的机会成本=2 000 000×45÷360×75%×20%=37 500（元）

应收账款的坏账成本=2 000 000×2%=40 000（元）

信用成本后收益=500 000-37 500-40 000=422 500（元）

采用新的信用条件时：

销售收入=100 000×（1+20%）×20=2 400 000（元）

现金折扣=2 400 000×70%×2%=33 600（元）

信用成本前边际收益=2 400 000-33 600-100 000×（1+20%）×15=566 400（元）

应收账款的机会成本=2 400 000×（10×70%+60×30%）÷360×75%×20%=25 000（元）

应收账款的坏账成本=2 400 000×1%=24 000（元）

信用成本后收益=566 400-25 000-24 000=517 400（元）

通过计算可知，新的信用条件比原信用条件下信用成本后收益增加94 900元（517 400-422 500），所以应采用新的信用条件。

（三）收账政策

收账政策也称催收政策，是指当应收账款超过规定的信用期限仍未收回时，企业采取相关收账措施、手段和方法等催收账款的策略。如果采取积极的收账政策，就会减少坏账损失的发生，也会降低机会成本，但是会增加收账成本，并且可能使企业与客户的关系受到影响。消极的收账政策虽然可以减少收账费用，但会增加机会成本和坏账成本。无论采用什么收账政策，都应权衡得失，不能以1万元的代价去收回低于1万元的欠款。

当企业账款被拖欠或拒付时，首先应该分析其原因。如果是由于企业的信用标准及信用审批制度存在问题，则应立即加以改进，防止此类情况的再次发生；如果是信息收集有误或对方的最近信息收集不全而导致对对方的信用等级评定有问题，则应重新收集有关最新信息并重新评定其信用等级；对于偶然的拖欠，可以先通过信函、电话、电传或派人员前往等方式进行催收，力争能使问题得到妥善的解决，当然有时也需要作出必要的让步。如果双方经过多次协商仍然无法达成协议，最后可以考虑通过法律途径解决问题。

无论采取何种方式催收账款，都需要付出一定的代价，即收账费用。一般而言，收账费用支出越多，坏账损失越少，但它们之间并不一定存在线性关系。在制定收账政策时，应权衡增加收账费用与减少应收账款机会成本和坏账损失之间的得失。

【例3-9】某企业不同收账政策条件下的有关资料见表3-6。

表3-6　　　　　　　　　　收账政策

项 目	现行的收账政策	建议的收账政策
年收账费用（元）	20 000	25 000
应收账款平均回收期（日）	45	30
坏账损失率（%）	4	3

该企业当年销售额为2 400 000元（全部赊销），不计收账政策对销售收入的影响。该企业应收账款的机会成本率为10%，根据以上资料可列表计算，见表3-7。

表3-7　　　　　　　　　　**收账政策比较分析表**　　　　　　　金额单位：元

项　目	现行的收账政策	建议的收账政策
年赊销收入	2 400 000	2 400 000
应收账款周转次数（次）	8	12
应收账款平均占用额	300 000	200 000
应收账款的机会成本	30 000	20 000
应收账款的坏账损失	96 000	72 000
收账费用	20 000	25 000
费用与成本合计	146 000	117 000

可见，建议的收账政策的费用与成本合计低于现行的收账政策的费用与成本合计，所以，应采用建议的收账政策。

【随堂测】请从下列备选答案中选择正确答案：

在其他因素不变的情况下，企业采用积极的收账政策，可能导致的后果是（　　　）。

A.坏账损失增加　　　　　　　　　　B.应收账款投资增加

C.收账费用增加　　　　　　　　　　D.平均收账期延长

四、应收账款的日常管理

对于大多数企业来说，存在应收账款是十分正常的事，有些企业应收账款的总额还比较大。应收账款是企业对外提供商业信用的结果，其中往往蕴含着巨大的风险，因此，对企业应收账款必须加强日常管理，采取有力的措施进行分析、控制，及时发现问题、解决问题。这些措施主要包括应收账款的追踪分析、账龄分析、收现保证率分析，以及根据有关会计法规建立应收账款坏账准备金制度。

（一）应收账款追踪分析

一般来说，企业向客户赊销了产品，其能否按期偿还货款，主要取决于以下三个因素：第一，客户的信用品质；第二，客户的财务状况；第三，客户是否可以实现该产品的价值转换或增值。其中，客户信用品质和财务状况是企业在赊销之前就必须注意分析的问题，但是在赊销之后，仍然应进行追踪分析，因为这两个因素是有可能随时发生变化的。当发现客户的这两个因素有发生变化的可能性时，企业应采取果断的措施，尽快地收回应收账款，哪怕是暂时收回部分应收账款，并且应该对客户的信用记录进行相应的调整。第三个因素，对客户能否及时支付应收账款也具有重大的影响。如果客户可以实现该产品的价值转换，尤其是可以实现该产品的价值增值，那么客户就会愿意及时付款。一方面他此时有付款的能力；另一方面是由于他希望建立良好的信誉，为以后的交易打下基础。从这个意义上说，应收账款问题并不仅仅是交易双方的问题，常常会涉及第三方。在商品的流通过程中，有一个环节出了问题，将可能会导致一系列的信用危机。

当然，企业不可能也没有必要对全部的应收账款都进行追踪分析。企业应该将主要精力集中在那些交易金额大、交易次数频繁或信用品质有疑问的客户身上。

（二）应收账款账龄分析

在企业赊销量大的情况下，企业持有应收账款的时间长短不一。为了掌握应收账款的回收及拖欠情况，企业应定期编制应收账款账龄分析表。在账龄分析表中列示的账龄结构，也就是不同账龄的应收账款余额占应收账款总余额的百分比，可以使企业全面了解应收账款的分布情况，并制定相应的收账政策。

一般来说，应收账款被拖欠的时间越长，催收的难度就越大，成为坏账的可能性也就越高。所以，将应收账款按账龄分类，尤其是按被拖欠的时间分类，密切关注应收账款的回收情况，是加强应收账款日常管理的重要环节。

【例3-10】某企业应收账款账龄结构见表3-8。

表3-8　　　　　　　　应收账款账龄结构表

应收账款账龄	金额（万元）	比重（%）
信用期内	600	60
逾期不超过半年	200	20
逾期半年至1年	100	10
逾期1年至2年	50	5
逾期2年至3年	40	4
逾期3年以上	10	1
应收账款总计	1 000	100

表3-8表明，该企业应收账款总计为1 000万元，其中在信用期内的600万元，占60%；逾期不超过半年的200万元，占20%；逾期半年至1年的100万元，占10%；逾期1年至2年的50万元，占5%；逾期2年至3年的40万元，占4%；逾期3年以上的10万元，占1%。从总体上看，该企业逾期的应收账款为400万元，占40%，比重较大，所以应引起财务管理人员的高度重视。

企业应收账款的账龄结构确定以后，如果发现逾期的应收账款比重较大，首先，应分析产生这种情况的原因，如果属于企业信用政策的问题，应立即进行信用政策的调整；其次，应具体分析拖欠客户的情况，搞清这些客户发生拖欠的原因是什么，拖欠的时间有多长，拖欠的金额有多少；最后，针对不同的情况采取不同的收账方法，制订出经济可行的收账方案。同时，对尚未过期的应收账款也不应放松管理并进行账龄分析，防止发生新的逾期拖欠。

（三）应收账款收现保证率分析

应收账款收现保证率是指在一定会计期间内必须收现的应收账款占全部应收账款（R）的比重。所谓的必须收现的应收账款是指在一定会计期间内，为了保证企业正常的现金流转，特别是满足具有刚性约束的纳税及偿付不能展期的到期债务的需要，而必须通过应收账款收现来补充的现金，其数值等于当期必要现金支付总额（CB）与当期其他稳定可靠的现金流入总额（CW）之间的差额。即：

必须收现的应收账款=CB-CW

应收账款收现保证率=（CB-CW）÷R

其中，当期其他稳定可靠的现金流入总额是指从应收账款收现以外可以取得的其他稳定可靠的现金流入数额，主要包括短期有价证券变现净额、可随时取得的银行贷款额等。

企业当期现金支付需要量与当期应收账款之间存在着密切的关系，企业的应收账款的回收是企业现金的主要来源，如果企业一定时期内应收账款的实际收现率低于其保证率，企业就可能出现现金短缺。因此，企业应定期计算应收账款实际收现率，看其是否达到了既定的控制标准。

<h2>第四节　　存货管理</h2>

存货是指企业在生产经营过程中为了生产或销售而储备的物资。具体而言，为生产而储备的存货主要包括企业的库存原材料、辅助材料、包装物、低值易耗品等，为销售而储备的存货主要包括库存商品、产成品等。存货在流动资产中所占的比重较大。存货管理水平的高低，对企业生产经营的顺利与否具有直接的影响，并且最终会影响到企业的收益、风险和流动性的综合水平，因此，存货管理在整个流动资产管理中具有重要的地位。

一、存货管理的目标与内容
（一）存货管理的目标

对于一般的企业（尤其是制造业、商业等）来说，持有一定数量的存货是十分必要的。一方面，一定数量的存货有利于保障企业生产经营的顺利进行；另一方面，可以使企业的生产与销售具有较大的机动性，以适应市场不规则的突然变化，以免失去商机。但是，存货的增加必然要占用更多的资金，使企业付出较多的持有成本。因此，存货管理的目标就是要在充分发挥存货作用的前提下，不断降低存货成本，以最低的存货成本保障企业生产经营的顺利进行。

（二）存货管理的内容
➤根据企业生产经营的特点，制定存货管理的程序和办法；
➤合理确定存货的采购批量和储存期，降低各种相关成本；
➤对存货实行归口分级管理，使存货管理责任具体化；
➤加强存货的日常控制与监督，充分发挥存货的作用。

二、存货的功能与成本
（一）存货的功能

存货的功能是指存货在企业生产经营过程中所具有的作用，具体来说，主要包括以下几个方面：

第一，保证生产或销售的需要。企业主要是通过产品或商品的不断流转而获得利润的，如果这种流转过程不顺畅，就会给企业造成经济损失。对于生产企业来说，如果原材料存货不足，必然会造成生产中断，停工待料；对于商业企业来说，如果畅销商品库存不足，必然会失去销售良机。而对于生产或销售具有季节性的企业，一定数量的存货就具有更加重要的意义。虽然随着自动化程度的提高，有些企业正在推行适时制（JIT），提出了"零存货"的口号，但从目前的情况看，要真正做到这一点并非易事，有些行业根本不可能做到"零存货"。

第二，适应市场的变化。企业面对的市场是千变万化的，市场对本企业生产产品的需求量一般来说是不稳定的。一定数量的存货储备能够增加企业在生产和销售方面的机动性和适应市场变化的能力。企业有了足够的库存，当市场的需求量突然增加时，就能及时地满足市场变化的需要。另外，当发生通货膨胀时，适当地储备一定数量的存货，能使企业获得物价上涨的好处。

第三，降低进货成本。一般来说，企业采购时，进货的总成本与采购物资的单位售价及采购的次数有密切的关系。企业采购物资达到一定数量的时候往往可以享受折扣，从而降低单位物资的买价。同时，由于采购总量一定，采购批量较大时，采购次数就会减少，从而可以降低采购费用的支出。

第四，维持均衡生产。许多产品的市场需求具有季节性，如空调、电风扇、羽绒服等，企业的生产安排一般可以随着市场的变化而进行相应的调整，但是，这些产品的生产并不能完全按市场需求的季节性来安排，否则，就会造成生产的不均衡，忙时超负荷运转，闲时生产能力得不到充分利用。这样不仅会导致生产成本的提高，而且对企业的生产设备、生产人员也是十分不利的。因此，对这些产品的生产既要考虑到季节性的变动，又要考虑到生产的均衡性，在销售淡季适当增加产品库存。

第五，有利于企业产品的销售。企业的产品一般是成批生产、成批销售的，对于客户来说，也有一个经济采购批量的问题，所以，企业保持一定的产成品库存是有利于销售的。否则，当碰到客户的大订单时，就可能丧失商机。

（二）存货的成本

虽然存货具有以上许多功能，企业持有存货必不可少，但是，并不是说存货越多越好，因为持有存货，必然会发生一定的成本支出。存货成本包括以下几个方面：

第一，进货成本。所谓进货成本是指企业取得存货时的成本费用支出，主要包括存货的进价成本和进货费用两个方面。其中，进价成本又叫购置成本，它在数量上等于采购量与单位存货的采购单价的乘积。由于采购量是由生产经营部门的需要决定的，所以，进价成本管理的重点是如何降低单位存货的采购单价。进货费用又称订货成本，是指企业为组织进货而支付的有关费用，如与存货采购有关的办公费、差旅费、邮资、通信费、入库搬运费等。进货费用中有一部分与进货次数无关，如常设机构的基本开支等，称为进货的固定成本，这类费用与决策无关；另一部分与进货次数有关，如差旅费、邮资等，且与进货次数成正比例变动，这类费用是与决策相关的变动成本。由此可见，企业若想降低进货成本，需要大批量采购，以减少进货次数。

第二，储存成本。所谓储存成本是指企业为持有存货而发生的成本费用支出，主要包括存货资金占用的机会成本、仓储费用、保险费用、存货库存损耗等。其中，存货资金占用的机会成本主要是指以现金购买存货而失去的其他投资机会可能带来的投资收益，一般可以用证券投资收益来衡量。储存成本中，有一部分与存货的储存数量有密切关系，如存货资金占用的机会成本、保险费用等；另外一部分则与存货的储存数量没有密切的关系，如仓库折旧费用、仓库职工的固定工资等。储存成本管理的重点是与储存数量有关的成本费用支出。

第三，缺货成本。所谓缺货成本是指因存货不足而给企业造成的损失，主要包括由于原材料供应中断造成的停工待料损失、产品供应中断导致延误发货的信誉损失以及丧失市场机会的有形与无形损失等。缺货成本因其计量十分困难常常不予考虑，但如果缺货成本能够准确计量的话，也可以在存货决策中加以考虑。

三、存货经济批量决策

存货的经济批量是指能够使一定时期存货的总成本达到最低的采购数量。存货的总成本由进货成本、储存成本、缺货成本等构成。这些成本中有些是固定性的，有些是变动性的。显然，只有变动性成本才是经济批量决策时的相关成本。与经济批量决策相关的成本主要包括：变动性进货成本、变动性储存成本以及允许缺货时的缺货成本。不同的成本项目与进货批量有着不同的变动关系。订购的批量大，储存的存货就多，储存成本就高，同时，采购次数少，进货费用和缺货成本少；订购的批量小，储存的存货就少，储存成本就低，同时，采购次数多，进货费用和缺货成本多。经济批量决策就是要权衡这些成本和费用，使得它们的总和最低。

（一）经济进货批量的基本模式

为了将问题简化，在进行经济批量决策时，常常作如下假设：第一，企业一定时期的进货总量可以较为准确地预测；第二，存货的流转比较均衡；第三，存货的价格稳定，且不考虑商业折扣；第四，进货日期完全由企业自行决定，并且采购不需要时间；第五，仓储条件及所需现金不受限制；第六，不允许出现缺货；第七，所需存货市场供应充足，并能集中到货。

在满足以上假设的前提下，存货的买价和短缺成本都不是决策的相关成本，此时，经济批量考虑的仅仅是使变动性的进货费用（简称进货费用）与变动性的储存成本（简称储存成本）之和最低。

假设：Q 为存货的经济批量；A 为某种存货的全年需要量；B 为平均每次进货费用；C 为单位存货年度平均储存成本；P 为某种存货的单位采购价格。则：

$$\text{存货的经济批量（Q）} = \sqrt{\frac{2AB}{C}}$$

$$\text{经济批量的变动总成本（T）} = \sqrt{2ABC}$$

$$\text{最佳进货次数（N）} = \frac{A}{Q}\sqrt{\frac{AC}{2B}}$$

$$\text{经济批量的资金平均占用额（W）} = \frac{QP}{2}$$

【例3-11】某企业每年耗用甲材料 14 400 千克，该材料的单位采购价格为 10 元，每千克材料年储存成本平均为 2 元，平均每次进货费用为 400 元。试作出经济批量决策。

依条件：A=14 400 千克，B=400 元/次，C=2 元/千克，P=10 元/千克，则：

$$Q = \sqrt{\frac{2AB}{C}} = \sqrt{\frac{2 \times 14400 \times 400}{2}} = 2\,400（千克）$$

$$T = \sqrt{2ABC} = \sqrt{2 \times 14400 \times 400 \times 2} = 4\,800（元）$$

$$N = \frac{A}{Q} = 14\,400 \div 2\,400 = 6（次）$$

$$W = \frac{QP}{2} = 2\,400 \times 10 \div 2 = 12\,000（元）$$

可见，该材料的最佳经济批量为 2 400 千克。

以上经济批量决策是在许多假设的前提下作出的，通常称为基本经济批量决策。但是，在实践中，常常不能满足以上全部假设条件，从而需要对上述决策方法进行修正，下面考虑放松部分假设条件情况下的经济批量决策问题。

（二）存在商业折扣情况下的采购决策

在市场经济条件下，为了鼓励客户多购买自己的产品，销售方常常以提供商业折扣的方式吸引购买方。此时，购买方在进行存货采购的经济批量决策时，除了要考虑进货费用和储存成本外，还必须考虑采购数量对采购价格的影响。这时的经济批量决策程序是首先确定无数量折扣情况下的基本经济批量及其总成本，然后考虑享受商业折扣情况下的最低批量的采购总成本，最后比较这两种情况下的总成本并选择较低的采购方案。

【例3-12】假设在【例3-11】中，一次订购甲材料超过2 880千克，则可以获得2%的商业折扣，此时应如何作出采购决策？

（1）按经济批量采购时的总成本：

总成本（一次采购2 400千克）=年需要量×单价+经济批量的存货变动总成本

$$=14\ 400×10+4\ 800=148\ 800（元）$$

（2）按享受商业折扣的最低批量采购时的总成本：

总成本（一次采购2 880千克）=年需要量×单价+年储存成本+年采购费用

$$=14\ 400×10×（1-2\%）+2×2\ 880÷2+400×14\ 400÷2\ 880$$

$$=146\ 000（元）$$

经比较可知，应享受商业折扣，即应一次采购2 880千克，这样可以节约2 800元（148 800-146 000）的采购总成本。

（三）采购需要时间情况下的采购决策

在存货基本经济批量决策中假设采购不需要时间，这在实际中是很难做到的，因此，必须提前进行采购。在企业尚有存货的情况下，提前进行采购，此时的库存量称为订货点。它等于采购需用时间与每日平均需用量的乘积。在这种情况下，存货的经济批量并没有发生变化，只是采购时间需要提前。

【例3-13】某企业每日需用甲材料100千克，采购该材料需要时间为10天，则该材料的订货点为1 000千克（100×10），即当该材料尚有1 000千克时就应当组织采购，等到下批采购的甲材料到达时，原有库存刚好用完。

【随堂测】请从下列备选答案中选择正确答案：

在存货经济进货批量基本模型中，导致经济订货量增加的因素有（　　　　）。

A.存货年需要量增加　　　　　　　　B.每次订货的变动成本增加

C.存货变动储存成本增加　　　　　　D.缺货的可能性增加

四、存货储存期管理

为了加快存货的流转，企业应该尽量缩短存货的储存期，尤其是应该缩短产品或商品的储存期。这是因为，储存存货会占用资金和增加仓储管理费，而且在市场变化很快的情况下，储存期过长有可能导致企业的产品或商品滞销而给企业带来巨大的损失。因此，尽力缩短存货储存期，加速存货周转，是提高企业经济效益、降低企业经营风险的重要手段。

企业储存存货而发生的费用，按照其与储存时间的关系可以分为固定储存费用与变动储存费用两类。前者与存货储存期的长短无直接关系，后者则与存货储存期的长短有密切关系，如存货资金占用费、存货储存管理费等。它们与利润存在以下关系：

利润=毛利-税金及附加-固定储存费-变动储存费

　　=毛利-税金及附加-固定储存费-每日变动储存费×储存期

由上式可得:

$$存货保本储存期 = \frac{毛利 - 税金及附加 - 固定储存费}{每日变动储存费}$$

$$存货保利储存期 = \frac{毛利 - 税金及附加 - 固定储存费 - 目标利润}{每日变动储存费}$$

对存货储存期进行管理,可以及时为经营决策者提供存货的储存状态信息,以便决策者对不同的存货采取相应的措施。一般来说,凡是已过保本期的产品或商品大多属于积压滞销的存货,企业应该采取降价促销的办法,尽快将其推销出去;对超过保利期但未过保本期的存货,应当分析原因,找出对策,力争在保本期内将其销售出去;对于尚未超过保利期的存货,企业应当密切监督,防止发生过期损失。企业每隔一段时间应对各类产品的销售状况作出总结,调整企业未来的产品结构,提高存货的周转速度和投资效益。

【例 3-14】某商品流通企业购进甲商品 3 000 件,单位进价(不含增值税)50 元,单位售价 70 元(不含增值税),经销该商品的固定费用为 30 000 元,税金及附加为 2 000 元,每日变动储存费为 200 元,则:

(1)该批存货的保本储存期=〔(70-50)×3 000-2 000-30 000〕÷200=140(天)

(2)若该企业欲获得 20 000 元的利润,则:

该批存货的保利储存期=〔(70-50)×3 000-2 000-30 000-20 000〕÷200=40(天)

(3)若该存货实际储存期为 60 天,则:

实际获利额=20 000-200×20=16 000(元)

五、存货 ABC 分类管理

19 世纪意大利经济学家巴雷特首创了 ABC 控制法,存货的 ABC 分类管理就是这种方法在存货管理中的具体应用。一般来说,企业的存货品种繁多,数量巨大,尤其是大中型生产企业的存货更是成千上万,如何对这些存货加强管理是财务管理工作的重要课题。

存货 ABC 分类管理就是将存货按照一定的标准分成 A、B、C 三类,然后,按照各类存货的重要程度分别采取不同的方法进行管理。这样,企业就可以分清主次,突出管理重点,提高存货管理的整体效率。存货的划分标准主要有两个:一是存货的金额,二是存货的品种数量,以存货的金额为主。A 类存货标准是:存货金额很大,存货的品种数量很少。B 类存货标准是:存货金额较大,存货的品种数量较多。C 类存货标准是:存货金额较小,存货的品种数量繁多。

每个企业的生产特点不同,从而每个企业存货的具体划分标准各不相同,但是,一般来说,存货的划分标准大体如下:A 类存货金额占整个存货金额的 60%~80%,品种数量占整个存货品种数量的 5%~20%;B 类存货金额占整个存货金额的 15%~30%,品种数量占整个存货品种数量的 20%~30%;C 类存货金额占整个存货金额的 5%~15%,品种数量占整个存货品种数量的 60%~70%。

将存货划分成 A、B、C 类后,再采取不同的管理方法。A 类存货应进行重点管理,经常检查这类存货的库存情况,严格控制该类存货的支出。由于该类存货的品种数量很少,而占用企业资金很多,所以,企业应对其按照每一个品种分别进行管理。B 类存货的金额相对较小,数量也较多,可以通过划分类别的方式进行管理,或者按照其在生产中的重要程度和采购难易程度分别采用 A 类或 C 类存货的管理方法。C 类存货占用的金额比重很小，品种数量又很多，可以只对其进行总量控制和管理。

存货的ABC分类方法及步骤如下：第一，计算每一种存货在一定时期内的资金占用额；第二，计算每一种存货资金占用额占全部资金占用额的百分比，并按大小顺序排列，编成表格；第三，根据事先确定的标准，将存货分成A、B、C三类，并画图（或表）表示。

【例3-15】某企业共有20种原材料，共占用资金100 000元，按占用资金多少顺序排列后，根据上述原则划分成A、B、C三类，具体情况见表3-9。

表3-9　　　　　　　　　　　　　　存货资金占用表

材料品种（编号）	占用资金数额（元）	类别	各类存货所占的		各类存货占用资金	
			种数（种）	比重（%）	数额（元）	比重（%）
1	50 000	A	2	10	75 000	75
2	25 000					
3	10 000	B	5	25	20 000	20
4	5 000					
5	2 500					
6	1 500					
7	1 000					
8	900	C	13	65	5 000	5
9	800					
10	700					
11	600					
12	500					
13	400					
14	300					
15	200					
16	190					
17	180					
18	170					
19	50					
20	10					
合　计	100 000		20	100	100 000	100

案例3-1

家乐福存货管理的四个阶段

大型流通零售企业在近年的发展中都形成了很好的物流经验，特别是家乐福等国际零售企业在发展中形成了良好的存货控制、仓储管理系统。其存货管理分为需求估算、购料订货、仓储作业以及账务管理四个阶段。

一、需求估算阶段

第一个环节是计划（plan）。预先周全的计划，可以防止各种可能的缺失，使人力、设备、资金、时机等各项资源得到充分有效的运用，还可以规避各类可能的大风险。制订一个良好的库存计划可以减少公司不良库存的产生，又能最大效率地保证生产的顺利进行。在库存商品的管理模式上，家乐福实行品类管理（category management），优化商品结构。一个商品进入之后，会有POS机实时收集库存、销售等数据进行统一的汇总和分析，根据汇总分析的结果对库存的商品进行分类。然后，根据不同的商品分类拟定相应的库存计划模式，对于各类型的不同商品，根据分类制定不同的订货公式的参数。根据安全库存量的方法，当可得到的仓库存储水平下降到确定的安全库存量或以下的时候，该系统就会启动自动订货程序。

二、购料订货阶段

第二个环节是实施（do）。在选用合理的存货管理模式后，就根据需求估算的结果来实施订货，以确保购入的货物能够按时、按量地到达，保证以后生产或销售的顺利进行。家乐福有一个特有的部门 OP（order pool），也就是订货部门，是整个家乐福的物流系统核心，控制着整个企业的物流运转。在家乐福，采购与订货是分开的。由专门的采购部门选择供应商，议定合约和订购价格。OP 部门则负责对仓库库存量的控制；生成正常订单与临时订单，保证所有的订单发送给供应商；同时进行库存异动的分析。作为一个核心控制部门，它的控制动作将它的资料联系到其他各个部门。对于仓储部门，它控制实际的和系统中所显示的库存量，并控制存货的异动情况；对于财务部门，它提供相关的入账资料和信息；对于各个营业部门，它提供存量信息给各个部门，提醒各部门根据销售情况及时更改订货参数，或增加临时订货量。

三、仓储作业阶段

第三个环节是仓储（store）。家乐福将仓库、财务、OP、营业部门的功能和供应商的数据整合在一起，从统一的视角来考虑订货、收货、销售过程中的各种影响因素，使仓储作业的管理形成一个严密的有机体。仓库在每日的收货、发货之外会根据每日存货异动的资料，将存量资料的数据传输给 OP 部门，OP 部门则根据累计和新传输的资料生成各类分析报表。同时，家乐福已逐步将周期盘点（cycle count）代替传统一年两次的实地盘点。在实行了周期盘点后，家乐福发现，其最大的功效是节省了一定的人力、物力、财力，没有必要在两次实地盘点的时候兴师动众了；同时，盘点的效率得到了提高。

四、账务管理阶段

账务管理是物料管理循环的最后一个环节，但同时也是下一个循环的开始，包含两部分的内容：一部分是仓储管理人员的收发料账；另一部分则是财务部门的材料账。账务管理最主要的目标是保证料、账准确，真实反映库存物料的情况。家乐福的做法是从整体的角度出发，考虑仓库、财务、采购各个部门的职责和功能，减少不必要的流程，最大限度地提高效率和减少工作周期。在家乐福，账务管理的基本结构包括三个部分：一是库存管制，由仓管制定；二是异动管理，由 OP 部门负责入库、出库、物料增减情况的记录；三是库存资讯，包括库存量查询在内，OP 部门提供有关管理需求的账面报表，财务提供有关财务需求的报表。

请问：如何提高企业的存货管理水平已经成为企业管理的重要内容。家乐福的存货管理有何特点？

【分析提示】

家乐福是大型国际零售企业，在近年的发展中形成了良好的存货控制经验。该类企业存货众多，与制造业存货管理有很大的不同。

资料来源　佚名. 家乐福存货管理案例［EB/OL］.［2010-06-29］. http://www.360doc.com/content/11/0806/10/1484668_138427540.shtml.

本章小结

1.营运资金是企业进行生产经营活动的必备条件，它具有周转速度快、变现能力强、占用形态经常变动等特点，由于其获利能力较弱，应保持在一个合理的水平，使企业营运资金的占用既能满足生产经营活动的需要，又不致造成资金积压、降低盈利水平。

2.现金是非营利性的资产，合理确定现金最佳持有量通常可采用成本分析模式、现金周转模式、存货模式和因素分析模式。

3.应收账款管理的核心是制定适当的信用政策，信用政策一般由信用标准、信用条件和收账政策三部分组成。制定合理的信用政策是加强应收账款管理、提高应收账款投资效益的重要前提。

4.存货在流动资产中所占比重较大。存货管理水平的高低，直接影响企业生产经营活动能否顺利开展，同时也影响企业收益水平和经营风险的高低。因此，必须对存货资金需要量进行科学预测，通常可采用周转期计算法、因素分析法和比例计算法进行预测。

5.存货资金管理的关键问题是确定使存货总成本最低的采购数量和订货时间。经济批量决策就是在权衡采购数量与成本费用之间相互关系的基础上，确定存货采购的最佳批量。

概念回顾

营运资金　最佳现金持有量　信用政策　应收账款机会成本　收账政策　存货经济批量

课堂讨论题

1.我国企业应收账款管理现状如何？其存在的问题有哪些？

2.零存货的意义有哪些？企业如何实现零存货？

复习思考题

1.简述营运资金的概念及特点。

2.如何实行现金的日常控制？

3.如何进行应收账款的日常管理？

第四章

项目投资管理

内容提要

本章主要介绍项目投资管理有关的基本概念、特点、决策程序；项目投资现金流量的内容及估算方法；各种项目投资决策财务评价指标的计算方法及其优缺点；项目投资决策的基本方法。

第一节　项目投资管理概述

一、项目投资的概念

项目投资是对特定项目所进行的一种长期投资行为。对工业企业来讲，主要有以新增生产能力为目的的新建项目投资和以恢复或改善原有生产能力为目的的更新改造项目投资两大类。

完整的项目投资管理包括投资项目的论证、决策和实施等全过程的一系列管理，但本章将重点阐述项目投资决策过程的管理，其中又以投资项目的财务评价为主。

二、项目投资计算期

项目投资计算期是指投资项目从投资建设开始到最终清理结束整个过程所需要的时间，一般以年为计量单位。由于项目投资的规模往往较大，需要较长的建设时间，所以，常常将投资项目的整个时间分为建设期和生产经营期。其中建设期（记作 s，s≥0）的第一年年初称为建设起点，建设期的最后一年年末称为投产日；生产经营期（记作 p，p>0）是指从投产日到清理结束日之间的时间间隔。显然，如果用 n 表示项目投资计算期，则有：n=s+p。项目投资计算期对评价结果将产生重大影响，所以，必须力求准确。

三、项目投资资金的确定及投入方式

原始总投资是反映项目所需现实资金的价值指标。从项目投资的角度看，原始总投资等于企业为使投资项目完全达到设计生产能力而投入的全部现实资金。

投资总额是反映项目投资总体规模的价值指标，它等于原始总投资与建设期资本化利息之和。其中，建设期资本化利息是指在建设期应计入投资项目价值的有关的借款利息。

项目投资的资金投入方式可分为一次投入和分次投入两种方式。一次投入方式是指投资行为集中一次发生或资金集中在某一个时点上投入。如果投资行为涉及两个或两个以上的时点，则属于分次投入方式。当建设期为零时，则一般为一次投入方式。

四、项目投资的特点

相对营运资金投资而言，项目投资具有以下特点：

第一，投资规模较大，投资回收时间较长。项目投资，尤其是其中的新建项目投资的规模往往较大，因而投资的回收时间少则几年，多则几十年，所以是一种长期投资行为。

第二，投资风险较大。项目投资的风险较大，一方面是由于项目投资的规模大、时间长，另一方面是由于项目投资中的固定资产具有"专用性"，一旦市场发生没有意料到的变化，往往会给企业带来较大的损失。

第三，项目投资的次数较少。营运资金的投资是经常性的，而项目投资由于具有以上特点，往往不宜过于频繁，企业必须量力而行。

第四，项目投资决策必须严格遵守相应的投资程序。对企业来说，项目投资是十分重要的，有时甚至关系到企业的生死存亡，所以必须十分慎重，严格遵守投资各个环节的程序。

> 议一议　同学们，从宏观上看，投资对拉动经济和稳增长有什么作用？企业通常有哪些重要的投资活动？企业项目投资要解决的关键问题有哪些呢？

五、项目投资的决策程序

由于项目投资的投资规模较大、风险较大、回收时间较长，对企业的未来发展的影响也较大，所以必须遵循一定的决策程序。项目投资的决策程序一般包括以下几个步骤：

（一）投资项目的提出

一般而言，新增生产能力的投资项目由企业的高层管理者提出，而更新改造的投资项目可以由企业中层或基层管理者提出。

> 议一议　同学们，在评价项目投资是否可行时，既要考虑资金的时间价值，又要考虑项目的投资风险。那么，在利用项目投资评价方法进行评价时，应如何考虑投资项目的风险呢？

（二）投资项目的可行性分析

当投资项目提出以后，就必须从多个方面进行可行性分析，写出投资项目可行性分析报告。投资项目的可行性分析一般应包括以下几个方面：

第一，国民经济可行性分析，即从整个国民经济的现状及发展的角度，宏观地分析该项目是否可行，是否有发展前景，其中尤其应该考虑到是否满足环保的要求。

第二，财务可行性分析，即从经济效益的角度，分析该项目是否能够盈利。

第三，技术可行性分析，即从技术的角度，分析本企业的技术水平能否达到该项目的要求。

（三）投资项目的决策

在写出投资项目可行性分析报告的基础上，企业应作出最后的决策。对于投资额特别大的项目应由董事会或股东会等相关机构投票表决，对于投资额较小的项目，则可以由企业的经理层作出决策。

（四）投资项目的实施与控制

在投资项目的实施过程中，必须加强对建设进度、建设质量、建设成本等方面的管理，使投资项目保质保量地完成。但是，在投资项目的实施过程中，如果发现国家政策、市场环境、企业内部环境等方面发生了某些重大的变化，使原来可行的投资项目变得不可行，则必须尽早果断停止投资项目的建设，或采取其他补救措施，力求减少损失。

　理财与思政

中国的五年计划

　　五年计划是苏联经济建设的经验，这一经验对中国产生了明显影响。中国"一五"计划即第一个五年计划（1953—1957），是在党中央的直接领导下，由周恩来、陈云同志主持制订的。该计划于1955年7月经全国人大一届二次会议审议通过，为我国的工业化奠定了初步基础，也是实行由农业国向工业国转变的重要开端。

　　1. "一五"计划的编制

　　1951年2月，中央召开政治局扩大会议，毛泽东提出"三年准备、十年计划经济建设"思想。中央财经委员会根据这个思想，着手试编第一个五年计划，形成了第一稿。1952年7月形成的第二稿成为向苏联提出援助要求的基本依据。1953年初，中央财经委员会对五年计划进行了第三次编制。同年6月，改由国家计划委员会进行第四次编制。1954年2月，中央政治局扩大会议决定成立以陈云为主持人的八人工作小组，对"一五"计划纲要草案进行第五次编制。1955年3月31日，中国共产党全国代表会议原则通过了五年计划草案。1955年7月30日，第一届全国人民代表大会第二次会议正式审议并通过了中共中央主持拟定的《中华人民共和国发展国民经济的第一个五年计划（1953—1957）》。

　　2. "一五"计划的重点

　　1953年，中国共产党正式提出逐步实现国家的社会主义工业化，逐步实现国家对农业、手工业和资本主义工商业的社会主义改造的过渡时期总路线。在美帝国主义的战争威胁、西方资本主义国家的经济封锁和禁运的背景下，独立自主地推进社会主义工业化对重工业具有优先需求，中共中央于是确定了优先发展重工业的战略决策。

　　建设重工业不仅资金需要量大，建设周期长，而且产品不能直接满足人民的消费需求。这一客观现实要求在工业化起步阶段，全体人民不得不节衣缩食，艰苦奋斗。

　　"一五"时期苏联的援助对我国工业建设的推进具有重要作用。"一五"时期苏联援助建设了156项重点工程，其中包括鞍山钢铁公司、武汉钢铁公司、北京电子管厂、华北制药厂、长江大桥、三门峡水利枢纽工程等。这些项目的建设，构成20世纪50年代中国工业建设的核心和骨干，影响至今。

　　到1957年底，第一个五年计划的各项指标大幅度地超额完成，形成中国近代以来引进规模最大、效果最好、作用最大的工业化浪潮。重工业主要产品的产量大幅度增长，为我国建立独立的比较完整的工业体系和实现国民经济的技术改造奠定了初步基础。第一个五年计划对中国经济发展发挥了决定性的加速作用。

　　3. 从"一五"计划到"十四五"规划

　　我国从1953年开始实行第一个五年计划，现在是第十四个五年规划时期。1981年开始的"六五"计划，由"国民经济五年计划"变成"国民经济和社会发展五年计划"，首次将社会发展纳入其中；2006年开始的"十一五"，"计划"改为"规划"，反映了从计划经济到发展和完善社会主义市场经济的深刻转变。

微课

现金流的
构成和计算

从"一五"计划为我国工业化奠定初步基础，到"十一五"建立起门类齐全的工业体系；从中华人民共和国刚成立时的人均GDP23美元，到"七五"计划后基本解决了温饱问题；从"九五"末期人民生活总体达到小康，到"十三五"时期全面建成小康社会。2021年3月11日，十三届全国人大四次会议表决通过了《关于国民经济和社会发展第十四个五年规划和2035年远景目标纲要的决议》，开启了全面建设社会主义现代化国家的新征程。以"五年规划"为代表的目标治理集中体现了中国体制优势，也是中国共产党治国理政的重要经验之一。

资料来源　程熙. 中国为何要制订"一五"计划？［N］. 澎湃新闻，2019-09-19.

讨论：

1.五年计划在我国经济建设和社会发展中有哪些重要作用和意义？

2.我国《关于国民经济和社会发展第十四个五年规划和2035年远景目标纲要的决议》中提出的2035年远景目标和"十四五"时期经济社会发展主要目标是什么？

第二节　项目投资的现金流量及其估算

一、现金流量的概念

在项目投资决策中，现金流量是指该项目投资所引起的现金流入量和现金流出量的统称，它可以动态反映该投资项目的投入和产出的相对关系。这时的"现金"是一个广义的现金概念，它不仅包括各种货币资金，而且还包括项目投资所需投入的企业所拥有的非货币资源的变现价值。

现金流量是计算项目投资决策评价指标的主要依据和重要信息，其本身也是评价项目投资是否可行的一个基础性指标。为方便项目投资现金流量的确定，首先作出以下假设：

➤财务可行性分析假设，即假设项目投资决策从企业投资者的立场出发，只考虑该项目是否具有财务可行性，而不考虑该项目是否具有国民经济可行性和技术可行性。

➤全投资假设，即假设在确定投资项目的现金流量时，只考虑全部投资的运动情况，而不具体考虑和区分哪些是自有资金，哪些是借入资金，即使是借入资金也将其视为自有资金处理。

➤建设期间投入全部资金假设，即假设项目投资的资金都是在建设期投入的，在生产经营期没有投资。

➤经营期和折旧年限一致假设，即假设项目的主要固定资产的折旧年限或使用年限与经营期相同。

➤时点指标假设。为了便于利用资金时间价值的形式，将项目投资决策所涉及的价值指标都作为时点指标处理。其中，建设投资在建设期内有关年度的年初或年末发生；流动资金投资则在建设期期末发生；经营期内各年的收入、成本、摊销、利润、税金等项目的确认均在年末发生；新建项目最终报废或清理所产生的现金流量均发生在终结点。

二、现金流量的构成

在进行项目投资决策分析时，通常用现金流出量、现金流入量和现金净流量来反映项目投资的现金流量。现金流出量是指由于项目投资而引起的企业现金支出的增加额；现金流入量是指由于项目投资而引起的企业现金收入的增加额；现金净流量（net cash flow，NCF）则是一定时期内现金流入量减去现金流出量的差额。在确定现金流量时可以根据项目投资资金的不同来源分别进行确定。

（一）投入资金为自有资金时

1.建设期现金流量

建设期现金流量，即企业在建设期所发生的现金流入量和现金流出量。其一般包括：（1）土地使用费支出，主要指因投资项目占用土地而支出的土地使用费。（2）固定资产方面的投资，包括固定资产的购入或建造成本、运输成本和安装成本等。（3）流动资产方面的投资，包括投入的现金、材料等。（4）其他方面的投资，包括与固定资产投资有关的职工培训费、注册费等。（5）原有固定资产的变价收入，这主要在更新改造投资项目时考虑。

建设期现金流量除原有固定资产的变价收入为现金流入量外，其他部分均为现金流出量。

2.营业期现金流量

营业期现金流量（或营业现金流量），即项目投产后，企业在生产经营期间所发生的现金流入量和现金流出量。营业现金流量一般按年度进行计算。营业现金流入量主要是由因生产经营而使企业增加的营业收入和该年回收额构成。营业现金流出量则主要由付现成本和所得税构成。所谓的付现成本是指每年需要实际支付现金的销售成本。销售成本中不需要每年实际支付现金的某些成本（如折旧费用、摊销费用等）则属于非付现成本。经营期现金净流量通常可以表示为：

现金净流量（NCF）=销售收入−付现成本−所得税+该年回收额

=销售收入−（销售成本−非付现成本）−所得税+该年回收额

=营业利润−所得税+非付现成本+该年回收额

=净利润+非付现成本+该年回收额

显然，上述净利润与财务会计中的净利润的计算口径不一致，而非付现成本主要包括该年折旧额和该年摊销额。该年回收额主要包括以下三个方面：❶固定资产残值收入或变价收入；❷原来垫支在各种流动资产上的资金收回；❸停止使用的土地变价收入等。

（二）投入资金为借入资金时

实际上，根据全投资假设，在进行项目投资决策时，一般不需要考虑投入资金的来源，所以当投入资金为借入资金时的现金净流量的确定方法与投入资金为自有资金时基本上是一样的。但由于现行的财务会计规则中，有些规定对项目投资的现金净流量产生了某些影响，所以应该加以特别注意，主要有以下两个方面：

第一，由于规定建设期发生的与购建项目相关的固定资产、无形资产等长期资产的相关利息支出可以资本化，所以在确定固定资产、无形资产等长期资产的原值时，必须考虑资本化利息。

第二，由于规定经营期间的借款利息支出可以在税前列支，从而减少了企业的利润，但根据全投资假设，在进行投资决策时，不应该考虑借款利息，所以在确定现金净流量时，必须加上该年的利息支出。此时，经营期现金净流量可以用下式表达：

现金净流量（NCF）=销售收入−付现成本−所得税+该年回收额+该年利息费用

=该年净利润+该年折旧额+该年摊销额+该年回收额+该年利息费用

三、现金流量的计算

现金流量的计算可以根据现金流量的构成进行，现举例如下：

【例4-1】A公司准备投资一新项目，该项目需要投资固定资产10万元，使用寿命5年，采用直线法计提折旧，期满有残值0.5万元。另外，需投资2万元用于员工培训，在建设期期初发生，其他不计。该项目建设期为1年，投产后每年可实现销售收入12万元，每年付现成本8万元。假定所得税税率为25%，试计算该项目的现金流量。

（1）该项目每年的折旧额=（10-0.5）÷5=1.9（万元）

（2）该项目的营业现金净流量可用表4-1计算。

表4-1　　　　　　　　　　　营业现金净流量计算表　　　　　　　　单位：万元

项目 ＼ 年度	1	2	3	4	5
销售收入	12	12	12	12	12
付现成本	8	8	8	8	8
折旧	1.9	1.9	1.9	1.9	1.9
税前净利润	2.1	2.1	2.1	2.1	2.1
所得税	0.53	0.53	0.53	0.53	0.53
净利润	1.57	1.57	1.57	1.57	1.57
营业现金净流量	3.47	3.47	3.47	3.47	3.47

（3）该投资项目现金净流量可用表4-2计算。

表4-2　　　　　　　　　　　投资项目现金净流量计算表　　　　　　　单位：万元

项目 ＼ 年度	建设期		经营期				
	0	1	2	3	4	5	6
固定资产投入	-10	0	0	0	0	0	0
员工培训费	-2	0	0	0	0	0	0
营业期现金流量	0	0	3.47	3.47	3.47	3.47	3.47
固定资产残值	0	0	0	0	0	0	0.5
NCF_i	-12	0	3.47	3.47	3.47	3.47	3.97

【随堂测】某投资项目原始投资额为100万元，使用寿命10年，已知该项目第10年的经营净现金流量为5万元，期满处置固定资产残值收入及回收流动资金共8万元。

请确定该投资项目第10年的净现金流量。

第三节　　　项目投资决策的基本方法

一、项目投资决策评价的主要指标及分类

（一）项目投资决策的评价指标

企业进行项目投资决策，必须在事前运用科学的方法进行分析预测，其中对现金流量的分析至关重要。当项目的现金净流量已经确定之后，就可以采取一定的方法进行评价。项目投资决策评价的指标主要有投资利润

微课

项目投资决策的
基本方法

率、静态投资回收期、动态投资回收期（又称贴现投资回收期）、净现值、净现值率、现值指数、内含报酬率等。

（二）项目投资决策评价指标的分类

1.按是否考虑资金时间价值分类

评价指标按其是否考虑资金时间价值，可分为非贴现评价指标和贴现评价指标两大类。非贴现评价指标是指在计算过程中不考虑资金时间价值因素的指标，又称为静态指标，包括投资利润率和静态投资回收期等。与非贴现评价指标相反，贴现评价指标在计算过程中充分考虑和利用资金时间价值，因此贴现评价指标又称为动态指标，包括动态投资回收期、净现值、净现值率、现值指数和内含报酬率等。

2.按指标性质不同分类

评价指标按其性质不同，可分为在一定范围内越大越好的正指标和越小越好的反指标两大类。投资利润率、净现值、净现值率、现值指数和内含报酬率属于正指标；静态投资回收期、动态投资回收期属于反指标。

3.按指标数量特征分类

评价指标按其数量特征不同，可分为绝对量指标和相对量指标。前者包括以时间为计量单位的静态投资回收期、动态投资回收期和以价值量为计量单位的净现值等指标；后者包括净现值率、现值指数、内含报酬率等指标，除现值指数以指数形式表现外，其余指标为百分比指标。

4.按指标重要性分类

评价指标按其在决策中所处的地位，可分为主要指标、次要指标和辅助指标。净现值、内含报酬率等为主要指标；静态投资回收期等为次要指标；投资利润率等为辅助指标。

5.按指标计算的难易程度分类

评价指标按其计算的难易程度，可分为简单指标和复杂指标。投资利润率、静态投资回收期、动态投资回收期、净现值、净现值率和现值指数等为简单指标；内含报酬率为复杂指标。

二、非贴现投资评价方法

（一）静态投资回收期法

静态投资回收期是指在不考虑资金时间价值的情况下，收回全部投资额所需要的时间。该指标一般以年为单位，包括两种情况：第一，含建设期的投资回收期（以下以 P 表示）；第二，不含建设期的投资回收期（以下以 P_s 表示）。显然有：$P=P_s+S$，其中 S 为建设期。通常只需要计算出其中一种投资回收期即可，下面以包含建设期的计算为例。在计算 P 的过程中有以下几种情况：

➤如果有：

$$\sum_{t=0}^{P_0} NCF_t = 0 \text{（其中，P 为整数）}$$

则表明刚好在第 P 年收回投资，即含建设期的投资回收期为 P。

➤由于在通常情况下，P 可能不是一个整数，则可以找到一个整数 P_0，使得：

$$\sum_{t=0}^{P_0} NCF_t < 0, \quad \sum_{t=0}^{P_0+1} NCF_t > 0$$

则该项目包含建设期的投资回收期为：

$$P = P_0 + \frac{\left|\sum_{t=0}^{P_0} NCF_t\right|}{NCF_{(P_0+1)}}$$ 　　　　　　　[公式4-1]

➤如果某投资项目满足以下条件：投资集中发生在建设期内，投产后若干年（假设为 n 年）每年的经营现金净流量相等，都为 NCF，并且有：n×NCF≥原始总投资，则：

不含建设期的投资回收期 = $\dfrac{原始投资额}{NCF}$ 　　　　　　　[公式4-2]

【例4-2】某项目的现金净流量见表4-3。

表4-3　　　　　　　　　　　**某项目现金净流量表**　　　　　　　　单位：万元

年度	0	1	2	3	4	5
NCF_i	−100	20	30	40	50	40

试计算该项目的静态投资回收期。

首先，计算出该项目的累计现金净流量，见表4-4。

表4-4　　　　　　　　　　　**某项目累计现金净流量**　　　　　　　单位：万元

年度	0	1	2	3	4	5
$\sum NCF_i$	−100	−80	−50	−10	40	80

从累计现金净流量可知，该项目的投资回收期满足：3≤P_s≤4，根据［公式4-1］有：

P_s=3+10÷50=3.2（年）

【例4-3】已知某公司投资项目的建设期为零，其现金流量见表4-5。

表4-5　　　　　　　　　　　**某项目现金流量表**　　　　　　　　单位：万元

年度	0	1	2	3	4	5
NCF_i	−200	60	60	60	60	80

试计算该项目的静态投资回收期。

从该公司现金净流量可知，该项目前4年的经营现金净流量相等，并且有：60×4>200，所以可以采用［公式4-2］计算静态投资回收期：

该投资项目的静态投资回收期=200÷60=3.33（年）

在使用投资回收期进行项目投资评价时，首先计算出该项目的投资回收期，然后与标准回收期进行比较。标准回收期是国家根据各行业、各部门具体情况规定的回收定额。如：机械产品的标准回收期为7年，机床工具为4~6年，汽车为5年，电器设备为4年。企业也可以根据实际情况自己制定相应投资项目的标准回收期。如果备选项目的投资回收期大于标准回收期，则不宜采纳。在进行互斥性投资方案评价时，在满足前面可行性的情况下，应选择投资回收期较短的投资项目。

静态投资回收期法的优点有：第一，计算简便，选择标准直观，易于理解；第二，将对现金净流量的预测重点放在"近期"，有利于控制投资风险。项目投资决策分析的主要依据——现金净流量是预测出来的，而预测的准确性随时间的延长而快速降低。一般来说，5年以上预测的准确性就会很差。随着现代社会经济发展速度的日益加快，预测的有效期将进一步缩短。

静态投资回收期法的缺点是：第一，没有考虑资金的时间价值。这种缺陷可以用贴现投资回收期法弥补。第二，没有考虑回收期满后的现金流量的状况，可能导致决策者优先考虑短期即可获利的投资项目。

（二）投资利润率法

投资利润率又称投资报酬率（ROI），是指投资项目达产期间的平均净利润与投资项目的投资额之间的比率，一般以百分比表示，其公式为：

$$ROI=\frac{\overline{P}}{I}\times100\%$$

式中：$\overline{P}$表示年平均净利润；I表示投资总额。

投资利润率是一个非贴现的正指标。采用投资利润率法评价投资项目可行性的判断标准是：如果投资项目的投资利润率高于企业要求的最低收益率，则该投资项目可行；如果投资项目的投资利润率低于企业要求的最低收益率，则该项目不可行。在多个投资项目的互斥性决策中，项目的投资利润率越高，说明该投资项目的投资效果越好，应该选择投资利润率高的投资项目。

投资利润率法与静态投资回收期法一样具有简明、易于计算的优点，同时又克服了静态投资回收期法在投资期没有考虑全部现金净流量的缺点。但其缺点是没有考虑资金时间价值，也不能反映投资项目的可能风险。

【例4-4】某公司拟建一条生产线，有A、B两个投资方案，基本情况见表4-6。企业要求的最低收益率为6%，该公司应该选择哪个方案？

表4-6　　　　　　　　　　　**A、B投资方案资料表**　　　　　　　　　　　单位：万元

年份	A方案		B方案	
	投资额	净利润	投资额	净利润
1	50	2.5	100	8
2		5		12
3		7.5		9
4		10		7

根据以上资料：

A方案年平均净利润=（2.5+5+7.5+10）÷4=6.25（万元）

B方案年平均净利润=（8+12+9+7）÷4=9（万元）

A方案的投资利润率=6.25÷50×100%=12.5%

B方案的投资利润率=9÷100×100%=9%

通过计算可知，A、B两方案的投资利润率都大于6%，其中A方案的投资利润率大于B方案的投资利润率。如果该企业采用投资利润率法进行决策，则应该选择A方案。

三、贴现投资评价方法

（一）贴现投资回收期法

这是一种以贴现的现金净流量计算投资回收期的方法，即首先将各年的现金净流量进行贴现，得到贴现现金流量，然后采取前述投资回收期的计算方法计算该项目的贴现投资回收期。贴现投资回收期除了考虑了资金时间价值外，其他的优点与缺点以及判断标准与静态投资回收期相差无几。

【例4-5】根据【例4-2】有关资料，假设贴现率为10%，可计算该项目的贴现现金流量，见表4-7。

表4-7　　　　　　　　　　　**贴现现金流量计算表**　　　　　　　　　　单位：万元

年份	投资额	复利现值系数	贴现现金流量	累计贴现现金流量
0	-100	1.0000	-100	-100
1	20	0.9091	18.18	-81.82
2	30	0.8264	24.79	-57.03
3	40	0.7513	30.05	-26.98
4	50	0.6830	34.15	7.17
5	40	0.6209	24.84	32.01

根据投资回收期的计算公式有：

贴现投资回收期=3+26.98÷34.15=3.79（年）

（二）净现值法

净现值（net present value，NPV）是指在项目计算期内，按行业基准收益率或企业设定的贴现率计算的投资项目未来各年现金净流量的现值代数和。其计算公式为：

$$NPV = \sum_{t=0}^{n} \frac{NCF_t}{(1+i)^t}$$　　（其中，i为贴现率）

净现值的计算一般包括以下步骤：

第一，计算出各期的现金净流量。

第二，按行业基准收益率或企业设定的贴现率，将投资项目各期所对应的复利现值系数通过查表确定下来。

第三，将各期现金净流量与其对应的复利现值系数相乘计算出现值。

第四，最后加总各期现金净流量的现值，即得到该投资项目的净现值。

净现值是贴现的绝对值正指标，采用净现值法评价投资项目的判断标准如下：

第一，作单项决策时，若NPV≥0，则项目可行；若NPV<0，则项目不可行。

第二，作多项互斥投资决策时，在净现值大于零的投资项目中，选择净现值较大的投资项目。

当经营期各年的现金净流量相等时，可运用年金的方法简化计算NPV，具体可分为以下几种情况：

➤全部投资在建设起点一次性投入，建设期为零，投产后各年的现金净流量均相等，则构成普通年金形式，此时：

微课

项目投资决策方法：
净现值法

净现值=-原始投资额+投产后各年现金净流量×年金现值系数

即：

$NPV=NCF_0+NCF_i×(P/A, i, n)$（i=1, 2, 3, …, n，其中$NCF_i$为经营期第i年的现金净流量）

【例4-6】某企业需投资150万元引进一条生产线，该生产线有效期为5年，采用直线法计提折旧，期满无残值。该生产线当年投产，预计每年可获净利润10万元。如果该项目的行业基准折现率为8%，试计算其净现值并评价该项目的可行性。

原始投资额（NCF_0）=-150万元

每年折旧额=150÷5=30（万元）

则：投产后各年相等的现金净流量（NCF_i）=10+30=40（万元）

从而：

$NPV=-150+40×(P/A, 8\%, 5)=-150+40×3.9927=9.71$（万元）

由于该项目的净现值大于0，所以该项目可行。

➤全部投资在建设起点一次投入，建设期为零，投产后每年的营业现金净流量（NCF_i）相等，但终结点第n年有回收额R_n，此时净现值的计算方法与（1）基本相同，只需将回收额单独计算现值即可，具体计算方法如下：

净现值=-原始投资额+投产后各年现金净流量×年金现值系数+回收额×复利现值系数

或　$NPV=NCF_0+NCF_i×(P/A, i, n)+R_n×(P/F, i, n)$

【例4-7】在【例4-6】中，假设该生产线有期末残值50万元，其他条件不变，则应该如何作出决策？

原始投资额（NCF_0）=-150万元

每年折旧=（150-50）÷5=20（万元）

每年的经营现金净流量（NCF_i）=10+20=30（万元）

期末回收额（R_n）=50万元

从而：

$NPV=-150+30×(P/A, 8\%, 5)+50×(P/F, 8\%, 5)$

$=-150+30×3.9927+50×0.6806=3.81$（万元）

由于该项目的净现值大于0，所以该项目可行。

➤全部投资在建设起点一次投入，建设期为s，投产后每年的营业现金净流量（NCF_i，i=s+1, s+2, …, n）均相等，此时的净现值计算公式为：

$NPV=NCF_0+NCF_i×[(P/A, i, n)-(P/A, i, s)]$

【例4-8】在【例4-6】中，假设建设期为1年，其他条件保持不变，则其净现值可计算如下：

$NPV=-150+40×[(P/A, 8\%, 6)-(P/A, 8\%, 1)]$

$=-150+40×(4.6229-0.9259)=-150+40×3.697=-2.12$（万元）

此时净现值小于0，所以该项目不可行。

➤全部投资在建设期内分次投入，投产后每年营业现金净流量（NCF_i，i=s+1, s+2, …, n）相等，此时净现值的计算公式为：

$NPV=NCF_0+NCF_1×(P/F, i, 1)+…+NCF_s×(P/F, i, s)+NCF_i×[(P/A, i, n)-(P/A, i, s)]$

【例4-9】在【例4-6】中，假设建设期为1年，第1年年初、年末各投资75万元，其他条件保持不变，则其净现值可计算如下：

NPV=−75−75× (P/F，8%，1) +40× [(P/A，8%，6) − (P/A，8%，1)]

　　=−75−75×0.9259+40× (4.6229−0.9259) =3.44 (万元)

净现值法是项目投资评价中常用的方法，其主要优点有：第一，考虑了资金时间价值，增强了投资经济性评价的实用性；第二，系统考虑项目计算期内全部现金流量，体现了流动性与收益性的统一；第三，考虑了投资风险，项目投资风险可以通过提高贴现率加以控制。净现值也存在某些缺点，主要有：第一，净现值是一个绝对数，不能从动态的角度直接反映投资项目的实际收益率，进行互斥性投资决策。当投资额不等时，仅用净现值有时无法确定投资项目的优劣。第二，净现值的计算比较复杂，且较难理解和掌握。第三，净现值的计算需要有较准确的现金净流量的预测，并且要正确选择贴现率，而实际上现金净流量的预测和贴现率的选择都比较困难。

在项目投资评价中，正确选择贴现率非常重要，它直接关系到项目投资的评价结果。如果选择的贴现率过低，则会使本来不应该采纳的投资项目得以通过，这样一方面会浪费有限的资源，另一方面会加大企业的经营风险；如果选择的贴现率过高，则会导致一些经济效益较好的投资项目不能通过，从而一方面会使有限的资源得不到充分的运用，另一方面会使企业失去有利的投资机会。在实务中，一般可以采取以下几种方法确定投资项目的贴现率：第一，以投资项目的资本成本作为贴现率。第二，以投资的机会成本作为贴现率。第三，根据投资的不同阶段，分别采取不同的贴现率，例如，在计算项目建设期现金净流量的现值时，以贷款的实际利率作为贴现率；在计算投资项目经营期现金净流量的现值时，以全社会资金平均收益率作为贴现率。第四，以行业平均资金收益率作为项目贴现率。

（三）净现值率法

净现值率是指投资项目的净现值占原始投资现值总和的百分比指标（可以记作NPVR）。计算公式为：

$$NPVR=\frac{投资项目净现值}{原始投资现值总和}×100\%$$

或

$$NPVR=\frac{NPV}{\left|\sum_{t=0}^{n} NCF_t × (P/F，i，t)\right|}×100\%$$

净现值率是一个贴现的相对量评价指标，采用这种方法进行投资项目评价的标准是：当NPVR≥0，则项目可行；当NPVR<0，则项目不可行。

净现值率法作为一种项目投资评价方法，其优点有：第一，考虑了资金时间价值；第二，可以动态反映项目投资的资金投入与产出之间的关系。其缺点是：第一，不能直接反映投资项目的实际收益率；第二，在资本决策过程中可能导致片面追求较高的净现值率，在企业资本充足的情况下，有降低企业投资利润总额的可能。

【例 4-10】某投资项目的建设期为1年，经营期为5年，其现金净流量表见表4-8，折现率为10%，要求计算该项目净现值率，并评价其可行性。

表4-8　　　　　　　　　　　某投资项目现金净流量表　　　　　　　　　单位：万元

年度	0	1	2	3	4	5	6
NCF_i	−100	−50	80	80	80	80	80

从表4-8中可以看出，经营期的现金净流量相等，其净现值可以采用年金的方法计算。

NPV=-100-50×（P/F，10%，1）+80×（P/A，10%，5）×（P/F，10%，1）

　　　=-100-50×0.9091+80×3.7908×0.9091=130.24（万元）

然后，计算该项目净现值率：

$$NPVR=\frac{NPV}{|-100-50\times(P/F，10\%，1)|}=\frac{130.24}{100+50\times0.9091}\times100\%=89.54\%$$

该项目的净现值率大于0，故可以投资。

（四）现值指数法

现值指数亦称获利指数（profitability index，PI），是指投产后按行业基准收益率或企业设定贴现率折算的各年营业现金净流量的现值合计（可简称报酬总现值）与原始投资的现值合计（投资总现值）之比，用公式表示为：

$$PI=\frac{\sum_{t=s+1}^{n}NCF_t\times(P/F，i，t)}{\left|\sum_{t=0}^{n}NCF_t\times(P/F，i，t)\right|}$$

从净现值率和现值指数的定义可知，这两个指标存在以下关系：PI=1+NPVR。

与净现值率一样，现值指数也是一个贴现的相对量评价指标，采用这种方法的判断标准是：如果 PI≥1，则该投资项目可行；如果 PI<1，则该投资项目不可行。如果几个投资项目的现值指数都大于1，那么现值指数越大，投资项目越好。但在进行互斥性投资决策时，正确的选择原则不是选择现值指数最大的项目，而是在保证现值指数大于1的情况下，使追加投资所得的追加收益最大化。

【例4-11】根据【例4-10】资料，计算该项目的现值指数为：

$$PI=\frac{80\times(P/A，10\%，5)\times(P/F，10\%，1)}{|-100-50\times(P/F，10\%，1)|}=\frac{80\times3.7908\times0.9091}{100+50\times0.9091}=1.90$$

由于该项目的现值指数大于1，根据判断标准，该项目可行。

从现值指数法与净现值法的计算原理来看，这两种方法存在以下的联系：

➤现值指数法与净现值法的本质相同，特别是在进行投资项目的可行性分析时，采用这两种方法将得到相同的结果，因为如果一个投资项目的NPV>0，则一定有 PI>1。

➤两者都着眼于现金净流量及其资金时间价值，都需要准确地预测投资项目有效期内的现金净流量。

➤在原始投资额不同的两个方案之间进行决策分析时，采用现值指数法与净现值法进行评价，所得结果可能不一致。由于现值指数是相对指标，而净现值是绝对指标，所以，在一般情况下，应以现值指数法为准，选择现值指数较大的投资项目。但如果该投资项目所要求的收益率特别高，企业的资金充裕且无其他更好投向时，则应以净现值法为准。

现值指数法的优缺点与净现值法的优缺点基本相同，但有一重要区别是，现值指数法可以从动态的角度反映投资项目的资金投入与总产出之间的关系，可以弥补净现值法在投资额不同的项目之间不便比较的缺陷，使各种不同投资额的项目之间可直接用现值指数进行对比。其缺点是除了无法直接反映投资项目的实际收益率外，其计算过程比净现值的计算过程复杂，计算口径也不一致。

（五）内含报酬率法

内含报酬率（internal rate of return，IRR）又叫内部收益、内部报酬率，是指投资项目实际可以实现的收益率，当以该收益率为贴现率计算投资项目的净现值时，其结果为0，即：

$$NPV = \sum_{t=0}^{n} \frac{NCF_t}{(1+IRR)^t} = 0$$

微课

项目投资决策方法：内含报酬率法

内含报酬率是一个贴现正指标，采用该方法的决策标准为：当内含报酬率≥资本成本（或预期收益率）时，项目可行；否则项目不可行。当进行多项目互斥决策时，内含报酬率越大越好。

内含报酬率可以分两种情况分别进行计算：

➤当建设期为零，全部投资于建设起点一次性投入，营业期间各年现金净流量相等，可采用年金计算方法。由内含报酬率的定义可知：

$$NCF × (P/A，IRR，n) −NCF_0=0$$

$$(P/A，IRR，n) =NCF_0/NCF=\alpha$$

然后查年金现值系数表，求出内含报酬率。具体计算过程如下：

第一，计算年金现值系数。

$$(P/A，IRR，n) =NCF_0/NCF=\alpha$$

第二，查年金现值系数表，如果在期数为n的行中恰好找到等于上述数值α的年金现值系数，则该系数所对应的贴现率即为所求的内含报酬率。

第三，如果在年金现值系数表中无法在期数为n的行中找到与α相等的年金现值系数，则可在期数为n的行中找出与α相邻的两个临界系数值β_1和β_2，并找出与β_1和β_2对应的两个贴现率i_1和i_2，然后采用内插法近似计算该投资项目的内含报酬率。具体计算如下：

$$IRR=i_1+\frac{\beta_1 - \alpha}{\beta_1 - \beta_2}× (i_2-i_1)$$

[公式4-3]

其中要求i_1、i_2相差不能太大，否则误差就会较大。

➤各年现金净流量不相等时，可用试误法逐次测试（或采用专门的财务计算器）。

该方法的计算步骤如下：先估计一个贴现率，并用其计算投资项目的净现值。若净现值等于零，则该贴现率即为投资项目的内含报酬率，计算终止；若净现值大于零，即表明原先估计的贴现率低于该方案的内含报酬率，应提高贴现率，再进行测算（贴现率提高的幅度应该视已经计算出的净现值而定，即如果已经计算出的净现值越大，则贴现率提高的幅度就应该越大）；若净现值小于零，则表明原先估计的贴现率高于该项目的内含报酬率，应降低贴现率，再进行测算（贴现率降低的幅度也应该视计算出的净现值而定）。经过若干次的重复，最终一定会找到使净现值由正到负的两个相差不是很大的贴现率。以i_1、i_2分别表示这两个贴现率，以NPV_1和NPV_2分别表示它们所对应的净现值，则该项目的内含报酬率可用以下公式计算：

$$IRR=i_1+\frac{NPV_1}{NPV_1 - NPV_2}× (i_2-i_1)$$

[公式4-4]

其中，一般要求i_1和i_2的差不能大于5%。

【例4-12】某投资项目的现金流量表见表4-9。

表4-9　　　　　　　　　　　　　　　投资项目现金流量表　　　　　　　　　　　　单位：万元

年度	0	1	2	3	4	5
NCF_t	−240	80	80	80	80	80

如果该项目的资本成本为10%，试用内含报酬率法判断该项目投资的可行性。

从投资项目的现金流量表可知，各年的营业现金净流量均相等，可以采用年金方法计算该项目的内含报酬率。

$(P/A, IRR, 5) = NCF_0 / NCF = 240 \div 80 = 3$

查表得：当i_1=18%时，$(P/A, 18\%, 5) = 3.1272$；当i_2=20%时，$(P/A, 20\%, 5) = 2.9906$。根据［公式4-3］，有：

$$IRR = 18\% + \frac{3.1272 - 3}{3.1272 - 2.9906} \times (20\% - 18\%) = 19.86\%$$

通过计算可知，IRR=19.86%>10%，该投资项目可行。

【例4-13】某投资项目需要固定资产投资24 000万元，使用寿命为5年，5年后有净残值收入4 000万元。采用直线法计提折旧，以后随着设备的陈旧，逐年将增加修理费200万元，另需垫支流动资金3 000万元，项目结束后收回。该投资项目的现金流量见表4-10。该项目的资本成本率为15%，试用内含报酬率法评价该投资项目的可行性。

表4-10　　　　　　　　　　　　　　投资项目现金流量表　　　　　　　　　　　　单位：万元

年度	0	1	2	3	4	5
NCF_t	−27 000	8 900	8 760	8 620	8 480	15 340

从现金流量表可知，该投资项目每年的现金净流量均不相同，所以只能采用试误法计算其内含报酬率。其具体的计算过程见表4-11。

表4-11　　　　　　　　　　　　投资项目现金流量现值计算表　　　　　　　　金额单位：万元

年度	NCF_t	测试（16%）		测试（22%）		测试（24%）	
		复利现值系数	现值	复利现值系数	现值	复利现值系数	现值
0	−27 000	1.0000	−27 000	1.0000	−27 000	1.0000	−27 000
1	8 900	0.8621	7 672.69	0.8197	7 295.33	0.8065	7 177.85
2	8 760	0.7432	6 510.43	0.6719	5 885.84	0.6504	5 697.50
3	8 620	0.6407	5 522.83	0.5507	4 747.03	0.5245	4 521.19
4	8 480	0.5523	4 683.50	0.4514	3 827.87	0.4230	3 587.04
5	15 340	0.4761	7 303.37	0.3700	5 675.80	0.3411	5 232.47
净现值			4 692.82		431.87		−783.95

经过三次测算，找到了符合条件的两个分别使净现值为正和为负的贴现率，即当贴现率为22%时，净现值为正，当贴现率为24%时，净现值为负，说明该投资项目的内含报酬率一定在22%和24%之间，即i_1=22%，NPV_1=431.87万元，i_2=24%，NPV_2=−783.95万元。根据［公式4-4］，有：

$$IRR=22\%+\frac{431.87-0}{431.87-(-783.95)}\times(24\%-22\%)=22.71\%$$

由于IRR=22.71% >15%，所以该投资项目可行。

内含报酬率法的优点主要有：第一，考虑了资金时间价值；第二，可以反映出投资项目的真实报酬率，且不受行业基准收益率高低的影响，比较客观，有利于对投资额不同的项目进行决策。

内含报酬率法的缺点：第一，计算比较复杂，特别是每年现金净流量不相等的投资项目，一般要经过多次测算才能求得；第二，当经营期大量追加投资时，有可能导致多个IRR出现，或偏高或偏低，缺乏实际意义。

【随堂测】请从下列备选答案中选择正确答案：

影响内含报酬率的因素包括（　　　　）。

A.投资项目的有效年限　　　　　　　B.投资项目的现金流量

C.企业要求的最低投资报酬率　　　　D.银行贷款利率

（六）贴现指标之间的关系

NPV、NPVR、PI和IRR指标之间存在以下数量关系，即：

当NPV>0时，NPVR>0，PI>1，IRR>i（i为投资项目的行业基准利率，以下同）；

当NPV=0时，NPVR=0，PI=1，IRR=i；

当NPV<0时，NPVR<0，PI<1，IRR<i。

此外，NPVR的计算需要首先计算出NPV，IRR在计算时也需要利用NPV的计算技巧或形式。这些指标都会受到建设期的长短、投资方式，以及各年净现金流量的数量特征的影响。所不同的是NPV为绝对量指标，其余为相对量指标，计算NPV、NPVR和PI所依据的折现率都是事先设定的行业基准利率（或企业确定的贴现率）i，而IRR的计算与i的高低无关，是一种比较特别的计算方法。从它们之间的关系可以看出，在进行单项项目投资决策时，使用不同的贴现投资评价方法得出的结论基本是一致的；然而在进行多个项目的投资决策时，它们得出的结论却可能不一致，这就需要根据实际情况加以选择。但一般来说，净现值法是一种可取的方法。

第四节　项目投资决策方法的应用

一、单一投资项目的财务可行性分析

➤如果某一投资项目的评价指标同时满足以下条件，则可以断定该投资项目无论从哪个方面看都具备财务可行性，应当接受此投资方案：

NPV≥0

NPVR≥0

PI≥1

IRR≥i（i为资本成本或投资项目的行业基准利率）

P≤P_0（即投资回收期小于或等于标准投资回收期，其中P_0为标准投资回收期）

ROI≥基准投资利润率

➤如果某一投资项目的评价指标同时不满足上述条件，即同时发生以下情况：NPV<0，

NPVR<0，PI<1，IRR<i，P>P_0，ROI<基准投资利润率，就可以断定该投资项目无论从哪个方面看都不具备财务可行性，毫无疑问，此时应当放弃该投资项目。

➢当投资回收期（次要指标）或投资利润率（辅助指标）的评价结论与净现值等主要指标的评价结论发生矛盾时，应当以主要指标的结论为准。

如果在评价过程中发现某项目的主要指标NPV≥0，NPVR≥0，PI≥1，IRR≥i，但次要或辅助指标P>P_0或ROI<基准投资利润率，则可断定该项目基本上具有财务可行性；相反，如果出现NPV<0，NPVR<0，PI<1，IRR<i的情况，即使P<P_0或ROI≥基准投资利润率，也可基本断定该项目不具有财务可行性。

【例4-14】已知某固定资产投资项目的原始投资为100万元，项目计算期为11年（其中生产经营期为10年），基准投资利润率为9.5%，行业基准贴现率为10%，行业标准投资回收期为3年。有关投资决策评价指标分别为：ROI=10%，P=5年，NPV=16.2648万元，NPVR=17.04%，PI=1.1704，IRR=12.73%。

依题意：

ROI=10%>9.5%，P=5年>3年

NPV=16.2648万元>0，NPVR=17.04%>0，PI=1.1704>1，IRR=12.73%>10%

计算表明该方案各项主要评价指标均达到或超过相应标准，所以它具有财务可行性，只是投资回收期较长，超过了行业标准投资回收期，有一定风险。

二、多个互斥项目的比较与优选

企业在进行项目投资决策时，常常会碰到多个可供选择的投资项目，企业必须从中选择一个项目的情况，这就是互斥项目的投资决策问题。投资决策中的互斥项目决策是指在决策时涉及多个相互排斥、不能同时并存的投资方案。互斥方案决策过程就是在每一个入选方案已具备财务可行性的前提下，利用具体决策方法比较各个方案的优劣，利用评价指标从各个备选方案中最终选出一个最优方案的过程。

互斥方案决策的方法主要有净现值法、净现值率法、差额投资内含报酬率法和年等额净回收额法等。

🌿议一议　同学们，在对多个互斥投资项目进行选择时，你认为采用哪种方法更好呢？

（一）净现值法和净现值率法

净现值法和净现值率法适用于原始投资相同且项目计算期相等的多方案比较决策，即可以选择净现值或净现值率大的方案作为最优方案。举例说明如下：

【例4-15】某个固定资产投资项目需要原始投资1 500万元，有A、B、C、D四个互相排斥的备选方案可供选择，各方案的净现值指标分别为320.89万元、411.72万元、520.60万元和456.26万元。按净现值法进行比较决策如下：

∵A、B、C、D每个备选项目方案的NPV均大于零，

∴这些方案均具备财务可行性。

又∵520.60>456.26>411.72>320.89，

∴C方案最优，其次为D方案，再次为B方案，最差为A方案。

由于这些方案的原始投资额相同，采用净现值率法判断时其结果也完全相同。

【例4-16】A公司正在使用的一台旧设备，其原始成本为100 000元，使用年限为

10年，已使用5年，已计提折旧50 000元，使用期满后无残值。如果现在出售可得收入50 000元，若继续使用，每年可获收入104 000元，每年付现成本为62 000元；若采用新设备，购置成本为190 000元，使用年限为5年，使用期满后残值为10 000元，每年可得收入180 000元，每年付现成本为84 000元。假定该公司的资本成本为12%，所得税税率为25%，新旧设备均采用直线法计提折旧，要求作出是继续使用旧设备，还是出售旧设备并购置新设备的决策。

首先，计算两个方案的年营业现金净流量，见表4-12。

表4-12　　　　　　　　　　　　两方案营业现金净流量表　　　　　　　　　　单位：元

项　目	使用旧设备	采用新设备
销售收入	104 000	180 000
付现成本	62 000	84 000
年折旧额	10 000	36 000
税前净利	32 000	60 000
所得税	8 000	15 000
税后净利	24 000	45 000
营业现金净流量	34 000	81 000

表4-12中折旧额的计算方法如下：

使用旧设备方案固定资产折旧额=50 000÷5=10 000（元）

更新设备方案固定资产折旧额=（190 000-10 000）÷5=36 000（元）

则两方案现金流量见表4-13。

表4-13　　　　　　　　　　　　　两方案现金流量表　　　　　　　　　　　单位：元

项　目	0	1	2	3	4	5
使用旧设备方案						
原始投资	-50 000					
营业现金净流量		34 000	34 000	34 000	34 000	34 000
现金流量合计	-50 000	34 000	34 000	34 000	34 000	34 000
更新设备方案						
原始投资	-190 000					
营业现金净流量		81 000	81 000	81 000	81 000	81 000
固定资产残值						10 000
现金流量合计	-190 000	81 000	81 000	81 000	81 000	91 000

其次，计算两方案净现值如下：

使用旧设备方案的净现值=34 000×（P/A，12%，5）-50 000

$\qquad\qquad$ =34 000×3.6048-50 000=72 563.20（元）

更新设备方案的净现值=81 000×3.6048+10 000×0.5674-190 000=107 662.80（元）

通过计算，固定资产更新后，可增加净现值35 099.60元（107 662.80-72 563.20），因此，应进行固定资产更新。

（二）差额投资内含报酬率法和年等额净回收额法

差额投资内含报酬率法和年等额净回收额法适用于原始投资不相同的多项目比较，后者尤其适用于项目计算期不同的多项目比较决策。下面简要介绍这两种方法。

所谓差额投资内含报酬率法，是指在计算出两个原始投资额不相等的投资项目的差量现金净流量的基础上，计算出差额内含报酬率，并据以判断这两个投资项目孰优孰劣的方法。在此法下，当差额投资内含报酬率指标大于或等于基准收益率或设定贴现率时，原始投资额大的项目较优；反之，则投资少的项目为优。差额投资内含报酬率与内含报酬率的计算过程一样，只是前者所依据的是差量现金净流量。该方法还经常被用于更新改造项目的投资决策中。当该项目的差额投资内含报酬率指标大于或等于基准收益率或设定贴现率时，应当进行更新改造；反之，就不应当进行更新改造。

【随堂测】请从下列备选答案中选择正确答案：

原始投资额不同，特别是项目计算期不同的多方案比较决策，最适合采用的评价方法是（　　　）。

A.获利指数法　　　　　　　　B.内部收益率法
C.差额投资内部收益率法　　　D.年等额净回收额法

【例4-17】某企业两个可供选择的投资项目现金净流量及差量现金净流量，见表4-14。

表4-14　　　　　　**投资项目现金净流量及差量现金净流量表**　　　　单位：万元

项　目	0	1	2	3	4	5
甲项目的现金净流量	-200	128.23	128.23	128.23	128.23	128.23
乙项目的现金净流量	-100	101.53	101.53	101.53	101.53	101.53
ΔNCF	-100	26.70	26.70	26.70	26.70	26.70

要求就以下两种不相关情况选择投资项目：

（1）该企业的行业基准贴现率i为8%；

（2）该企业的行业基准贴现率i为12%。

根据所给资料可知，差量现金净流量（甲项目的现金净流量-乙项目的现金净流量）如下：

ΔNCF_0=-100万元

ΔNCF_{1-5}=26.70万元

经过计算可知，甲、乙两方案的差量内含报酬率为10.49%。

在第（1）种情况下，由于差额投资内含报酬率大于8%，所以应该选择甲项目。

在第（2）种情况下，由于差额投资内含报酬率小于12%，所以应该选择乙项目。

年等额净回收额法是指根据所有投资项目的年等额净回收额指标的大小来选择最优项目的一种投资决策方法。某一方案年等额净回收额等于该方案净现值与相关的资本回收系数的乘积。若某方案净现值为NPV，设定折现率或基准收益率为i，项目计算期为n，则年等额净回收额可按下式计算：

$A=NPV \cdot (A/P, i, n)$

或　　$=NPV/(P/A, i, n)$

式中：A为该项目的年等额净回收额；（A/P，i，n）为n年折现率为i的资本回收系数；（P/A，i，n）为n年折现率为i的年金现值系数。年等额净回收额法是在所有投资项目中，以年等额净回收额最大的项目为优。

【例4-18】某企业拟投资新建一条生产线。现有三个方案可供选择：甲方案的原始投资为200万元，项目计算期为5年，净现值为120万元；乙方案的原始投资为150万元，项目计算期为6年，净现值为110万元；丙方案的原始投资为300万元，项目计算期为8年，净现值为-1.25万元。行业基准折现率为10%。按年等额净回收额法进行决策分析如下：

因为甲方案和乙方案的净现值均大于零，所以这两个方案具有财务可行性。

因为丙方案的净现值小于零，所以该方案不具有财务可行性，只需对甲、乙两方案进行评价即可。

甲方案的年等额净回收额=甲方案的净现值/（P/A，10%，5）
　　　　　　　　　　=120÷3.7908=31.66（万元）

乙方案的年等额净回收额=乙方案的净现值/（P/A，10%，6）
　　　　　　　　　　=110÷4.3553=25.26（万元）

因为31.66万元>25.26万元，显然甲方案优于乙方案。

案例4-1

晨鸣扩印机厂投资决策案例

晨鸣扩印机厂是生产扩印机的中型企业，该厂生产的扩印机质量优良、价格合理，长期以来供不应求。为了扩大生产能力，晨鸣扩印机厂准备新建一条生产线。

于滔是该厂的助理会计师，主要负责筹资和投资工作。总会计师张宽要求于滔搜集建设新生产线的有关资料，写出投资项目的财务评价报告，以供厂领导决策参考。

于滔经过十几天的调查研究，得到以下有关资料：

该生产线的初始投资是12.50万元，建设期1年，分两次投入。第1次在建设期期初投入10万元，第2次在建设期期末投入2.50万元。第1年年末可完成建设并正式投产。投产后每年可生产扩印机1 000台，每架销售价格是300元，每年可获销售收入30万元。投资项目可使用5年，5年后残值为2.50万元。在投资项目经营期间要垫支流动资金2.50万元，这笔资金在项目结束时可如数收回。该项目生产的产品年总成本的构成情况如下：

原材料费用	20万元
工资费用	3万元
管理费（扣除折旧）	2万元
折旧费	2万元

于滔又对本厂的各种资金来源进行了分析研究，得出该厂加权平均的资本成本为10%。

于滔根据以上资料，计算出该投资项目的营业现金流量、现金流量、净现值（详见表4-15至表4-17），并把这些数据资料提交给全厂各方面领导参加的投资决策会议讨论。

表 4-15　　　　　　　　　　营业现金流量表　　　　　　　　　　单位：元

项　　目	第1年	第2年	第3年	第4年	第5年
销售收入	300 000	300 000	300 000	300 000	300 000
付现成本	250 000	250 000	250 000	250 000	250 000
其中：原材料	200 000	200 000	200 000	200 000	200 000
工资	30 000	30 000	30 000	30 000	30 000
管理费	20 000	20 000	20 000	20 000	20 000
折旧费	20 000	20 000	20 000	20 000	20 000
税前利润	30 000	30 000	30 000	30 000	30 000
所得税	7 500	7 500	7 500	7 500	7 500
税后利润	22 500	22 500	22 500	22 500	22 500
现金流量	42 500	42 500	42 500	42 500	42 500

表 4-16　　　　　　　　　　现金流量表　　　　　　　　　　单位：元

项　　目	0	1	2	3	4	5	6
初始投资	−100 000	−25 000					
流动资金垫支		−25 000					
营业现金流量			42 500	42 500	42 500	42 500	42 500
设备残值							25 000
流动资金回收							25 000
现金流量合计	−100 000	−50 000	42 500	42 500	42 500	42 500	92 500

表 4-17　　　　　　　　　　净现值表　　　　　　　　　　金额单位：元

时　间	现金流量	10%的贴现系数	现　值
0	−100 000	1.0000	−100 000
1	−50 000	0.9091	−45 455
2	42 500	0.8264	35 122
3	42 500	0.7513	31 930.25
4	42 500	0.6830	29 027.50
5	42 500	0.6209	26 388.25
6	92 500	0.5645	52 216.25
净现值＝29 229.25			

　　在厂领导会议上，于滔对提供的有关数据进行了必要的说明。他认为建设新生产线有29 229.25元的净现值，故这个项目是可行的。

　　厂领导会议对于滔提供的资料进行了分析研究，认为于滔在搜集资料方面做了很大努力，计算方法正确，但却忽略了物价变动问题，这便使得其提供的信息失去了客观性和准确性。

　　生产处长陈兵认为，由于物价变动的影响，原材料费用每年将增加14%，工资费用也将增加10%。

　　财务处长周康认为，扣除折旧以后的管理费用每年将增加4%，折旧费用每年仍为20 000元。

　　厂长郑达要求于滔根据以上同志的意见，重新计算投资项目的现金流量和净现值，提交下次会议讨论。

　　要求：净现值法是常用的投资评价方法，其关键是根据相关数据确定项目现金流量。结合案例资料，说明在确定项目现金流量过程中应注意哪些问题。

　　【分析提示】

　　于滔接到这项任务后，应根据厂部中层干部的意见分析，确定影响新建生产线投资项目决策的各因素；根据影响新建生产线投资项目决策的各因素，重新计算投资项目的营业现金流量、现金流量和净现值等；根据分析、计算结果，确定新建生产线投资项目是否可行，以便为厂领导提供更为有力的决策依据。

资料来源　王化成.财务管理教学案例［M］.北京：中国人民大学出版社，2001.有改动。

本章小结

　　1.项目投资是对特定项目所进行的一种长期投资行为，主要包括新建项目投资和更新改造项目投资。项目投资管理以投资项目的财务评价为主。

　　2.项目投资的特点表现为投资规模大而次数少，投资回收期长而风险大，同时项目投资决策必须严格遵守相应的投资程序。

　　3.现金流量是指与固定资产投资决策有关的现金流入和流出的数量，是评价投资方案是否可行时必须事先计算的一个基础性指标。现金流量包括现金流出量、现金流入量、现金净流量三个具体概念。

　　4.项目投资决策方法分为非贴现方法和贴现方法两种。非贴现方法包括静态投资回收期法和投资利润率法；贴现方法包括贴现投资回收期法、净现值法、净现值率法、现值指数法和内含报酬率法。

概念回顾

　　现金流量　投资回收期　净现值　净现值率　内含报酬率

课堂讨论题

　　1.项目投资决策对企业生存与发展有何影响？

2.项目投资决策方法在实际应用中可能出现哪些问题？

3.项目投资中的现金流量与财务会计中的现金流量的区别在哪里？

复习思考题

1.简述项目投资的概念及投资特点。

2.现金流量的作用表现在哪些方面？

3.简述现值指数法与内含报酬率法的异同。

4.净现值法与净现值率法的优缺点有哪些？

第五章

证券投资管理

内容提要

本章主要介绍证券投资的概念与特点、证券投资的种类、证券投资风险与收益的计量方法、债券估价和股票估价的方法、债券和股票投资决策的基本方法、证券投资组合的风险与收益、证券投资组合的决策方法。

第一节　证券投资概述

一、证券投资的概念

证券投资是指企业通过投资股票、债券、基金等有价证券以及这些有价证券的衍生品，以获取差价、利息及资本利得的投资行为。证券投资不同于项目投资。项目投资的对象是实体性经营资产。经营资产是直接为企业生产经营服务的资产，如固定资产、无形资产等，它们往往是一种服务能力递减的消耗性资产。证券投资的对象是金融资产。金融资产是一种以凭证、票据或者合约形式存在的权利性资产，如股票、债券及衍生证券等。证券投资是企业对外投资的重要组成部分，科学地进行证券投资管理，能够增加收益，减少风险，从而有利于企业财务管理目标的实现。

二、证券投资的目的

（一）利用闲置资金，增加企业收益

企业在生产经营过程中，由于各种原因有时会出现现金结余较多、资金闲置的情况，利用这些闲置的资金投资于股票、债券等有价证券上，可以获取部分股利收入、利息收入、证券买卖差价等投资收益，提高资金使用的效率。同时，这些投资具有较强的流动性，可随时变现，收回资金。

（二）稳定客户关系，保障生产经营

企业生产经营环节中，供应和销售是企业与市场相联系的重要通道。没有稳定的原材料供应来源，没有稳定的销售客户，都可能使企业的生产经营中断。为了保持与供销客户良好稳定的业务关系，可以对业务关系链的供销企业进行投资，持有供销客户一定比例的

股权和债权，甚至控股，这样，可以与供销客户建立稳定的供销渠道，能够对关联企业的生产经营活动施加影响和控制，从而使本企业的生产经营活动顺利进行。

（三）提高资产流动性，增强偿债能力

资产流动性强弱是影响企业财务安全性的主要因素。除现金等货币资产外，有价证券投资也是企业流动性最强的资产，是企业速动资产的主要构成部分。在企业需要支付大量现金，而现有现金储备又不足时，可以通过变卖有价证券迅速取得大量现金，保证企业的及时支付，增强企业的偿债能力。

三、证券投资的种类

企业证券投资的种类直接取决于有价证券的种类。按照证券发行主体不同，证券可分为政府债券、金融债券、企业债券及企业股票四种类型。

（一）政府债券投资与金融债券投资

政府债券投资是指企业投资于政府债券的行为。政府债券是指中央政府或地方政府为集资而发行的证券，如国库券等。政府债券与其他债券相比，最大的特点是交易费用小，收益固定，利息免交所得税，信誉高，风险小。

金融债券投资是指投资者投资于金融债券的行为。金融债券是指银行或其他金融机构为筹措资金而向投资者发行的借债凭证。发行金融债券的目的在于筹措中长期贷款的资金，其利率略高于同期定期储蓄存款利率，一般由金融债券的发行机构经中央银行批准后，在金融机构的营业点以公开出售的方式发行。

（二）企业债券投资与企业股票投资

企业债券投资是指企业投资于其他企业债券的行为。企业债券是指企业为了筹措资金而向投资者出具的、承诺在一定时期还本付息的债务凭证。企业债券投资属于债权性投资，投资人有权要求发债企业按期偿付本息，否则可通过法律程序要求补偿。

企业股票投资是指企业通过购买股票或股份的方式对外投资。企业股票投资属于权益性投资，投资人作为权益所有者，有权参与被投资企业的经营管理和按所占股份分享利润，但当被投资人发生经营亏损或损失时，投资人需以出资额为限承担其损失。

从投资风险和收益的角度来看，政府债券的风险最小，金融债券次之，企业债券的风险较大，但其具体风险程度主要视企业的规模、财务状况和其他情况而定；它们的收益则刚好相反。

🌱**议一议**　同学们，如果你手上现有1 000万元闲置资金，你是将它存入银行，还是购买国债或公司债券，还是投资上市公司股票呢？

理财与思政

树立正确的投资观

股市已经成为投资者投资生活的一部分。作为投资者，只有树立正确的投资观，才能在错综复杂、瞬息万变的资本市场保持理性，才能透过现象看本质，更好地把握行情脉络，从而实现资产的保值增值。

（1）树立价值投资理念，把分享上市公司分红作为获利模式。股市投资，我们能通过什么方式来获得收益？一是赚取股票价差；二是分享上市公司分红。股票价格受各种市场因素影响较大，尤其是内幕交易、黑天鹅等的出现，都会影响股票价格，使投资者难以把握，而分享上

市公司分红，所受到的市场投机因素影响较小，上市公司盈利状况怎么样，投资者获得的分红水平就怎么样，选择受市场影响小一些的获利模式，把关注股价波动的时间和精力用到研究和分析上市公司基本面上，把心思用在区别好珍珠还是坏珍珠上，将会有更高的投资胜算。

（2）重视信息披露。伴随着"依法监管、从严监管和全面监管"，上市公司主动进行信息披露的意识不断增强，投资者不需要再通过打探更多的内幕和小道消息，就能够更好地把握上市公司基本面。股市信息披露正在朝着有利于投资者的方向转变，投资者应当坚信，无论股市风云如何变幻，根据公开信息进行投资的结果将远胜于内幕和小道消息。

（3）摒弃频繁操作。尽管投资者都知道频繁操作的弊端，成本高，股价难以把握，盈亏状况未知，存在很大的投资不确定性，但由于缺乏实实在在的纪律约束，投资者也难以做到独善其身。而伴随着证券交易所开展一线监管以来，频繁交易、连续交易、集中交易等现象正在成为监管部门的目标和对象，这也给投资者的投资活动划了一条不可逾越的"红线"，一旦出现此类投资行为，就会收到交易所的监管函，等于是给投资者建立了一条投资纪律。

（4）坚持守信融资。未来的股市投资，信用比黄金更重要。尤其是像参与融资融券等融资类活动，更需要投资者坚守承诺，严格遵守融资融券的交易规则，合约到期一定要还款，或者办理展期，否则个人信誉就会受到影响。一旦被列入股市"黑名单"，影响的不仅是在股市的投资活动，且个人的金融消费、旅行消费等社会信誉也会受到直接影响。

资料来源　兰波. 树立正确的投资观是实现资产保值增值的关键［J］. 证券市场红周刊，2018（03）.

讨论：

1. 为什么要树立正确的投资观？

2. 什么是正确的投资观？如何树立正确的投资观？

四、证券投资的风险与收益率

企业是否进行证券投资，应该做何种投资，只有在对证券投资的风险和收益率作出分析后才能作出决策。研究风险和收益率的关系，是证券投资决策中最重要的问题之一。

（一）证券投资风险

证券投资风险是指投资者在证券投资过程中遭受损失或达不到预期收益的可能性，这是证券投资的基本特征之一。证券投资风险主要来自以下几个方面：

1. 违约风险

违约风险是指证券发行人无法按期支付利息或偿还本金的风险。一般而言，政府发行的证券违约风险较小，金融机构发行的证券次之，企业发行的证券违约风险较大。造成企业证券违约的原因有以下几个方面：（1）政治、经济形势发生重大变动；（2）发生自然灾害，如水灾、火灾等；（3）企业经营管理不善，成本高，浪费大；（4）企业在市场竞争中失败，主要顾客消失；（5）企业财务管理失误，不能及时清偿到期债务。

2. 利息率风险

利息率风险是指由于利息率的变动引起证券价格的波动而使投资者遭受损失的风险。证券的价格随利息率的变动而变动。一般而言，银行利息率下降，证券价格上升；银行利息率上升，证券价格下降。因此，即使是没有违约风险的国库券，也会有利息率风险。证券的到期时间越长，利息率风险越大。

3. 购买力风险

由于通货膨胀而使证券到期或出售时所获得的货币资金的购买力降低的风险，称为购买力风险。在通货膨胀时期，购买力风险对投资者有重要影响。一般而言，预期报酬率会上升的资产，其购买力风险会低于报酬率固定的资产。例如，房地产、普通股等投资受到的影响较小，而收益长期固定的证券受到的影响较大，前者更适合作为减少通货膨胀损失的避险工具。

4.流动性风险

流动性风险是指在投资者想出售有价证券获取现金时，证券不能立即出售的风险。一种能在短期内按市价大量出售的资产，是流动性较好的资产，这种资产的流动性风险较小；反之，如果一种资产不能在短时间内按市价大量出售，则属于流动性较差的资产，这种资产的流动性风险较大。例如，购买小公司的债券，想立即出售比较困难，因而流动性风险较大；但若购买国库券，几乎可以立即出售，流动性风险较小。

5.期限性风险

由于证券期限长而给投资者带来的风险，叫期限性风险。一项投资的到期日越长，投资者遭受的不确定性因素就越多，承担的风险越大。例如，同一家企业发行的10年期债券要比1年期债券的风险大，这便是证券的期限性风险。

（二）证券投资收益率

企业进行证券投资的主要目的是获得投资收益。证券收益包括经常收益和当前收益。前者指债券按期支付的债息收入，或股票按期支付的股息或红利收入；后者表示证券交易现价与原价的价差所带来的证券本金升值或减值。收益的高低是影响证券投资的主要因素。证券投资的收益率有绝对数和相对数两种表示方法。在财务管理中通常用相对数，即以投资收益额占投资额的百分比来表示，称为投资收益率。

1.短期证券投资收益率

短期证券投资，由于期限短，所以一般不考虑资金时间价值因素，因此，短期证券投资收益率的计算比较简单，基本的计算公式为：

$$K = \frac{S_1 - S_0 + P}{S_0} \times 100\%$$

式中：S_0为证券购买价格；S_1为证券出售价格；P为证券投资报酬（股利或利息）；K为证券投资收益率。

【例5-1】2022年5月3日，甲公司购买乙公司每股市价为23元的股票。2023年4月1日，甲公司每10股股票获现金股利4.50元。2023年5月2日，甲公司将该股票以每股25.50元的价格出售。甲公司该项对外投资的收益率为：

$$K = \frac{25.50 - 23 + 4.50 \div 10}{23} \times 100\% = 12.83\%$$

【例5-2】M公司于2022年7月8日以每张900元的价格购进100张面值1000元、票面利率为9.60%、每年付息一次的债券，并于2023年7月7日以每张980元的市价出售。M公司该项对外投资的收益率为：

$$K = \frac{980 - 900 + 1000 \times 9.60\%}{900} \times 100\% = 19.56\%$$

2.长期证券投资收益率

长期证券因涉及的时间较长，其投资收益率的计算要考虑资金时间价值因素。

（1）债券投资收益率的计算。企业进行债券投资，一般每年能获得固定的利息，并在债券到期时收回本金或在中途出售而收回资金。债券投资收益率是指按复利计算的收益率，它是能使未来现金流入现值等于债券买入价格的贴现率，可按下列公式计算：

$$V = \frac{I}{(1+i)^1} + \frac{I}{(1+i)^2} + \cdots + \frac{I}{(1+i)^n} + \frac{F}{(1+i)^n} = I \cdot (P/A,\ i,\ n) + F \cdot (P/F,\ i,\ n)$$

式中：V为债券的购买价格；I为每年获得的固定利息；F为债券到期收回的本金或中途出售收回的资金；i为债券投资的收益率；n为投资期限。

【例5-3】星辰公司2023年2月1日平价购买了一张面额为1 000元的债券，其票面利率为8%，每年2月1日计算并支付一次利息，5年后的1月31日到期。该公司持有该债券至到期日，计算其到期收益率。

1 000=1 000×8%×（P/A，i，5）+1 000×（P/F，i，5）

解该方程要用试误法。

设i=8%，则：

80×（P/A，8%，5）+1 000×（P/F，8%，5）=80×3.9927+1 000×0.6806

=319.42+680.60=1 000.02≈1000（元）

可见，平价发行的每年付一次息的债券，其到期收益率基本等于票面利率。

如果债券的价格高于面值，则情况将发生变化。例如，买价是1 105元，则：

1 105=80×（P/A，i，5）+1 000×（P/F，i，5）

通过前面试算已知，i=8%时等式左方为1 000元，小于1 105元，可判断收益率低于8%，降低贴现率进一步试算：

设i=6%，则：

80×（P/A，6%，5）+1 000×（P/F，6%，5）=80×4.2124+1 000×0.7473

=336.99+747.30=1 084.29（元）

由于贴现结果大于1 000元，但仍小于1 105元，还应进一步降低贴现率，再用i=4%试算：

80×（P/A，4%，5）+1 000×（P/F，4%，5）=80×4.4518+1 000×0.8219

=356.14+821.90=1 178.04（元）

贴现结果高于1 105元，可以判断，收益率高于4%，并将介于4%至6%之间。用插值法计算近似值：

$$i = 4\% + \frac{1\,178.04 - 1\,105}{1\,178.04 - 1\,084.29} \times (6\% - 4\%) = 5.56\%$$

上述试误法比较麻烦，可用下面的简便算法求得近似结果：

$$i = \frac{I + (M - P) \div n}{(M + P) \div 2} \times 100\%$$

式中：I为每年的利息；M为到期归还的本金；P为买价；n为年数。

式中的分母是平均资金占用额，分子是每年平均收益额。根据上例数据计算：

$$i = \frac{80 + (1\,000 - 1\,105) \div 5}{(1\,000 + 1\,105) \div 2} \times 100\% = 5.61\%$$

从此例可以看出，如果买价和面值不等，则收益率和票面利率不同。

如果该债券不是定期付息，而是到期时一次还本付息或用其他方式付息，那么即使平价发行，到期收益率也可能与票面利率不同。

【例5-4】黄海公司2023年3月15日平价购买一张面额为1 000元的债券，其票面利率为8%，按单利计息，5年后的3月14日到期一次还本付息。该公司持有该债券至到期日，计算其到期收益率。

1 000=1 000×（1+5×8%）×（P/F，i，5）

（P/F，i，5）=1 000÷1 400=0.7143

查复利现值系数表，5年期的现值系数等于0.7143时，i约为7%。

债券到期收益率是企业进行债券投资决策的基本标准，它可以反映债券投资按复利计算的真实收益率。如果高于投资人要求的报酬率，则应买进该债券；否则就不应购买。

（2）股票投资收益率的计算。企业进行股票投资，每年获得的股利是经常变动的，当企业出售股票时，也可收回一定的资金，股票的投资收益率就是能使未来现金流入量的现值等于目前购买价格的贴现率。其计算公式为：

$$V = \sum_{j=1}^{n} \frac{D_j}{(1 + i)^j} + \frac{F}{(1 + i)^n}$$

式中：V为股票的购买价格；D_j为股票投资报酬（各年获得的股利）；F为股票的出售价格；i为股票投资的收益率；n为投资期限。

计算股票投资收益率和计算债券投资收益率相类似，也可用试误法或插值法计算。

【例5-5】八达公司在2018年7月2日以60 000元的价格购入了四通公司的15 000股的普通股股票。该股票在2019年7月2日、2020年7月2日、2021年7月2日、2022年7月2日、2023年7月2日分别发放现金股利，每股为0.32元、0.40元、0.44元、0.52元、0.40元，并于2023年7月2日以每股5元的价格出售。试计算八达公司该股票投资的收益率。

现采用插值法来计算，详细情况见表5-1。

表5-1　　　　　　　　　　　**八达公司测试表**　　　　　　　　　　金额单位：元

年度	各 年 的 现金流量	测试（10%）		测试（12%）		测试（14%）	
		系数	现值	系数	现值	系数	现值
2019	15 000×0.32	0.9091	4 363.68	0.8929	4 285.92	0.8772	4 210.56
2020	15 000×0.40	0.8264	4 958.40	0.7972	4 783.20	0.7695	4 617.00
2021	15 000×0.44	0.7513	4 958.58	0.7118	4 697.88	0.6750	4 455.00
2022	15 000×0.52	0.6830	5 327.40	0.6355	4 956.90	0.5921	4 618.38
2023	15 000×5.40	0.6209	50 292.90	0.5674	45 959.40	0.5194	42 071.40
合计	—	—	69 900.96	—	64 683.30	—	59 972.34

在表5-1中，先按10%的收益率进行测算，得到现值为69 900.96元，比原来的投资额60 000元大，说明实际收益率要高于10%；于是把收益率调到12%，进行第二次测算，得到的现值为64 683.30元，说明实际收益率比12%还要高；于是再把收益率调到14%进行第三次测算，得到的现值为59 972.34元，比60 000元低，说明实际收益率要比14%低。因此要求的收益率在12%至14%之间，再采用插值法计算股票投资收益率。

$$\begin{matrix} 12\% \\ ? \\ 14\% \end{matrix} \Big\} x\% \Big\} 2\% \qquad \begin{matrix} 64\,683.30 \\ 60\,000 \\ 59\,972.34 \end{matrix} \Big\} 4\,683.30 \Big\} 4\,710.96$$

$$\frac{x\%}{2\%} = \frac{4\,683.30}{4\,710.96}$$

x%=1.99%

该项投资的收益率=12%+1.99%=13.99%

【随堂测】一位投资人以40元的价格购入某公司股票，该股票当前的股利为每股1元，股利增长率为2%，一年后以50元的价格出售。

请测算该股票的投资收益率。

第二节　证券投资决策

企业究竟选择何种证券、何时进行投资，需要企业的财务管理人员在分析和衡量风险与收益两大基本因素的基础上，参考国民经济形势、通货膨胀状况、金融市场利率水平以及被投资企业所处行业特征和企业自身经营管理情况等几方面影响因素，作出科学、合理的证券投资决策。

一、债券投资决策

（一）债券投资的目的

企业的债券投资有短期债券投资和长期债券投资。进行短期债券投资的目的主要是配合企业对资金的需求，调节现金余额，使现金余额达到合理水平。企业进行长期债券投资的目的主要是获得稳定的收益。

（二）债券的估价

进行债券估价的目的是确定债券的内在价值，并为企业进行债券投资决策提供依据。只有债券的价值大于其购买价格时，才值得投资；否则，不应进行投资。债券价值是进行债券投资决策时使用的主要指标之一。

债券的价值是由其未来现金流入量的现值决定的，影响债券价值的因素主要是债券面值、票面利率和市场利率。由于债券面值和票面利率在发行时就已经给定，因此，债券价值的高低主要由市场利率水平决定。市场利率越高，债券价值越低；反之，亦然。这种由市场利率变化导致的债券价格的不稳定，就是债券的利率风险。债券的利率风险主要表现在两个方面：一是价格风险，即债券价格会因市场利率变化而变化；二是再投资风险，即因市场利率的变化使债券的利息收益在进行再投资时的收益具有不确定性。

1.债券估价通用模型

一般情况下，债券采取固定利率，每年按复利计算并支付利息，到期归还本金。按照这种模式，债券价值计算的基本模型是：

$$P = \sum_{t=1}^{n} \frac{i \cdot F}{(1+K)^t} + \frac{F}{(1+K)^n}$$

$P = I \cdot (P/A, K, n) + F \cdot (P/F, K, n)$

式中：P为债券价值；i为债券票面利息率；F为债券面值；K为市场利率或投资人要求的必要收益率；I为每年利息；n为付息总期数。

【例5-6】某债券面值为1 000元，票面利率为10%，每年年末付息一次，期限为5年。某企业要对这种债券进行投资，当前的市场利率为12%。该债券价格为多少时，才能进行投资？

根据债券估价通用模型，可得：

P=1 000×10%×（P/A，12%，5）+1 000×（P/F，12%，5）

　=100×3.6048+1 000×0.5674=927.88（元）

即这种债券的价格必须低于927.88元时，该企业才能购买。

2.一次还本付息不计复利的债券估价模型

我国很多债券属于一次还本付息且不计复利的债券，其估价模型为：

$$P = \frac{F + F \cdot i \cdot n}{(1 + K)^n}$$

$$P = (F + F \cdot i \cdot n) \cdot (P/F, K, n)$$

公式中符号的含义同前式。

【例5-7】某企业拟购买另一家企业发行的利随本清的企业债券，该债券面值为1 000元，期限为5年，票面利率为10%，不计复利，当前市场利率为8%。该债券发行价格为多少时，企业才能购买？

由上述模型可知：

$$P = \frac{1\,000 + 1\,000 \times 10\% \times 5}{(1 + 8\%)^5} = 1\,020.87\,（元）$$

即只有该债券价格低于1 020.87元时，企业才能购买。

3.折价发行时债券的估价模型

有些债券以折价方式发行，没有票面利率，到期按面值偿还。这些债券的估价模型为：

$$P = \frac{F}{(1 + K)^n} = F \cdot (P/F, K, n)$$

公式中的符号含义同前式。

【例5-8】某债券面值为1 000元，期限为3年，以折价方式发行，期内不计利息，到期按面值偿还，当时市场利率为10%。其价格为多少时，企业才能购买？

由上述公式得：

P=1 000×（P/F，10%，3）

 =1 000×0.7513=751.30（元）

即只有该债券价格低于751.30元时，企业才能购买。

（三）债券投资的优缺点

债券投资的优点在于：一是本金安全性高。与股票相比，债券投资风险比较小。其中，政府发行的债券，因有政府财力做后盾，其本金的安全性非常高，通常被视为无风险债券或称为"金边债券"。企业债券的持有者拥有优先索偿权，当发行债券的企业破产时，债券投资者优先于股东分得企业资产，因此，其本金损失的可能性较小。二是收入稳定性强。债券票面一般都标有固定利息率，债券的发行人有按时支付利息的法定义务。因此，在正常情况下，债券投资者都能获得较稳定的收入。三是市场流动性好。政府及大企业发行的债券一般都可在金融市场上迅速出售，流动性很好。

债券投资的缺点在于：一是购买力风险较大。由于债券面值和收入的固定性，在通货膨胀时期，债券本金和利息的购买力会不同程度地受到侵蚀，投资者名义上虽然有收益，但实际上却有损失。二是没有经营管理权。投资债券主要是为了获得报酬，而无权对债券发行企业施加影响和控制。

二、股票投资决策

（一）股票投资的目的

企业进行股票投资的目的主要有两个：一是获利，即作为一般的证券投资，获取股利收入及股票买卖差价；二是控股，即通过购买某一企业的大量股票达到控制该企业的目的。在第一种情况下，企业仅将某种股票作为它证券组合的一个部分，不应冒险将大量资金投资于某一企业的股票上。而在第二种情况下，企业应集中资金投资于被控企业的股票上，这时考虑更多的不应是目前利益——股票投资收益的高低，而应是长远利益——占有多少股权才能达到控制的目的。

（二）股票的估价

进行股票估价的目的同样是确定股票的内在价值，并将其与股票市价进行比较，视其低于、高于或等于市价，决定买入、卖出或继续持有股票。

对股票价值的评估类似于债券，即求股票预期的未来现金流入量的现值。股票预期的未来现金流入包括两部分：❶每期的预期股利；❷出售股票时的变价收益。但由于股票没有固定的股息，也没有一定的期末价值，因此，股票价值的评估方法不同于债券。下面介绍几种最常见的股票估价模型。

1.短期持有、未来准备出售的股票估价模型

在这种情况下，股票估价模型为：

$$V = \sum_{t=1}^{n} \frac{d_t}{(1 + K)^t} + \frac{V_n}{(1 + K)^n}$$

式中：V为股票的价值；V_n为未来出售时预计的股票价格；K为投资人要求的必要投资收益率；d_t为第t期的预期股利；n为预计持有股票的期数。

2.长期持有、股利稳定不变的股票估价模型

这种情况是在上述模型的基础上计算的，当n→∞时，上式中的$\frac{V_n}{(1 + K)^n}$→0，而$\sum \frac{d_t}{(1 + K)^t}$则可近似地看做是永续年金。此时，股票估价模型可简化为：

$$V = \frac{d}{K}$$

式中：d为每年的固定股利。

3.长期持有、股利固定增长的股票估价模型

如果一个公司的股利不断增长，投资人的投资期限又非常长，则股票的估价就更困难了，只能计算近似数。设上年股利为d_0，每年股利的增长率为g，则：

$$V = \sum_{t=1}^{\infty} \frac{d_0 \cdot (1 + g)^t}{(1 + K)^t}$$

代入等比数列前n项和公式，当n→∞时，普通股的价值为：

$$V = \frac{d_0 \cdot (1 + g)}{K - g} = \frac{d_1}{K - g}$$

式中：d_1为第1年的股利。

【例5-9】M公司拟投资购买N公司的股票，该股票上年每股股利为3.20元，以后每年以4%的增长率增长。M公司要求获得15%的报酬率，问该股票的价格为多少时，M公司才能购买？

$$V = \frac{3.20 \times (1 + 4\%)}{15\% - 4\%} = 30.25 （元）$$

由计算可知，只有当证券市场上N公司的股票在30.25元以下时，M公司才能投资购买，否则就无法获得15%的报酬率。

4.长期持有、股利非固定增长的股票估价模型

企业的每一个发展周期中，都会经历成长期、成熟期和衰退期。在成长期，企业的发

展速度会快于社会经济的平均增长速度。例如，许多高科技企业的股票价值会在短短几年内飞速增长，而在接近企业成熟期时会减慢其增值速度。这类企业的股票价值需要分段计算，可按下列三个步骤求得：（1）将股利现金流分为两部分：开始时的非固定增长阶段和其后的永久性固定增长阶段，然后计算高速增长阶段预期股利的现值；（2）采用固定增长模式，在高速增长期末，即固定增长期开始时，计算股票的价值，并将该数值折为现值；（3）将上述两部分求得的现值相加，即为股票的现时价值。

【例5-10】假定A公司持有B公司的股票，要求的投资收益率为15%。B公司最近支付的股利为每股2元，预计该公司未来3年股利将高速增长，年增长率为10%，此后将转为稳定增长，年增长率为3%。现计算B公司股票的价值。

首先，计算高速增长阶段的股利现值，见表5-2。

表5-2　　　　　　　　　**B公司高速增长阶段股利现值计算表**　　　　　　　单位：元

年度	第t年股利	股利现值=d_t·（P/F，15%，t）
1	2×（1+10%）=2.2	2.2×（P/F，15%，1）=1.91
2	2×（1+10%）^{2}=2.42	2.42×（P/F，15%，2）=1.83
3	2×（1+10%）^{3}=2.662	2.662×（P/F，15%，3）=1.75
合计	—	5.49

其次，计算第3年年末时的股票价值：

$$V = \frac{d_4}{K-g} = \frac{d_3 \times (1+3\%)}{15\% - 3\%} = 22.85（元）$$

再次，将第3年年末股票价值折成现值：

22.85×（P/F，15%，3）=22.85×0.6575=15.02（元）

最后，将上述计算结果相加，求出B公司股票的价值：

V=15.02+5.49=20.51（元）

（三）股票投资的优缺点

1.股票投资的优点

股票投资是一种最具有挑战性的投资，其收益和风险都比较高。股票投资的优点主要有：（1）投资收益高。普通股票的价格虽然变动频繁，但从长期看，优质股票的价格总是上涨的居多，只要选择得当，都能取得优厚的投资收益。（2）购买力风险低。普通股股票的股利不固定，在通货膨胀率比较高时，由于物价普遍上涨，股份公司盈利增加，股利的支付也随之增加，因此，与固定收益证券相比，普通股股票能有效地降低购买力风险。（3）拥有经营控制权。普通股股东属股份公司的所有者，有权监督和控制企业的生产经营情况。因此，欲控制一家企业，最好是收购这家企业的股票。

2.股票投资的缺点

股票投资的缺点主要是风险大，这是因为：（1）求偿权居后。普通股股票对企业资产和盈利的求偿权均居于最后。企业破产时，股东原来的投资可能得不到全额补偿，甚至一无所有。（2）价格不稳定。普通股股票的价格受众多因素影响，很不稳定。政治因素、经济因素、投资人心理因素、企业的盈利情况、风险情况等都会影响股票价格，这也使股票投资具有较高的风险。（3）收入不稳定。普通股股利的多少取决于企业的经营状况和财务状况，其有无、多寡均无法律上的保证，收入的风险也远远大于固定收益证券。

【随堂测】请从下列备选答案中选择正确答案：

股票投资相比，债券投资的特点是（　　　　）。

A.收益稳定性强，收益较高　　　　　　B.投资风险较小

C.购买力风险低　　　　　　　　　　　D.没有经营控制权

阅读与思考

高盛中国淘金：播种机还是收割机

　　著名的华尔街投行高盛在中国沉寂了几年之后，再次出现在公众的视野当中。有报道称，高盛清仓减持A股上市公司口子窖的股权，总共套现约50亿元，净赚10倍以上。而高盛上一次受到媒体关注则要追溯到2013年。当年5月，高盛清空了其持有7年的工行H股，累计投资获利72.8亿美元。在高盛Pre-IPO投资项目的案例中，获利十几倍、几十倍的"买卖"不胜枚举。自1984年高盛在中国香港设亚太地区总部至今，高盛运用自己在国际金融界权威投行的地位，通过信息披露、对赌交易、逆向操作等手段获得高额的投资回报。

　　1.投资收益率惊人

　　继1984年设立亚太地区总部后，1994年，趁着中国金融市场开放的契机，高盛在北京和上海分设代表处，正式进入中国内地市场，并通过入股中资大型企业、担当承销商等途径向中国市场全面渗透。在帮助中资公司海外股票发售中，高盛一直占据重要地位，中国移动（0941.HK）、中石油（PTR.N）、交通银行（3328.HK）、中银香港（2388.HK）上市背后都有它的身影。高盛还创下中国资本市场许多"第一"的纪录。如第一家获准交易B股股票的外国投资银行、第一批获得中国发放QFII资格的机构等。根据彭博社此前的统计，高盛在进入中国市场的第十个年头，其在亚洲的收入有一半来自中国。

　　2007年7月12日，被誉为中国矿业明珠和资源之王的西部矿业（601168.SH）隆重上市，这是高盛首例A股上市公司PE股权投资案例。而中国国内券商PE直投试点，直到2009年5月才真正大规模放开。2009年3月5日，西部矿业发布公告，称2008年8月7日至2009年3月3日，高盛减持西部矿业股份，减持股份占公司总股本的5%。若按减持期间市场均价8.67元计算，高盛累计套现10.3亿元。

　　高盛大规模减持之时，恰逢全球金融危机爆发、A股市场大跌。西部矿业的股价亦从历史最高价68.5元最低跌至5.30元，许多人认为高盛是在割肉大甩卖。而据计算，高盛持股西部矿业1.923亿股的全部投资成本只有9610万元，以减持市值和持股成本计算，单单西部矿业5%股权减持就已全部收回投资，且取得的投资回报率高达974.3%。无独有偶，双汇发展（000895.SZ）的分红方式与西部矿业上市前股份疯狂扩张的做法如出一辙。2006年，高盛在收购双汇集团35.72%的股份时，遭遇到要约收购30%底线的难题；旋即，高盛联手鼎晖中国成长基金Ⅱ、香港罗特克斯有限公司等联合中标，从而拿下了中国最大的肉类加工企业的控制权。2009年11月高盛转让持有双汇股权的半数，获利1.5亿美元。此后3年高盛从双汇分得的红利也大为

可观，至少拿到数以亿计的现金分红，投资回报率达到240%。类似的剧情也曾在海普瑞（002399.SZ）身上上演。在2010年IPO的股票中，海普瑞发行价是148元/股，在当天最高达到了188.88元/股，瞬间市值高达750亿元。随着高盛的离去，高盛一手导演的FDA认证引发质疑，海外订单持续缩减，神话由此破灭，海普瑞跌落了神坛。此后，海普瑞股价连续下跌，低谷时近600亿元的市值灰飞烟灭，众多投资者被深度套牢。不过，作为原始股东的高盛方面依然成功套现逾20亿元，投资收益达数十倍。

2.一、二级市场策略配合

高盛在中国的布局可谓"无孔不入"，甚至房地产也曾涉足。2003年，高盛与华融成立合资公司——融盛资产管理公司，收购了价值19亿元人民币的不良贷款及地产资产组合。同年，高盛与华融资产和长城资产签署的近百亿元不良资产处置协议中，约50%属于地产不良资产。通过处置不良资产，高盛悄悄地进入了中国尚对外资限制的房地产市场。

高盛一边唱多一边逆向操作。2010年1月初，有消息称，美国高盛以转让价格2.5万元/平方米，计算总价超过24.5亿元人民币，转让其2007年以约16亿元人民币收购的"上海花园广场"项目。自相矛盾的是，2009年12月高盛一直唱多中国房地产，称中国房价略高但未见泡沫。就在脱手中国房产项目之后，高盛马上变脸，在2010年2月的报告中，将中国地产类股票的目标价格下调30%。

2014年《人民日报》（海外版）发文称，华尔街利用一切可以利用的工具，忽而唱衰、忽而捧杀，其目的就一个——获利。唱衰常常是进场的信号，捧杀则是已经捞足一票之后离场的先兆。2010年4月，英国《经济学人》杂志披露高盛的一份关于如何对冲经济下滑的报告，探讨如何曲线远程做空中国。高盛在报告中分析如何通过战略布局，以便从中国经济的下行中获得杠杆收益。

另一个突出的例证是工商银行。作为策略投资者，高盛于2006年4月28日入股工行，以25.822亿美元的总价认购164.76亿股工行股份（每股不到1元人民币）。它一边发布报告称看好中国经济，一边减持全球市值最大的工商银行股票。2013年5月20日收盘后，高盛通过场外大宗交易的方式，以每股5.47~5.5港元的价格出售了大约15.8亿股中国工商银行H股，套现约11.2亿美元。至此，高盛已出清其在工行所有持股，在不计算汇率变化和分红影响的情况下，高盛2006年投入的26亿美元，累计获利已达72.6亿美元，投资收益率达286%。

资料来源　崔文官. 高盛A股淘金收益率惊人：减持西部矿业赚974%［EB/OL］.［2017-07-01］. http：//stock.eastmoney.com/news/1354,20170701752172771.html.

思考：

（1）高盛为何能在中国资本市场获得巨额的投资收益？是因为他们有高超的投资技能吗？

（2）中国资本市场有哪些制度和监管上的缺陷和漏洞？如何完善？

　　　　　　　　　　　证券投资组合

一、证券投资组合的目的

证券投资组合又称证券组合，是指在进行证券投资时，不是将所有的资金都投向单一的某种证券，而是有选择地投向一组证券。这种同时投资多种证券的做法就叫证券投资组合。由于证券投资存在着较高的风险，而各种证券的风险大小又不相同，因此，企业在进行证券投资时，不应将所有的资金都集中投资于一种证券，而应同时投资于多种证券，这就形成了证券组合投资。证券组合投资对分散和降低投资风险具有重要的作用，正因为这样，一些国家的法律和制度都规定银行、保险公司、各类共同基金、信托公司等金融机构都必须将其投资分散，以形成高度多角化的投资组合，起到降低风险的作用。从投资者的角度看，某一特定股票价格的涨跌并不重要，重要的是对它们所组成的证券组合的风险和收益的影响。证券投资组合是证券投资的重要武器，它可以帮助投资者全面捕捉投资机会，降低投资风险。

二、证券投资组合的收益率与风险

（一）证券投资组合的收益率

证券投资组合的收益率是指投资组合中单项资产预期收益率的加权平均数，其计算公式为：

$$R_p = \sum_{i=1}^{n} W_i \cdot R_i$$

式中：R_p 为投资组合的期望收益率；W_i 为第 i 项证券在投资组合总体中所占比重；R_i 为第 i 项证券的期望收益率；n 为投资组合中证券的种类数。

【例 5-11】某投资组合中包括 A、B、C 三种证券，其期望收益率分别为 18%、16%、20%。在这个组合中，A、B、C 三种证券的比重分别为 0.50、0.25、0.25，则这个投资组合的期望收益率为：

$$R_p = 0.50 \times 18\% + 0.25 \times 16\% + 0.25 \times 20\% = 18\%$$

（二）证券投资组合的风险

证券投资组合的风险不能像计算期望收益率那样用各个证券的风险或标准差的加权平均数来计算。要计算证券投资组合的风险，首先要了解证券投资组合的风险构成。

证券投资组合的风险可以分为两种性质完全不同的风险：非系统性风险和系统性风险。

1. 非系统性风险

非系统性风险又叫可分散风险或公司特别风险，是指某些因素对单个证券造成经济损失的可能性，如公司在市场竞争中的失败等。这种风险，可通过证券持有的多样化来抵消，即多买几家公司的股票，其中某些公司股票的收益上升，另一些股票的收益下降，从而将风险抵消。因而，这种风险称为可分散风险。至于风险能被分散掉的程度，则取决于投资组合中不同资产预期报酬之间的相关程度。

对现实证券市场的研究表明，尽管各证券之间存在着一种正相关关系，但两种证券的收益之间从来不可能达到完全的正相关。若我们随机抽取两种股票，则平均而言，其相关系数 r 为 +0.6；而且大部分成对股票间的相关系数 r 在 +0.5 至 +0.7 之间，即部分正相关。在这种情况下，把两种股票组合成证券组合能在不降低投资者期望收益率的条件下，减少证券投资的风险，但不能全部消除风险。不过，如果股票种类较多，则能分散掉大部分风险，而当股票种类足够多时，几乎能把所有的非系统性风险分散掉。

2.系统性风险

系统性风险又称不可分散风险或市场风险，指的是由于某些因素给市场上所有的证券都带来经济损失的可能性。例如，宏观经济状况的变化、国家税法的变化、国家财政政策和货币政策的变化、世界能源状况的改变以及战争等不可抗力因素的影响都会使证券预期收益率发生变化。这些风险将影响到所有的证券，因此，不能通过证券组合分散掉。对投资者而言，这种风险是无法消除的，故称为不可分散风险。因此，对一个风险充分分散的证券组合来说，重要的是该组合的总的风险的大小，而不是每一证券的个别风险的大小。当一个投资者在考虑是否要在已有的证券组合中加入新的证券时，所考虑的重点也是这一证券对证券组合的总的风险（即系统性风险）的贡献，而不是其个别风险的大小。

不可分散风险的程度通常用 β 系数来计量。β 系数反映的是个别证券相对于市场上全部证券的平均收益的变动程度。市场收益是指所有证券组成的市场投资组合的收益。从理论上讲，市场投资组合是由所有风险性证券组成的，它的收益率是无法确定的；但在实务中，就证券投资来说，通常以一些具有代表性的证券指数作为市场投资组合，再根据证券指数中个别证券的收益率来估计市场投资组合的收益率，然后再采用一定的方法来估算 β 系数，用公式表示就是：

$$\beta = \frac{个别证券的系统性风险}{市场上全部证券的系统性风险}$$

如 β 系数为 0.5，表明该证券的系统性风险只相当于总系统风险的一半。换句话说，如果整个市场证券收益率的平均水平上升 10%，则该证券的收益率只上升 5%；而如果整个市场证券收益率的平均水平下降 10%，则该证券的收益率只下降 5%。如果一证券的 β 系数为 2，表明该证券的系统性风险相当于总系统性风险的两倍，如果整个市场证券收益率的平均水平上升 10%，则该证券的收益率将上升 20%；而如果整个市场证券收益率的平均水平下降 10%，则该证券的收益率也将下降 20%。

β 系数作为证券系统性风险的量度，在投资分析中有着重要的意义，但由于其实际计算过程相当复杂，同时需要大量的数据支持，因此它通常由专业投资服务机构定期计算并公布，以供投资者决策之用。

作为整体的证券市场的 β 系数为 1，如果某种股票的风险情况与整个证券市场的风险情况一致，则这种股票的 β 系数等于 1；如果某种股票的 β 系数大于 1，说明其风险大于整个证券市场的风险；如果某种股票的 β 系数小于 1，说明其风险小于整个证券市场的风险。

以上是个别证券 β 系数的计算方法。投资组合的 β 系数又如何计算呢？投资组合的 β 系数是个别证券 β 系数的加权平均数，权数为各种证券在投资组合中所占的比重。其计算公式为：

$$\beta_p = \sum_{i=1}^{n} W_i \cdot \beta_i$$

式中：β_p 为证券投资组合的 β 系数；W_i 为第 i 项证券在投资组合总体中所占的比重；β_i 为第 i 项证券的 β 系数；n 为投资组合中证券的种类数。

至此，可把上面的分析总结如下：

（1）一种股票的风险是由两部分组成的，即可分散风险和不可分散风险。

（2）可分散风险可通过证券投资组合来削减。如图5-1所示，可分散风险随证券投资组合中股票数量的增加而逐渐减少。

（3）股票的不可分散风险由市场变动所产生，它对所有股票都有影响，不能通过证券投资组合消除，不可分散风险是通过β系数来测量的。

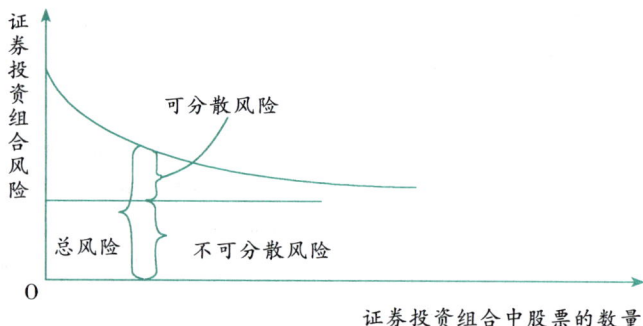

图5-1　证券投资组合风险

（三）证券投资组合的风险收益

投资者进行证券组合投资与进行单项投资一样，都要求对承担的风险进行补偿，股票的风险越大，要求的收益就越高。但是，与单项投资不同，证券组合投资要求补偿的风险只是不可分散风险，而不要求对可分散风险进行补偿。如果有可分散风险的补偿存在，善于科学地进行投资组合的投资者将购买这部分股票，并抬高其价格，其最后的收益率也只反映不可分散的风险。因此，证券投资组合的风险收益是投资者因承担不可分散风险而要求的、超过时间价值的那部分额外收益。可用下列公式计算：

$$R_p = \beta_p \cdot (K_m - K_F)$$

式中：R_p 为证券投资组合的风险收益率；β_p 为证券投资组合的β系数；K_m 为所有股票的平均收益率，也就是由市场上所有股票组成的证券投资组合的收益率，简称市场收益率；K_F 为无风险收益率，一般用国库券的利息率来衡量。

【例5-12】某企业投资于A、B、C三种股票，构成投资组合，经测算，它们的β系数分别为1、0.50、1.50。A、B、C三种股票在投资组合中所占的比重分别为20%、30%、50%。股票市场平均报酬率为16%，无风险收益率为12%。该企业拟投资总额为100万元，试计算这种投资组合的风险收益率和风险收益额。

（1）投资组合的β系数为：

$\beta_p = 20\% \times 1 + 30\% \times 0.50 + 50\% \times 1.50 = 1.10$

（2）该投资组合的风险收益率为：

$R_p = 1.10 \times (16\% - 12\%) = 4.40\%$

（3）该投资组合的风险收益额为：

风险收益额 $= 100 \times 4.40\% = 4.40$（万元）

从以上计算可以看出，在其他因素不变的情况下，风险收益率的大小主要取决于证券投资组合的β系数，β系数越大，风险收益率就越大；反之，亦然。

【例5-13】续【例5-12】，该企业为了降低风险，出售部分风险较高的C股票，买进部分B股票，使A、B、C三种股票在证券组合中的比重变为20%、50%、30%，试计算此时的风险收益率。

β_p=20%×1+50%×0.50+30%×1.50=0.90

R_p=0.90×（16%-12%）=3.60%

风险收益额=100×3.60%=3.60（万元）

由以上计算可见，调整各种证券在证券投资组合中的比重，可改变证券投资组合的风险系数、风险收益率和风险收益额。

（四）证券投资组合的必要收益率

上述风险收益率的计算是在假设证券投资组合中所有的资产均为风险性资产的情况下，只考虑因承担不可分散风险而要求的、超过时间价值的那部分额外收益。事实上，市场上可供选择的投资工具很多，除风险性资产外，还有大量的无风险性资产，如政府债券等。因此，计算证券投资组合的风险收益率必须全面考虑风险与收益的关系。

资本资产定价模型（capital assets pricing model，CAPM）是现代西方财务管理中揭示多元化投资组合中资产风险与所要求的收益之间关系的一个重要模型。

资本资产定价模型为：

$K_i=R_f+\beta_i·（K_m-R_f）$

式中：K_i为第i种股票或第i种证券投资组合的必要收益率；R_f为无风险收益率；β_i为第i种股票或第i种证券组合的β系数；K_m为所有股票或所有证券的平均收益率。

【随堂测】新华公司股票的β系数为1.20，无风险收益率为5%，市场上所有股票的平均收益率为9%。

请计算该公司股票的必要收益率。

【例5-14】某公司股票的β系数为1.20，无风险收益率为8%，市场资产组合的平均收益率为14%。根据资本资产定价模型，可计算出这一股票的必要收益率应为：

K_i=8%+1.20×（14%-8%）=15.20%

即该企业股票的收益率达到或超过15.20%时，投资方才肯进行投资；如果低于15.20%，投资方不会购买该股票。

计算出了股票的必要收益率，就不难确定股票的价值。假设该股票为固定成长股，成长率g=5.20%，预期1年后的股利是2元，则该股票的价值为：

$$V = \frac{d_1}{R - g} = \frac{2}{15.20\% - 5.20\%} = 20（元）$$

即在股票市场上，如果该股票的价格低于20元，投资者就可以购买；否则，不宜购进该股票。

三、证券投资组合的策略与方法

（一）证券投资组合的策略

议一议　同学们，鸡蛋是放在一个篮子里好，还是放在多个篮子里好呢？如果你手上现有1 000万元闲置资金，需要进行组合投资，你将如何组合呢？

在证券投资组合理论的发展过程中，形成了不同的组合策略，现介绍其中最常见的几种。

1.保守型策略

这种策略也称为跟随大市策略。这种策略认为，最佳证券投资组合策略是要尽量模拟市场现状，将尽可能多的证券包括进来，以便分散掉全部可分散风险，得到与市场上所有证券的平均收益同样的收益。这是一种最简单的策略。它在具体操作时，无须进行特定组合，而只要选择足够品种的证券即可。因为证券投资组合理论认为，只要证券投资组合的数量达到充分多时，便可分散掉大部分可避免风险。1976年，美国先锋基金公司（先锋集团）创造的指数信托基金便是这一策略的最典型代表。这种基金投资于标准普尔股票指数中所包含的全部500种股票，其投资比例与500家企业价值比重相同。这种投资组合有以下好处：（1）能分散掉全部可分散风险；（2）不需要高深的证券投资的专业知识；（3）证券投资的管理费比较低。但这种组合获得的收益不会高于证券市场上所有证券的平均收益。因此，此种策略属于收益不高、风险不大的策略，故称为保守型策略。

2.冒险型策略

这种策略认为，与市场完全一样的组合不是最佳组合，只要投资组合做得好，就能击败市场或超越市场，取得远远高于市场平均水平的收益。在这种组合中，一些成长型的股票比较多，而那些低风险、低收益的证券不多。另外，这种组合的随意性强，变动频繁。采用这种策略的人都认为，收益就在眼前，何必死守苦等。对于追随市场的保守派，他们是不屑一顾的。这种策略收益高，风险大，因此，称为冒险型策略。

3.适中型策略

这种策略认为，证券的价格，特别是股票的价格，是由特定企业的经营业绩来决定的。市场上股票价格的一时沉浮并不重要，只要企业经营业绩好，股票一定会升到其本来的价值水平。采用这种策略的人一般都善于对证券进行分析，如行业分析、企业业绩分析、财务分析等。通过分析，选择高质量的股票和债券，组成投资组合。适中型策略如果做得好，可获得较高的收益，而又不会承担太大的风险。但进行这种组合的人必须具备丰富的投资经验，拥有进行证券投资的各种专业知识。这种投资策略风险不太大，收益却比较高，所以是一种最常见的投资组合策略。各种金融机构、投资基金和企事业单位在进行证券投资时一般都采用这种策略。

（二）证券投资组合的方法

进行证券投资组合的方法很多，但最常见的通常有以下几种：

1.选择足够数量的证券进行组合

这是一种最简单的证券投资组合方法。在采用这种方法时，不是进行有目的的组合，而是随机选择证券，随着证券数量的增加，可分散风险会逐步减少，当数量足够多时，大部分可分散风险都能分散掉。根据投资专家的估计，在美国纽约证券市场上随机地购买40种股票，其大多数可分散风险都能分散掉。为了有效地分散风险，每个投资者拥有股票的数量最好不少于14种。我国股票种类还不太多，同时投资于10种股票，就能达到分散风险的目的了。

2.把风险大、风险中等、风险小的证券放在一起进行组合

这种组合方法又称为1/3法，是指把全部资金的1/3投资于风险大的证券、1/3投资于风险中等的证券、1/3投资于风险小的证券。一般而言，风险大的证券对经济形势的变化比较敏感，当经济处于繁荣时期，风险大的证券会获得高额收益；但当经济衰退时，风险大的证券却会遭受巨额损失。相反，风险小的证券对经济形势的变化不十分敏感，一般都能获得稳定收益，而不致遭受损失。因此，1/3法是一种进可攻、退可守的组合法，虽不

会获得太高的收益，但也不会承担巨大风险，是一种常见的组合方法。

3.把投资收益呈负相关的证券放在一起进行组合

一种股票的收益上升而另一种股票的收益下降的两种股票，称为负相关股票。把收益呈负相关的股票组合在一起，能有效地分散风险。例如，某企业同时持有一家汽车制造公司的股票和一家石油公司的股票，当石油价格大幅度上升时，这两种股票便呈负相关，因为油价上涨，石油公司的收益会增加，但油价的上升，会影响汽车的销量，使汽车公司的收益降低。只要选择得当，这样的组合对降低风险有十分重要的意义。

本章小结

1.证券投资是指企业通过投资股票、债券、基金等有价证券以及这些有价证券的衍生品，以获取差价、利息及资本利得的投资行为。其目的是未来获取投资收益，分散投资风险，稳定客户关系，提高资产流动性。

2.企业证券投资的种类直接取决于有价证券的种类。按照证券发行主体不同，证券可分为政府债券、金融债券、企业债券及企业股票四种类型。

3.证券投资风险是指投资者在证券投资过程中遭受损失或达不到预期收益的可能性，这是证券投资的基本特征之一。证券投资风险主要包括违约风险、利息率风险、购买力风险、流动性风险和期限性风险。

4.企业进行证券投资的主要目的是获得投资收益。证券收益包括经常收益和当前收益。其中，前者指债券按期支付的债息收入，或股票按期支付的股息或红利收入；后者表示证券交易现价与原价的价差所带来的证券本金升值或减值。收益的高低是影响证券投资的主要因素。证券投资的收益有绝对数和相对数两种表示方法。

5.在证券投资组合理论的发展过程中形成了不同的组合策略，其中最常见的有保守型策略、冒险型策略和适中型策略。进行证券投资组合的方法最常见的有：选择足够数量的证券进行组合；把风险大、风险中等、风险小的证券放在一起进行组合；把投资收益呈负相关的证券放在一起进行组合。

概念回顾

证券投资　证券投资风险　证券投资组合　系统性风险　非系统性风险　资本资产定价模型

课堂讨论题

1.如何规避证券投资风险？
2.中国企业在证券投资中普遍存在哪些问题？如何解决？

复习思考题

1.简述证券投资的目的。
2.简述证券投资的风险。
3.为何要对股票进行估价？股票估价与债券估价有何不同？

第六章

收入和利润管理

内容提要

本章主要介绍收入的概念与作用、商品销售价格的定价方法、收入预测的基本方法、利润的作用与管理要求、利润预测的基本方法、利润分配的基本原则与顺序、利润分配政策及其选择、股利分配形式、股利支付程序和支付方式、股票分割与股票回购。

第一节　　　　　　　　收入管理

一、收入的概念与作用

（一）收入的概念

收入是指企业在销售商品、提供劳务及让渡资产使用权等日常活动中形成的经济利益的总流入。

取得收入是企业从事生产或经营活动的主要目的之一，也是企业实现利润最大化的必经途径。收入来自企业的生产经营活动。不论是工业、农业、商业还是金融企业，其正常经营活动总是包括销售商品、提供劳务、让渡资产使用权等。销售商品得到商品销售收入；提供劳务如提供运输、提供修理、提供住宿等得到提供劳务收入；让渡资产使用权得到利息收入和使用费收入。各种类型的收入按其在企业中的重要性可分为主营业务收入和其他业务收入。

在实际工作中，主营业务收入与其他业务收入的划分视企业的具体情况而定。作为生产产品的工业企业，对外出租多余资产的收入，显然应当列为其他业务收入；而在一家租赁公司，此项业务收入就肯定属于主营业务收入。有时，在实务中也根据各种业务活动的性质和营业金额的大小来划分主营业务收入和其他业务收入。例如，代客户加工和装配等业务属于工业性作业，所以包括在工业企业的产品销售收入范围内；代客户运输商品，因为是非工业性作业，就列为其他业务收入。

（二）收入的作用

第一，收入是衡量企业生产经营成果的重要标志。在市场经济中，企业生产经营的目的是在向社会提供产品或服务的同时取得自身的效益，同时也为企业提供更多的资金积累。此目的能否实现，可以在收入中得到比较集中的体现。企业能否及时取得收入，表明企业生产的产品能否为消费者所接受以及在多大程度上满足了消费者的需要；同时，企业能否实现利润以及实现多少利润也是以一定数额的收入为基础的。因此，收入是企业经营成果能否实现的重要标志，在某种程度上体现了社会对企业的认可和满意程度。

第二，收入是企业现金流入量的主要组成部分。企业要想维持其正常的财务活动，必须保持适量的现金以备采购商品、支付费用、缴纳税费和偿付到期债务。这就要求企业能保持不断的现金流入。作为增加现金流入量的辅助措施，举借债务的作用是毋庸置疑的，而且为扩大经营规模而举借的债务，能够为企业带来更多的未来收入，但举债要付出支付利息费用的代价，在无形中增加了企业的风险，而且在大多数情况下，资本市场的融资环境往往处于相对紧张状态，这就使得举债和增募资本金都不是一件容易的事，而获取收入则要轻松得多。企业产品只要适销对路，价格具有竞争力，便可以销售出去，并收回现金。在市场竞争空前激烈、市场形势极为严峻的情况下，如果企业急需现金，甚至可以以牺牲利润为代价来降低产品销售价格，获取现金收入。

第三，收入是企业再生产顺利进行的必要条件。企业在生产经营活动中，为谋取收入，要发生相当大的人力、物力、财力的消耗，这些消耗或构成成本，或形成费用，它们都要在取得营业收入以后才能得到补偿。因此，适时地取得收入，可以促使企业再生产活动顺利进行。

第四，收入是实现企业利润的主要源泉。企业生产经营活动的最终目的是获取利润。虽然企业对外投资也可以获取利润，但对除投资公司、控股公司以外的普通企业而言，对外投资分得的利润在其利润总额中毕竟所占比重不大，企业获得的收入在补偿成本、费用和其他开支以后，是企业利润最主要的来源。企业利润是企业向国家缴纳所得税的来源，也是企业扩大再生产的来源。从这个角度而言，积极地组织企业提高收入，对企业有着十分重要的意义。

二、收入管理的要求

收入的重要作用决定了加强收入管理的必要性。在我国，随着社会主义市场经济体制的逐步完善，企业的生存环境已发生了根本性转变，竞争将非常激烈，市场、销售、收入将成为企业日益关心的焦点。企业应当建立销售价格管理制度，明确产品或者劳务的定价和销售价格调整的权限、程序与方法，根据预期收益、资金周转、市场竞争、法律规范等要求，采取相应的价格策略，以防范销售风险。就目前而言，企业收入管理应遵循以下几项基本要求：

第一，合理地制定商品价格。作为最有效的一种理性竞争工具，价格对于企业而言，具有重要的战略意义。合理的价格可以保证企业在保持市场地位的同时，获得满意的利润。因此，企业应在抓好内部成本控制的同时，制定适当的价格策略，实现收入的最优化。价格策略的制定，应考虑市场的供求状况、竞争激烈程度、消费者心理以及市场定位等因素。

第二，正确预测收入。收入的预测分析实际上就是市场动态与销售情况的预测分析。在市场经济体制下，企业依靠市场生存，以销促产，因而销售预测变得极为重要。企业的财务部门、销售部门应该深入调查研究，掌握大量信息，占有充分、翔实的第一手资料，把握市场动态和变化趋势，采用科学的方法对销售情况和相应的营业收入作出尽可能合理的预测，以便组织生产经营活动，作出各种财务决策。

第三，有效地进行收入的日常管理。要保证企业销售活动有计划地进行，并取得预计的收入，必须加强日常管理控制，即企业主要根据市场需求组织安排生产，及时签订并严格履行销售合同，加快组织货款回笼，节约销售费用，建立健全销售岗位责任制度和控制制度，经常组织销售及收入的考核与分析并与奖惩措施挂钩，从而使销售管理工作逐步实现科学化和规范化。

三、商品销售价格的制定

企业的商品销售收入取决于商品销售量和商品销售价格两个因素。在商品销售量一定的情况下，其销售价格的高低对销售收入的多少的影响至关重要。在市场经济条件下，企业拥有商品的定价权，应根据各自的定价目标选择科学可行的定价方法，合理确定商品的销售价格。

（一）标准产品定价的基本方法

对标准产品制定正常的、长期性价格时，最常用的就是成本加成定价法。其基本点就是所确定的售价除需补偿全部成本费用外，还应为投资者提供合理的报酬。其基本表达式为：

产品售价＝单位产品制造成本＋单位产品应负担的期间费用＋单位产品目标利润　　　　［公式6-1］

式中：单位产品制造成本可根据企业会计核算资料确定。

单位产品应负担的期间费用是指其应负担的销售费用、管理费用和财务费用。

在定价时，这部分费用通常按照销售收入的一定比例计算，即：

单位产品应负担的期间费用＝产品售价×期间费用率　　　　　　　　　　　　　　　　　　　［公式6-2］

单位产品目标利润可根据销售收入利润率计算，即：

单位产品目标利润＝产品售价×销售收入利润率　　　　　　　　　　　　　　　　　　　　　　［公式6-3］

将［公式6-2］和［公式6-3］代入［公式6-1］，可得：

产品售价＝单位产品制造成本＋产品售价×期间费用率＋产品售价×销售收入利润率　　［公式6-4］

整理［公式6-4］，得出产品定价的基本公式为：

$$产品售价 = \frac{单位产品制造成本}{1 - (期间费用率 + 销售收入利润率)}$$

【例6-1】A产品的单位制造成本为80元，期间费用率为10%，销售收入利润率为18%，则A产品的单位售价为：

$$\frac{80}{1 - (10\% + 18\%)} = 111.11 （元）$$

【随堂测】某产品单位制造成本为105元，期间费用率为10%，销售收入利润率为20%。请确定该产品的单位销售价格。

（二）新产品定价的基本方法

市场上已经出现而在本企业属于刚投产的新产品，其定价工作是被动性的，企业可以根据市场上其他企业同种产品的售价对比确定。

市场上从未出现过的新产品，情况就大不相同了。这种新产品具有不确定性：什么样的价格能为消费者所接受？推销费用能发生多少？销量达到多大？销量、价格、利润之间关系如何？这些问题很难确定。在这种情况下，企业可以采用"撇脂性"或"渗透性"两种截然不同的非常定价方法。

"撇脂性"定价是一种高价策略，即在新产品刚进入市场的阶段，利用消费者求新求奇的心理，在产品价格的可行范围内尽可能定高价，以便在短期内赚取最大利润。就好像在牛奶中撇取脂肪一样，尽快取出产品利润。这种方法，对于投产时缺乏竞争对手、估计极易打开市场的新产品来说，是一种可取的定价方法。

"渗透性"定价是一种低价策略，它与"撇脂性"定价策略相反，是指企业向市场推出新产品时，利用顾客的求廉心理，在产品价格的可行范围内，采取保本微利、薄利多销、尽量低价的方法。这是一种考虑长远利益的定价方法。

（三）特殊情况下的定价问题

这里所说的特殊情况主要是指企业尚有剩余生产能力未被充分利用、市场需求发生特殊变化、遇到强劲的竞争对手等。在这种特殊情况下，前述的定价方法无法应用。此时，可按变动成本（边际贡献）定价法确定价格。其定价原则可用如下模式来说明：

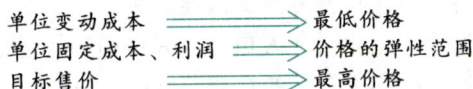

单位变动成本 ⟹ 最低价格
单位固定成本、利润 ⟹ 价格的弹性范围
目标售价 ⟹ 最高价格

这一模式表明，在遇到特殊情况时，企业可以根据具体情况，把价格定在最高价格和最低价格之间，而不一定使价格高于企业的全部成本。

如果企业有多余的生产能力，暂时又不能为其他所用，此时的价格，可以不考虑价格对总成本的补偿，只考虑价格对变动成本的补偿，只要所确定的价格不低于单位变动成本，即只要有边际贡献能用于补偿固定成本或形成利润，该价格即为可行。由于边际贡献=销售收入-变动成本，当边际贡献>变动成本时，其超过部分的收益可用于补偿固定成本；当边际贡献刚好能全部补偿固定成本时，企业不亏不盈；当边际贡献>总成本时，企业就盈利。反之，当边际贡献=变动成本时，只能补偿变动成本，不能补偿固定成本；当边际贡献<变动成本时，不但不能补偿固定成本，也不能补偿变动成本，在这两种情况下企业就亏损。

如果企业遇到较强的竞争对手，为了增强产品的竞争能力，也可以以变动成本为基础把价格暂时定在全部成本之下；如果市场上某产品需求突然减少，迫使企业不得不降价出售时，只要价格略高于变动成本就能补偿一部分固定成本，比完全停产损失要小些。现举例说明如下：

【例6-2】某厂生产乙产品的年设计生产能力为10 000件，销售单价为100元，单位制造成本为80元，其中，直接材料费用40元，直接人工费用18元，制造费用中的变动制造费用8元，制造费用中的固定制造费用14元。该企业目前每年尚有40%的生产能力闲置。某日，一客户欲与该厂签订如下条件的订货合同：以每件70元的价格为该客户生产4 000件乙产品，且在该批订货中有某种额外要求，需购置一台价值5 000元的专用设备。那么，该厂家是否接受这批订货呢？

按照传统观念来看，该订货价格绝不可以接受，宁可让机器设备闲置。因为每件产品单位制造成本为80元，而订货合同价却只有70元，每件亏损10元，同时还要额外增加5 000元的固定资产投资，会产生高达45 000元（10×4 000+5 000）的损失。但是，按照边际贡献法分析，该价格或者说该批订货是完全可以接受的。因为该企业在目前状况下，无论是否要将闲置的生产能力加以利用，在生产中需发生的固定成本额是一定的，因而它不是该项决策的相关成本，无须加以考虑。只要对方出价高于本次订货的相关成本——包括变动成本和专属固定成本，即能提供贡献毛益即可。因为只要有贡献毛益，那就必然会增加本企业利润总额或减少本企业的亏损总额。

$$该批订货提供的贡献毛益额 = 该批订货的销售收入额 - 该批订货的变动成本额 - 该批订货追加的专属固定成本额$$

$$= 4\,000 \times 70 - 4\,000 \times (40 + 18 + 8) - 5\,000 = 11\,000 （元）$$

不难看出，该批订货会使该企业增加利润或减少亏损共计 11 000 元，这个价格是可行的。从道理上讲，价格只要高于单位变动成本 67.25 元（66+5 000÷4 000）即为可行。

四、收入的日常管理

(一) 销售合同的签订与履行

销售合同是企业为取得营业收入而与购货人或劳务接受人就双方在购销或服务过程中的权利义务关系所签订的具有法律效力的书面文件。除采用钱货两清等即时清结的销售方式外，企业在向购买方销售货物或向劳务接受人提供劳务时，都应该同对方签订合同。

为了保证合同的顺利履行，企业财务人员应掌握合同的签订情况，有条件的要参与合同的签订工作。对企业财务状况影响较大的销售合同的签订，财务部门和经营部门要事先协商取得一致意见。财务部门和财务人员在销售合同的签订和履行过程中要做好以下工作：

1.审查对方的资信状况

合同签约对方的资信状况对合同的签订和未来的履约有很大影响，财务部门负责销售后的收款工作，应掌握有关企业资信状况的第一手资料。如果签约对方是企业的老客户，财务部门应检查该客户在过去的交易中的记录；如果签约对方是企业的新客户，财务部门要注意搜集该客户公布的经注册会计师审计的财务报告，或者设法调查、了解该客户最近以来同别的企业交易的履约情况。财务部门一旦发现客户的资信状况有可疑之处，应当立即提醒经营部门选择采用下列措施：（1）要求钱货两清，向对方即时清结货款；（2）收取一定数额或比例的定金；（3）要求客户提供抵押担保物品；（4）要求客户提供履约保证人，并出具该保证人具有保证能力的有关证明文件。

2.检查合同价格，控制商业折扣

经营部门有时为追求经营实绩，会在合同签约过程中对客户作出适当的让步。对于经营部门在其职权范围内的必要的妥协，财务部门应当予以支持。但如果在价格方面减让过多或者给予的商业折扣比例过大，就会影响企业既定的商品定价策略的实施，减少企业营业收入。因此，财务部门如果发现经营部门减价过多或者商业折扣比例过大，应及时与经营部门联系，提请更正，必要时可要求企业行政负责人出面协调。

3.控制信用规模和信用期限

为促进销售，大部分企业都对客户提供一定的商业信用，如赊销、分期付款、接受商业汇票等。但商业信用本身会在一定程度上占压企业的资金，影响企业营运资金的周转，导致企业利息费用增加，而且还加大了企业的财务风险。因而，企业对外提供的商业信用规模不宜过大，期限不可太长。为此，企业财务部门应在同经营部门协调一致的基础上，对信用销售有一个总体的安排。财务部门一旦发现经营部门对外提供的信用规模过大或信用期限过长，或者对不适当的客户提供了信用，应立即提请更正。

4.监督结算方式的选择

不同的结算方式，其安全性是不一样的。现金销售，钱货两清，安全性最高，但除商业零售外，大部分企业都不可能完全做到这一点。在现金销售中，除收取结算货币现款以外，银行本票和银行汇票的安全性取决于出票银行的信誉状况。支票只有在开户银行收妥款项以后才没有问题，否则就有可能因对方账户空头而遭到对方银行拒付。除现金销售以外，商业汇票的结算方式也相对较安全，其中由付款银行担保的银行承兑汇票更可靠。委托银行收款结算方式要视信用证签发银行的资信状况而定，一般而言，国际著名的大银行以及在我国设有分行或办事处的银行其资信状况较佳，其签发的信用证安全可靠。

企业的销售合同应规定款项的结算方式，财务部门应该提醒经营部门尽可能选择对本企业有利、能及时收回价款的结算方式。

5.及时收回价款

在向对方提交商品或提供劳务以后，财务部门要按合同规定的期限、结算方式向对方收取款项。对未能按期收回的价款，应立即查明原因。如果对方款项已经付出，属于银行方面的原因，应通过开户银行追款。如果对方拒付，要立即反馈给经营部门，属于本企业责任的，要责成有关部门或人员及时处理；属于对方无理拒付的，要采取一定措施组织催收。

6.监督解除合同的善后处理工作

销售合同签订以后，因己方或对方原因致使合同无法履行时，要解除合同。如果是因为己方原因解除合同，除法律规定可以不予承担责任的部分以外，要赔偿对方的损失，但此项赔偿以合同规定的违约责任为限。如果是对方原因解除合同，除法律规定可以不承担责任的部分以外，应没收定金并追偿造成的损失。财务部门应监督解除合同的处理过程，以保证本企业的合法利益不受侵害。

（二）销售市场的扩展

稳定的市场是取得稳定营业收入的可靠保证。在激烈的市场竞争中，稳定是相对的，企业只有不断进取，才能保住现有的市场。为了增加营业收入，企业还必须不断地开拓新的市场。扩展市场可以采取的措施主要有：

1.进行市场细分，选定商品目标市场

市场细分是企业在市场调查的基础上，根据客户的需要、购买行为、购买习惯等，将本企业商品的整体市场划分为具有明显区分标准的若干个"小市场"。市场的细分能为企业选择目标市场指明方向，有助于企业发掘新的市场，可以使企业以较少的销售费用支出获取较多的营业收入。

市场进行细分可以有许多不同的标准，如可以按客户分布的地区划分、按消费者的年龄划分、按客户的购买偏好划分等。通过细分，找出目标市场，并采取科学的产品设计、合理的定价、适当的广告宣传等市场定位措施，打开并进入该市场。例如，某家具公司主要生产中、高档家具，原有的市场主要集中在大城市。该公司按居民家庭年均收入的标准对市场进行细分后，发现有一部分县城的居民收入在迅速向大城市靠拢。由于这些县城充斥着粗制滥造的低档家具，因此中档家具有一定的市场潜力。于是，该公司在这些县城建立了一批销售网点，在价格上略作减让，辅之以必要的宣传，很快取得了相当不错的销售业绩，并为今后进一步向广大农村市场扩展建立了桥头堡。

2.正确进行广告宣传

广告是企业利用一定的媒体向公众宣传本企业及产品的一种营销手段。得当的广告宣传可以提高企业的知名度，诱导潜在客户购买本企业的产品。但是广告宣传要付出可观的广告费用，所以企业必须重视广告的效果。

（1）要选择适当的媒体。一般而言，传播效果好的媒体，收费标准较高，收费低的媒体则传播效果不一定好。在进行广告宣传前，财务人员应认真进行成本效益分析，要量力而行，讲求实效。

（2）要精心制作广告内容。现场推销时销售人员可以通过购买者的反应了解购买者的心理及需求，并及时加以解释说明。广告是单方面的灌输，因而在设计广告内容时，要讲究一真实、二对路。如果搞欺骗宣传不仅要受到法律惩罚，更重要的是谎言不可能长久维持，日后失去信誉的损失是更惨重的。广告固然要讲究艺术，但更要事先了解客户的心理和需求，有针对性地进行宣传，才能收到良好的宣传效果。

（3）要选择广告发布的时间和频率。如果时间选择不当，再好的媒体、制作，也不一定有好的效果。

3. 搞好售后服务

企业成本费用的开支并不因销售的实现而停止，售后服务费用在企业销售费用中占的比重很大。企业的售后服务包括送货、安装、调试、退换、修理等许多方面。完善的售后服务可以解除客户的后顾之忧，不但对巩固现有市场不可或缺，也可以依此招揽新的客户，提高企业的市场占有率。

第二节　利润管理

一、利润的概念与作用

（一）利润的概念

利润是指企业在一定会计期间内的经营成果，包括收入减去费用后的净额、直接计入当期利润的利得和损失等。直接计入当期利润的利得和损失，是指应当计入当期损益、会导致所有者权益发生增减变动的、与所有者投入资本或者向所有者分配利润无关的利得和损失。利润金额的计量取决于收入和费用、直接计入当期利润的利得和损失金额的计量。

营业利润是企业利润的主要来源，其计算公式为：

$$\text{营业利润} = \text{营业收入} - \text{营业成本} - \text{税金及附加} - \text{销售费用} - \text{管理费用} - \text{财务费用} - \text{信用减值损失} - \text{资产减值损失} + \text{其他收益} + \text{公允价值变动收益} (-\text{公允价值变动损失}) + \text{投资收益} (-\text{投资损失}) + \text{资产处置收益} (-\text{资产处置损失})$$

$$\text{利润总额} = \text{营业利润} + \text{营业外收入} - \text{营业外支出}$$

$$\text{净利润} = \text{利润总额} - \text{所得税费用}$$

（二）利润的作用

搞好利润管理，不断提高企业的利润水平，无论对企业还是对国家，都具有十分重要的意义。

1. 利润是衡量企业生产经营水平的一项综合性指标

从利润的构成内容看，企业利润既包括营业利润又包括营业外利润。这就概括了企业的全部生产经营工作。因此，利润的多少反映了企业生产经营水平的高低。企业获得的利润越多，说明企业的经营管理有方，在生产经营活动中的消耗少，产品成本低，产品适销对路、质量好、数量多。

2.利润是企业实现财务目标的基础

现代化企业财务管理的总体目标是企业价值最大化，而企业价值最大化是利润与风险的最佳组合，因而企业只有实现足够的利润，才能完成企业财务目标，企业的债权人、股东的利益才会得到保障。利润是一项综合性很强的指标，企业经营管理的质量、市场开拓能力、成本费用的开支、各种财务风险最终都会在企业的利润上体现出来，因而利润也是对企业作出评价的最重要的指标。

3.利润是企业扩大再生产的资金保障

在社会主义市场经济条件下，企业是一个独立的经济实体。在激烈的市场竞争中，企业要想发展壮大，站稳脚跟，必须积累充裕的资金用以扩大再生产。企业的资金来源是多方面的，其中利润是重要的一项。企业要扩大生产经营规模、提高生产技术；主要应依靠自身的内部积累。这不仅能给企业带来更多的未来利润，而且也有利于提高企业的安全性。

二、利润管理的要求

（一）树立正确的盈利观念，不断提高盈利水平

在社会主义市场经济条件下，企业生产经营的主要目的是满足社会主义现代化建设的需要，企业增加盈利必须服从这一目的，必须反对那种不顾社会生产和人民生活，不顾国家的法律和政策，不择手段、唯利是图的经营观念；必须反对不讲核算，不讲效益，浪费社会财富，蚀掉企业老本的做法。应在坚持正确的生产经营方向的前提下，把效益放在应有的位置上，采取各种行之有效的措施，不断提高盈利水平。

（二）实行利润目标分管责任制，保证利润目标的完成

利润既是生产经营结果的反映，又对企业生产经营活动起着一定的制约作用。为了加强利润管理，必须开展利润预测，制定切合实际的利润目标。为了实现利润目标，企业要完善内部责任制，将利润目标和其他各项经济技术指标进行分解，落实到企业有关部门和个人，明确他们的经济责任，并且将责权利结合起来，组织和动员各方面的力量来增加利润，保证利润目标的顺利完成。

（三）严格执行有关财经法规，正确进行利润分配

企业采取各种措施增加利润，必须从全局利益出发，严格执行国家的有关财经法规。例如，企业安排生产，首先必须符合国家产业政策的要求，生产的产品必须保证质量，符合国家颁布的质量标准，不得偷工减料、以次充好。同时，企业应严格按财经法规的规定，正确组织利润分配。企业在一定时期内的利润必须首先用于纳税，然后才能用于企业的生产经营发展和各项福利支出。

三、利润的预测

利润预测是企业在收入预测的基础上，通过对销售量、商品或服务成本、经营费用以及其他对利润产生影响的因素的分析和研究，对企业在未来某一时期可以实现的利润的预计和测算。正确的利润预测可以为企业未来的经营找到利润目标，便于按利润目标对企业的经营效果进行考核。

在利润总额中，营业利润占的比重最大，因而营业利润的预测是利润预测的重点，营业外收支净额可以采用较为简便的方法进行预测。

· 156 ·　　　　　　　　　　　　　　　　财务管理

（一）营业利润的预测

营业利润预测的方法很多，主要有量本利分析法、目标利润法和比例测算法。

1.量本利分析法

量本利分析法就是根据商品的销售数量、成本和利润之间的相互关系，进行综合分析，从而预测营业利润的方法。运用量本利分析法预测企业的利润，关键是要解决成本和销售量之间的数量关系。首先将成本分解为固定成本和变动成本，再把收入和利润考虑进来，成本、销量和利润的关系就可以统一于下面这个数学模型之中：

利润=单价×销售量−单位变动成本×销售量−固定成本

它可用来预测企业的盈亏平衡点、目标利润以及各有关因素的变动对利润的影响。

（1）盈亏平衡点预测。

盈亏平衡点预测主要包括：

❶单一产品盈亏平衡点的确定。盈亏平衡点也称保本点，它是区分盈利和亏损的分界点，在这一点上销售利润等于零，即销售净收入总额与成本总额（变动成本总额加固定成本总额）相等，其计算公式如下：

$$盈亏平衡点销售量 = \frac{固定成本总额}{销售单价 - 单位变动成本} = \frac{固定成本总额}{单位边际贡献}$$

上式两边同时乘以产品销售单价，则可得：

$$盈亏平衡点销售额 = \frac{固定成本总额}{1 - 变动成本率} = \frac{固定成本总额}{边际贡献率}$$

【例6-3】某企业生产甲产品，固定成本总额为10 000元，单位变动成本为22元，单位售价为30元，则：

盈亏平衡点销售量=10 000÷（30−22）=1 250（件）

盈亏平衡点销售额=10 000÷（1−22÷30）=37 500（元）

❷多产品盈亏平衡点的确定。在现代经济社会中，生产一种产品的企业只占少数，大部分企业产销多种产品。如果企业生产经营多种产品，在采用量本利分析法预测盈亏平衡点时，可先求出所有产品的综合边际贡献率，计算公式为：

综合边际贡献率 $= \sum$(各种产品的边际贡献率 × 各种产品销售收入占全部销售收入总额的比重)

然后，计算出企业的综合盈亏平衡点销售收入，计算公式为：

$$综合盈亏平衡点销售收入 = \frac{固定成本总额}{综合边际贡献率}$$

最后，再计算出各产品盈亏平衡点的销售收入，计算公式为：

某种产品盈亏平衡点销售收入=综合盈亏平衡点销售收入×该种产品销售收入占全部销售收入总额的比重

【例6-4】某企业生产甲、乙、丙三种产品，固定成本总额为90万元，三种产品的边际贡献率分别为30%、42%、50%，其销售比重分别为40%、40%、20%，则：

综合边际贡献率=30%×40%+42%×40%+50%×20%=38.8%

综合盈亏平衡点销售收入=900 000÷38.8%=2 319 587.63（元）

甲产品盈亏平衡点销售收入=2 319 587.63×40%=927 835.05（元）

乙产品盈亏平衡点销售收入=2 319 587.63×40%=927 835.05（元）

丙产品盈亏平衡点销售收入=2 319 587.63×20%=463 917.53（元）

❸盈亏平衡点作业率与安全边际。盈亏平衡点作业率是指盈亏平衡点销售量占企业正常销售量的比重。所谓正常销售量，是指在正常市场和正常开工情况下企业产品的销售数量或销售额。

$$盈亏平衡点作业率 = \frac{盈亏平衡点销售量}{正常销售量} \times 100\%$$

这个比率表明企业保本的业务量在正常业务量中所占的比重。由于多数企业的生产经营能力是按正常销售量来规划的，生产经营能力与正常销售量基本相同，因此，盈亏平衡点作业率还表明在保本状态下的生产经营能力的利用程度。

【例6-5】若【例6-3】中的企业正常销售额为60 000元，盈亏平衡点销售额为37 500元，则：

盈亏平衡点作业率=37 500÷60 000×100%=62.5%

计算表明，该企业的作业率必须达到正常作业的62.5%以上才能取得盈利，否则就会发生亏损。

安全边际是指正常销售额超过盈亏平衡点销售额的金额。它表明销售额下降多少企业仍不至亏损。安全边际率是安全边际与正常销售额（或当年实际订货额）的比值。其计算公式为：

$$安全边际 = 正常销售额 - 盈亏平衡点销售额$$

$$安全边际率 = \frac{安全边际}{正常销售额（或实际订货额）} \times 100\%$$

【例6-6】根据【例6-5】的有关数据计算安全边际和安全边际率：

安全边际=60 000-37 500=22 500（元）

安全边际率=22 500÷60 000×100%=37.5%

安全边际和安全边际率的数值越大，企业发生亏损的可能性就越小，企业就越安全。安全边际率是相对指标，便于不同企业和不同行业的比较。企业安全性检验标准见表6-1。

表6-1　　　　　　　　　　安全性检验标准

安全边际率	40%以上	30%~40%	20%~30%	10%~20%	10%以下
安全等级	很安全	安全	较安全	值得注意	危险

盈亏平衡点作业率和安全边际率的关系如图6-1所示。

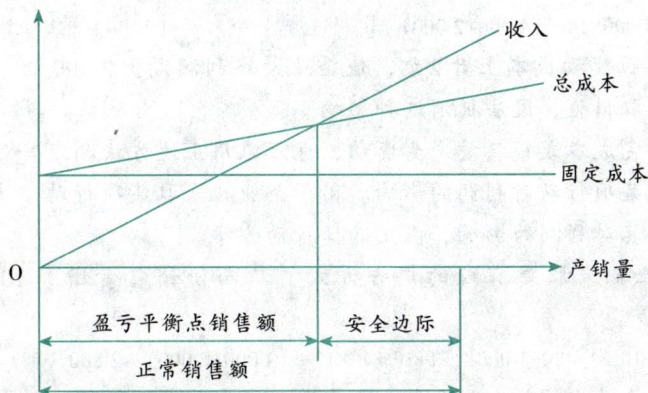

图6-1　盈亏平衡点作业率与安全边际率的关系

从图6-1可以看出，盈亏平衡点把正常销售分为两部分：一部分是盈亏平衡点销售额，另一部分是安全边际，即：

正常销售额=盈亏平衡点销售额+安全边际

上述公式两边同时除以正常销售额，得：

1=盈亏平衡点作业率+安全边际率

（2）实现目标利润销售量及销售收入的预测。

预测实现目标利润的销售量和销售收入，只需在盈亏平衡点销售量或销售额计算公式的分子中加上目标利润即可。计算公式为：

$$实现目标利润的销售量 = \frac{固定成本总额 + 目标利润}{销售单价 - 单位变动成本}$$

$$实现目标利润的销售额 = \frac{固定成本总额 + 目标利润}{1 - 变动成本率}$$

（3）各有关因素变动对利润影响的预测。

企业利润额的增加或减少，是各有关因素变动影响的结果，因此，在决定任何生产经营问题时，都应事先分析拟采取的行动对利润有何影响。如果该行动产生的收益大于它所引起的支出，可以增加企业的盈利，则这项行动在经济上是可取的。

分析影响利润的各有关因素，主要方法是将变化了的参数代入量本利方程式，测定其对利润变动的影响。

【例6-7】甲企业2023年（基期）有关资料如下（单位：元）：

销售收入（1 000×20）	20 000
销售成本	
变动成本（1 000×12）	12 000
固定成本	4 000
销售和管理费（全部固定）	2 000
利　润	2 000

显然，如果销售量、单价、单位变动成本、固定成本诸因素中的一项或多项同时变动，都会对利润产生影响。

①外界单一因素发生变化的影响。假设由于原材料涨价，使单位变动成本上升到14元，则利润将变为：

利润=1 000×20-1 000×14-（4 000+2 000）=0

可见，由于单位变动成本上升2元，使企业最终利润减少2 000元。企业应根据这种预见到的变化，采取措施，设法抵消这种影响。

如果价格、固定成本或销售量发生变动，也可以用上述方法测定其对利润的影响。

②企业拟采取某项行动对利润的影响。由于企业拟采取某项行动，使有关因素发生变动，企业需要测定其对利润的影响，以便选择行动方案。

A.假设甲企业拟采取更有效的广告方式，从而使销售量增加10%。利润将因此变为：

利润=1 000×（1+10%）×20-1 000×（1+10%）×12-（4 000+2 000）=2 800（元）

这项措施将使企业利润增加800元，它是增加广告开支的上限。如果这次广告宣传的支出超过800元，就可能得不偿失。

B.假设甲企业拟实施一项技术培训计划，以提高工效，使单位变动成本由12元降至10元。利润将因此变为：

利润=1 000×20-1 000×10-（4 000+2 000）=4 000（元）

这项计划将使企业利润增加2 000元，它是培训计划开支的上限。如果培训计划的开支不超过2 000元，则可从当年新增利润中得到补偿，并可获得长期收益。如果开支超过2 000元，则要慎重考虑这项计划是否真的有意义。

C.假设甲企业拟自建销售门市部，售价由目前的20元提高到22元，维持销售量不变。利润将因此变为：

利润=1 000×22-1 000×12-（4 000+2 000）=4 000（元）

这项计划将使企业利润增加2 000元，它是门市部每年开支的上限。

③有关因素发生相互关联变化对利润的影响。由于外界因素变化或企业拟采取某项行动，有关因素发生相互关联的影响，企业需要测定由其引起的利润变动，以便选择决策方案。

假设甲企业按国家规定普调工资，使单位变动成本增加4%，固定成本增加1%，结果将会导致利润下降。为了抵消这种影响，企业有两个应对措施：一是将价格提高5%，而提价会使销售量减少10%；二是增加20%的产量，为使这些产品能销售出去，要追加500元的广告费。

调整工资后不采取措施的利润为：

利润=1 000×［20-12×（1+4%）］-（4 000+2 000）×（1+1%）=1 460（元）

采取第一种方案的预计利润为：

利润=1 000×（1-10%）×［20×（1+5%）-12×（1+4%）］-（4 000+2 000）×（1+1%）
　　=1 608（元）

采取第二种方案的预计利润为：

利润=1 000×（1+20%）×［20-12×（1+4%）］-［（4 000+2 000）×（1+1%）+500］
　　=2 464（元）

通过比较可知，第二种方案较好。

2.目标利润法

目标利润是企业事先确定，要在一定时间内努力实现的利润。它可以是某一产品所要实现的利润，也可以是企业要实现的全部利润。确定目标利润的方法主要有利润公式确定法、递增率确定法、定额确定法。

（1）利润公式确定法。

利润公式确定法是指在销售收入一定的情况下，根据目标成本确定目标利润的一种方法。其计算公式为：

目标利润=商品销售收入-目标制造成本-目标期间费用

对于目标制造成本和目标期间费用，可以按同行业类似或相同商品的先进水平确定，也可以根据本企业基期的实际水平和预测期的降低目标计算确定。

（2）递增率确定法。

递增率确定法是根据企业的基期利润和利润递增比率来确定目标利润的一种方法。其计算公式是：

$$P_n = P_0 \cdot (1+i)^n$$

式中：P_n为第n期的目标利润；P_0为基期利润；i为利润的递增比率；n为利润递增的期数。

【例6-8】 某企业2020年的利润是150万元，该企业的利润每年递增10%，试分别确定2021年、2022年、2023年的目标利润。

根据公式，2021年、2022年、2023年的目标利润分别为：

$P_{2021} = 150 \times (1+10\%) = 165$（万元）

$P_{2022} = 150 \times (1+10\%)^2 = 181.5$（万元）

$P_{2023} = 150 \times (1+10\%)^3 = 199.65$（万元）

（3）定额确定法。

定额确定法是根据某一利润定额来确定目标利润的一种方法。一般在以下几种情况下使用：一是在市场竞争激烈，企业生产任务不足，销售收入低于上年，企业必须保持上年（或一定）的利润水平时，可把上年（或一定）的利润水平作为目标利润；二是如果企业实行了某种形式的经济责任制（如利润承包或者厂长、经理的任期目标责任制），则可以把利润承包数或是任期的利润指标作为目标利润数。

3.比例测算法

比例测算法是根据各种利润率和其他相关指标来确定目标利润的一种方法。我国目前主要有两种形式：一是根据企业预计资金占用额和目标资金利润率来确定；二是根据预计销售收入和目标销售利润率来确定。它们的计算公式分别是：

目标利润＝预计资金占用额×目标资金利润率

目标利润＝预计销售收入×目标销售利润率

这里，预计资金占用额和预计销售收入是根据资金或销售预测的数据来确定的。目标资金利润率和目标销售利润率则是根据企业的历史资料和现实条件，参考同行业的先进水平来确定的。

（二）营业外收支净额的预测

营业外收支的项目一般由国家统一规定，非经财政部门批准企业不得自行变更。因此，对营业外收支净额的预测，主要是指对其中可以事先预计的项目进行测算。一般可以采用按上期实际发生额作为预测基数的方法确定。

四、利润的分配

议一议　同学们，对企业来说，是做蛋糕重要，还是分蛋糕重要？企业实现了利润，是分光吃光好呢，还是一毛不拔好呢？

（一）利润分配的基本原则

分配制度是促进共同富裕的基础性制度。从本质上说，企业所进行的利润分配属于社会产品的初次分配，即利用价值形式直接在生产领域进行的社会产品的分配。根据我国企业组织形式和所有制结构的特点，企业税后利润分配所体现的经济关系主要是国家、其他投资者、经营者和企业职工之间的经济利益关系。这种关系的处理涉及各方利益，与国家的经济政策有密切的联系，分配不当会影响企业的生存与发展，也会损害国家和职工利益，不利于实现共同富裕。为此，企业利润分配必须遵循以下原则：

第一，遵守国家法律，履行企业的社会责任。利润分配涉及各方面的利益关系，因此必须贯彻合法性原则，做到依法纳税，严格遵守国家的财经法规，确保国家利益不受侵犯。遵守国家财经法规，在企业利润分配中主要表现在两个方面：一是企业在实行利润分配之前，首先应按国家税法规定依法缴纳所得税，然后才能进行税后利润的分配。在计缴所得税时，应纳税所得额的确定必须严格遵守税法的规定，以保证国家的财政收入。二是企业税后利润的分配必须遵守国家的各种法规和财务制度的规定。应按财经法规的要求合理确定税后利润分配的项目、有关分配的顺序及比例，必须按规定提取最低法定比例的盈余公积。

第二，处理好分配与积累的关系，增强企业后劲。企业所取得的税后利润，在按国家的有关规定进行了抵补、计提后，剩余利润是否全部分配给所有者，应视企业的具体情况而定。如果企业不考虑长远发展的需要，一味满足投资者的近期利益要求，没有充足的留存收益作为企业经营和扩大再生产的资本积累，便可能会使企业的财力后劲不足，从而影响偿债能力和融资能力，以致缺乏应对各种风险的能力，导致信誉下降，其最终结果将会使企业经营发展受阻，最后损失的仍然是投资者的利益。因此，利润分配要贯彻优先积累的方针，先提取公积金后分配投资者利润，并制定科学的分红政策（股利政策），应留有余地，使利益分配真正成为促进企业发展的有效手段。

第三，兼顾各方利益，提高各方面的积极性。企业的税后利润归投资者所有，这是企业的基本制度，也是企业的所有权人投资企业的根本动力所在。企业税后利润分配是否合理，直接关系到企业投资者、经营者和职工等各方面的经济利益。在利润分配中，既要注意与企业有着共同经济利益的各个方面，又要注意各方面局部利益的调整对企业未来发展的积极作用。任何可能挫伤投资者、经营者和职工积极性，以及影响企业长远发展的利润分配政策都是不可取的。在利润分配中，还要注意克服职工吃企业"大锅饭"的倾向，这样才能发挥职工的劳动积极性。

第四，坚持公开、公平、公正的原则。企业的税后利润分配直接与企业的筹资、投资活动相关，也直接关系到投资者和债权人的经济利益，因此必须坚持公开、公平、公正的原则，不搞幕后交易，不帮助大股东侵蚀中小股东的利益。企业的所有投资者在企业中只以其股权比例享有合法权益，不得以其在企业中的其他特殊地位谋取私利。企业的经营获利情况应当向所有的投资者（包括潜在的股票买主）及时公开，利润的分配方案应当提交股东会讨论，并充分尊重中小股东的意见，利润分配的方式应在所有股东间一视同仁，股利的支付要保证所有的股东都能及时收到。

第五，坚持以丰补歉，保持稳定的分红比例。从税后利润中留存一部分利润不但可以为企业的未来经营筹措资金，而且可以提高企业应对不测事件的能力，留存的利润还可以用于未来的利润分配。社会经济总是处于景气和衰退的循环过程中，在景气时期，社会经济活跃，购买力旺盛，企业获利较为容易，在纳税后给投资者较高的回报是应当的；在衰退时期，几乎所有企业的经营都会遇到困难，在经营者正常经营下企业仍然获利较小甚至亏损，这不会受到所有者的过多责难，但企业应尽可能向所有者提供较高的回报。企业在景气时期的较高获利中留存一部分利润，可以在衰退时期用于对投资者进行分配。实践证明，能够提供稳定回报的企业比利润分配忽高忽低的企业更受投资者青睐。如果企业是上市公司，其股票市价将更高、更稳定。

（二）利润分配的顺序

企业年度净利润，除法律、行政法规另有规定外，按照以下顺序分配：

第一，弥补以前年度亏损。

第二，提取10%的法定盈余公积金。法定盈余公积金累计额达到注册资本的50%以后，可以不再提取。

第三，提取任意盈余公积金。任意盈余公积金提取比例由投资者决议。

第四，向投资者分配利润。企业以前年度未分配的利润并入本年度利润，在充分考虑现金流量状况后，向投资者分配。属于各级人民政府及其部门、机构出资的企业，应当将应付国有利润上缴财政。

国有企业可以将任意盈余公积金与法定盈余公积金合并提取。股份有限公司依法回购后暂未转让或者注销的股份，不得参与利润分配；以回购股份对经营者及其他职工实施股权激励的，在拟订利润分配方案时，应当预留回购股份所需的利润。

企业发生的年度经营亏损，依照税法的规定弥补。在税法规定年限内的税前利润不足以弥补的，应用以后年度的税后利润弥补，或者经投资者审议后用盈余公积弥补。

（三）利润分配的政策

1.利润分配政策的概念

利润分配政策是指企业对利润分配有关事项所作出的方针和政策。由于税法规定的强制性、严肃性和固定性，任何企业对纳税政策都是无方案可以选择的。因此，利润分配政策从根本上说就是税后利润分配政策，就股份制企业而言，就是股利政策。

股份公司在支付完优先股股利后，其剩余利润既可以留存，也可以用于投资分红。在企业税后利润总额一定的情况下，税后利润分配的财务决策，最后集中在企业任意盈余公积金的提取比率和股利分配水平问题上。

2.利润分配政策选择应考虑的因素

企业的利润分配政策虽然是由企业管理者制定的，但是实际上它的决定范围是有一定限度的。在客观上、主观上有许多制约因素，使决策人只能遵循当时的经济环境与法律环境作出有限的选择。制约企业利润分配政策的因素主要有以下几个方面：

（1）法律约束因素。

法律约束是指为保护债权人和股东的利益，国家法律对企业的投资分红进行的硬性限制。这些限制主要体现在以下几方面：

❶资本保全的约束。资本保全约束是企业财务管理应遵循的一项重要原则，它要求企业所发放的股利或投资分红不得来源于原投资额（或股本），而只能来源于企业的各种留存收益或当期利润。这一法律约束的目的在于保证企业有完整的产权基础，由此保护债权人的利益。

❷资本积累的约束。它要求企业在投资并取得收益时，必须按一定的比例和基数提取各种公积金。另外，它要求在具体的分配政策上，贯彻"无利不分"的原则，即当企业出现年度亏损时，一般不得分配股利，即使出于维护企业形象的考虑，动用以前年度的留存收益分派股利，其条件也必须是在先弥补完亏损后再进行，而且仍要保留一定数额的留存收益。

❸超额累积利润的约束。由于投资者接受股利收入所缴纳的个人所得税要高于进行股票交易所获取的资本利得所缴纳的税金，因此对于股份制企业而言，它可以通过积累利

润使股价上涨的方式来帮助股东避税。西方各国税法都注意到了这一点，从而在法律上明确规定公司不得超额累积利润。一旦公司保留的盈余超过法律认可的水平，将被加征不合理留利税，以防止少数股东操纵股利分配以达到逃避个人所得税的目的。我国目前对此尚未作出规定。

❹偿债能力的约束。偿债能力是指企业按时足额偿付各种到期债务的能力。企业进行利润分配时，不能只看利润表上净利润的大小，还必须注意资产负债表上的现金结余情况。当企业支付现金股利后会影响到企业偿还债务和正常经营时，企业发放现金股利的数额将受到限制。

（2）公司自身因素。

公司出于长期发展与短期经营考虑，需要综合考虑以下因素，并最终制定出切实可行的分配政策。这些因素主要有：

❶债务考虑。企业对外负债时，债权人为保护自身债权的安全性和收益性，要求在企业发放股利或投资分红时有所限制。这些限制主要包括：规定每股股利的最高限额；规定企业只有在达到一定的财务比率（如流动比率、利息保障倍数等）时才可发放股利；规定企业必须在建立偿债基金后，方可支付股利等。企业出于未来负债筹资的考虑，一般均自觉恪守与债权人事先签订的有关协议或合同的限制性条款，以协调企业与债权人的关系。

❷未来投资机会。利润分配政策要受到企业未来投资机会的影响，主要表现在：当预期有良好的投资机会时，企业需要强大的资金支持，因而往往少发股利，将大部分盈余用于投资；当预期缺乏良好的投资机会时，企业如果保留大量的现金会造成资金的闲置，于是倾向于支付较高的股利。正因为如此，处于成长中的企业多采取低股利政策，陷于经营收缩的企业多采取高股利政策。

❸筹资成本。一般而言，与发行新股相比，用留存收益再投资，不需花费筹资费用，有利于降低筹资的外在成本。因此，从资本成本角度考虑，很多企业在运筹投资分红方案时，首先将企业的净利润作为筹资的第一选择渠道，特别是在负债资金较多、资本结构欠佳的时期。

❹资产的流动性。在股利决策中，流动性是企业应该考虑的一个主要方面。由于股利代表现金流出，企业的现金状况与整体流动性越好，其支付股利的能力就越强。成长中的、盈利性的企业可能缺乏流动性，因为它的大部分资金投资在固定资产和永久性营运资金上。这类企业的管理者通常希望保持一定的流动性，以作为其财务灵活性的缓冲，并避免不确定性，所以，他们不愿意支付大额股利而危及企业的安全。

❺企业的其他考虑。例如，企业有意识地多发股利使股价上涨，使已发行的可转换债券尽快地实现转换，从而达到调整资本结构的目的；还比如，通过支付较高股利，刺激公司股价上涨，从而达到反兼并、反收购的目的等。

【随堂测】请从下列备选答案中选择正确答案：

影响利润分配政策的公司自身因素有（　　　）。

A.控股权的稀释　　　　　　B.未来投资机会

C.筹资成本　　　　　　　　D.资产的流动性

（3）投资者因素。

这种因素主要有以下几方面：

❶控制权的稀释。所有者权益由资本金、资本公积和留存收益等组成。如果分利较多，留存收益将相应减少，企业将来依靠发行股票等方式筹资的可能性加大，而发行新股（主要指普通股）意味着企业的控制权有旁落他人的可能。因此，如果原投资者拿不出更多的资金投入企业或购买公司新股，他们宁愿企业不分配利润也要反对追加投资，募集新股。

❷投资目的。企业投资者的投资目的一般有两种：一是收益；二是稳定购销关系。作为接受投资的企业，在进行投资分红时，必须事先了解投资者的投资目的，并结合投资动机，选择其分配方案。如果属于收益性目的，那么在分红时就必须考虑投资者的收益预期；如果属于通过投资稳定购销关系、加强分工协作，那么投资分红就处于次要地位，从而分配政策就应侧重于留存而不是分红。

❸避税。政府对企业利润在征收所得税以后，还要对自然人股东征收个人所得税。许多国家的个人所得税采用累进税率，且边际税率很高。属于高收入阶层的股东为了避税往往反对公司发放较多的股利，属于低收入阶层的股东因个人税负较轻，反而欢迎公司多多分红。

阅读与思考

从不分红：苹果公司股价涨80倍

苹果公司已故的CEO史蒂夫·乔布斯曾在公司股东会上表示，与分红和回购股票相比，他更喜欢持有现金进行投资。自1995年以来，苹果公司从未向股东分红。乔布斯说，苹果公司希望进行"大胆的、投入巨额资金的"冒险，"当你尝试冒险时，那种感觉就像是跳跃在半空中，只有当你的双脚最终着地时才能够放下心来。我们之所以采取从财务角度来看是比较保守的企业运作模式，是因为人们永远无法预见下一个机遇到底何时才能到来，我们非常幸运，因为如果我们想要收购一样东西的时候，可以直接写一张支票，而无需东拼西凑地借钱。"随着互联网市场的迅速发展和知识产权保护的不断升级，乔布斯的这种态度显得十分具有远见卓识。苹果公司曾斥资26亿美元收购了加拿大北电网络的电信相关专利，而这笔费用与苹果公司牢牢地捂在口袋里的巨额现金相比简直是九牛一毛。苹果公司一直专注于规模较小的收购，进入包括手机广告和无线音乐服务在内的新领域。截至2011财年第三财季，苹果公司的现金储备达到了762亿美元，苹果公司的股价也从1997年的不到5美元到远远超过了400美元，其间股价涨幅高达80倍。

资料来源　佚名. 证监会要求上市公司分红意味什么［EB/OL］.［2011-11-10］. http: //news. xhby.net/system/2011/11/10/012048434.shtml.

思考：

（1）公司不分红，股价就一定会涨吗？

（2）公司是否分配利润应考虑哪些因素？乔布斯是否考虑了这些因素呢？

3.股利政策选择及评价

由于股利政策受多种因素影响，因此企业在财务管理过程中，要综合考虑不同企业、不同时期的特点及各因素的影响程度，确定适合自身的股利政策。股利政策主要有以下几种：

（1）剩余股利政策。

所谓剩余股利政策是将股利的分配与企业的资本结构有机地联系起来，即在企业有着

微课

股利政策及选择

良好的投资机会时，首先要根据企业的最佳资本结构（目标资本结构）测算出企业投资所需的权益资本，先从企业的未分配利润中扣除所需增加的权益资本，然后将剩余的未分配利润作为股利予以分配。

采用剩余股利政策确定股利支付率的程序是：❶确定企业的目标资本结构，即确定权益资金与债务资金的比率；❷确定在目标资本结构下所需的权益资金数额；❸最大限度地使用累积在企业的未分配利润来满足投资方案所需的权益资金的数额；❹投资方案所需要的权益资金数额已经满足后，如果企业的未分配利润还有剩余，再将其作为股利发放给股东。

【例6-9】某公司2023年提取了公积金后可供投资者分配的利润为2 500 000元。该公司最佳资本结构为权益资金占70%、债务资金占30%。2024年该公司拟扩大投资，其资本支出额有三种不同水平：2 200 000元、3 200 000元和4 200 000元。公司拟采用剩余股利政策。试计算在各种资本支出水平下的权益资金需用额和可发放股利额。

①当资本支出为2 200 000元时：

需要权益资金=2 200 000×70%=1 540 000（元）

可发放股利额=2 500 000-1 540 000=960 000（元）

股利支付率=960 000÷2 500 000×100%=38.4%

②当资本支出为3 200 000元时：

需用权益资金=3 200 000×70%=2 240 000（元）

可发放股利额=2 500 000-2 240 000=260 000（元）

股利支付率=260 000÷2 500 000×100%=10.4%

③当资本支出为4 200 000元时：

需用权益资金=4 200 000×70%=2 940 000（元）

可发放股利额=2 500 000-2 940 000=-440 000（元）

因此，应发行新普通股弥补。股利不能发放，股利支付率为0。

由此可见，剩余股利政策意味着股利发放额每年随投资机会和盈利水平波动。在盈利水平一定的情况下，投资机会越多，股利越少；而投资机会越少，股利发放越多。在投资机会一定的情况下，盈利越多，股利越多；盈利越少，股利越少。

采用剩余股利政策的理论基础是股利与企业的价值无关论。这一理论认为，只要保持企业的最佳资本结构，使加权平均资本成本最低，就会使企业的价值达到最大，从而使企业的投资报酬率高于股票市场的必要报酬率。

（2）固定股利政策。

这种政策是指企业股利的发放不受企业的经营状况、当期盈利多少的影响，一直维持固定的投资分红额或股利，除非企业预期收益将会有显著的、不可逆转的增长，否则不会提高股利发放额。

采用这种股利政策的优点是：❶稳定的股利向市场传递着企业正常发展的信息，有利于企业树立良好的形象，增强投资者对企业的信心，稳定股票的价格。❷稳定的股利额有利于投资者安排收入和支出，特别是对那些对股利有着很高依赖性的股东更是如此。❸稳定的股利政策不符合剩余股利理论，但考虑到股票市场会受到多种因素的影响，其中包括股东的心理状态和其他要求，因此为了使股利维持在稳定的水平上，即使推迟某些投资方案或者暂时偏离目标资本结构，也可能要比降低股利或降低股利增长率更为有利。实践证明，一个有固定的股利发放记录，并且稳步发展的企业，必然会受到银行、退休养老金、保险公司等各类投资者的青睐。

这种政策的主要缺点在于固定不变的股利可能会成为企业的一项财务负担，因为股利支付与盈余脱节。当盈利较低时仍要支付较高的红利，从而易引起企业的资金短缺，财务状况恶化；同时，不能像剩余股利政策那样保持较低的资本成本。

（3）固定股利支付率政策。

固定股利支付率政策是指企业每年按固定的股利支付率从企业的税后利润中支付股利。由于企业的盈利能力在年度间是经常变动的，因此，每年的股利也应随着企业收益的变动而变动，保持股利与利润间的一定比率关系，体现了风险投资与风险收益的对等关系。

推行这一股利政策的优点是：❶可避免企业在盈利大幅度降低的年份，因支付较多的固定股利而陷入财务困境。❷可使股利与企业的盈余紧密地结合，以体现多盈多分、少盈少分、不盈不分的原则。❸对于实行内部职工持股比例较高的企业，如果采用这种股利政策，可将职工个人的利益与公司的利益紧密地结合起来，充分调动广大职工的积极性和创造性，增强企业活力，提高企业经济效益。这一方面会使企业职工股东的财富稳步增加；另一方面会使企业股价上涨，达到股东财富最大化的目的。

固定股利支付率政策的缺点是：❶由于每年的股利支付额不稳定，容易使投资者产生公司经营不稳定的感觉，对稳定股票价格也很不利。❷固定股利支付率政策不像剩余股利政策那样能够保持相对较低的资本成本。

（4）低正常股利加额外股利政策。

这是对上述两种股利政策的一种折中，即企业在一般情况下，每年只支付固定的、数额较低的股利；在盈利较高的年份，再根据企业的盈利状况和实际需要，向股东额外加发一定金额的股利。但额外股利额并不固定，也不意味着企业永久地提高了规定的股利率。

这种股利政策的优点是：❶具有较大的灵活性，企业在支付股利方面有充分的弹性。当企业盈余较少或投资需用资金较多时，可维持设定较低的但正常的股利，股东不会有股利跌落感；而当盈余有较大幅度增加时，则可适度增发股利，把经济繁荣的部分利益分配给股东，使他们增强对企业的信心，这有利于稳定股票的价格。❷这种股利政策可使那些依靠股利度日的股东每年至少可以得到虽然较低但比较稳定的股利收入，从而吸引住这部分股东。因此，在企业的净利润与现金流量不够稳定时，采用这种股利政策对企业和股东都是有利的。

这一股利政策的不足之处表现在：如果企业的经营状况良好，并持续地支付额外股利，很容易提高股东对股利派发的期望水平，从而将额外股利视为正常股利，一旦企业因盈利下降而减少额外股利，便会招致股东不满。

以上所述是企业在实际经济活动中常用的几种股利政策，其中固定股利政策和低正常股利加额外股利政策是企业普遍使用并为广大投资者所认可的两种基本政策。企业在进行股利政策决策时，可以比照上述政策的思路，结合企业的实际情况，选择适宜的股利分配政策。

案例与思考

中国中铁股份有限公司

关于2017年度利润分配方案的说明

一、公司2017年利润分配预案

根据《公司法》和《公司章程》相关规定，结合股东回报及公司业务发展对资金需求等因素的考虑，按照公司第四届董事会第九次会议审议通过的《公司2017年度利润分配方案预案》，具体内容如下：根据公司2017年度经审计的财务报告，2017年年初母公司未分配利润为28 798 842 750.89元，加上本年度母公司实现的净利润19 023 574 657.77元，扣除2016年度现金分红及永续债利息共2 797 104 091.33元、按照母公司实现净利润10%提取的法定盈余公积金1 902 357 465.78元后，本年度母公司可供股东分配的利润为43 122 955 851.55元。以2017年12月31日公司总股本22 844 301 543股为基数，每10股派送现金红利人民币1.13元（含税），共计分配利润人民币2 581 406 074.36元，占当年合并利润表中归属于上市公司股东净利润的16%。分配后，母公司尚余未分配利润40 541 549 777.19元，转入下一年度。

二、2017年利润分配情况说明

（1）拟分配现金红利总额与当年归属于上市公司股东的净利润之比低于30%的原因是：❶从国际基建市场看，"一带一路"倡议向纵深发展，得到了世界的积极响应，有100多个国家和国际组织参与其中，我国已与30多个沿线国家签署了共建"一带一路"合作协议，以亚投行、丝路基金为代表的金融合作不断深入，将为我们拓展海外市场提供重大机遇；从国内建筑市场看，容量巨大、变革空前，虽然新一年铁路、城轨的建设步伐总体趋缓，但随着区域协调发展、城市群建设、雄安新区和大湾区建设、建设交通强国等国家战略实施步伐的加快，水利环保、保障性安居工程、城市提升改造等建设力度的加大，建筑市场在未来一段时期将继续保持繁荣发展，且新业态、新模式、新市场方兴未艾，"一带一路"建设和国际产能合作深入推进，我们面临着国内国外双重的历史发展机遇。❷公司所处的建筑行业属于充分竞争行业，市场竞争十分激烈，行业普遍毛利率较低，资产负债率较高，应收账款和存货金额较大，加上所属施工项目点多面广、单体体量大等因素，公司用于维持日常经营周转的资金需求量较大。

（2）公司全体独立董事就上述2017年度利润分配方案的合理性发表了以下独立意见：❶公司2017年度利润分配方案的制订考虑了企业所处的建筑行业特点、公司的发展阶段、自身经营模式和资金需求等多方面因素，符合企业实际情况。❷公司2017年度现金分红金额占当年合并利润表中归属于上市公司股东净利润的16%，虽然与上年分配比例持平，但由于净利润每年保持增长，分配基数不断增大，一方面保持了公司利润分配政策的连续性和可持续发展，符合公司章程规定的现金分红政策和中长期股东回报规划要求；另一方面既能使投资者获得合理的投资回报，又能兼顾公司的正常经营。因此，公司2017年度利润分配方案是合理的，同意该利润分配方案。

资料来源 佚名. 中国中铁股份有限公司关于2017年度利润分配方案的说明 [EB/OL].
[2018-11-17]. https://max.book118.com/html/2018/0606/171099515.shtm.

思考：

（1）假如你是股东，你对该公司的利润分配方案有什么意见和建议？

（2）结合该公司过去几年的利润分配情况以及同类公司（如中国铁建、中国建筑）的利润分配情况，你认为该公司利润分配政策是否应作调整？如何调整？

4.股利的形式

企业在决定发放股利后，便要作出以何种形式发放股利的决策。企业分配股利的形式一般有以下几种：

（1）现金股利。

现金股利是指以货币资金的形式支付股利。由于投资者一般都希望得到现金股利，而且企业发放股利的多少，直接影响企业股票的市场价格，间接影响企业的筹资能力，因此现金股利是企业最常用的，也是最主要的股利发放方式。但这种形式加大了企业资金流出量，增加了企业的支付压力，在特殊情况下，有悖于留存现金用于企业投资与发展的初衷。因此，采用现金股利形式时，企业必须具备两个基本条件：❶企业要有足够的未指明用途的留存收益（未分配利润）；❷企业要有足够的现金。

（2）股票股利。

股票股利是指企业以增发的股票作为股利的支付方式。一般都按现有股东持有股份的比例来分派，对于不满一股的股利，则仍采用现金来分派。股票股利可以是在公司注册资本尚未足额时，以其未认购的股票作为股利支付，也可以是在发行新股时支付股利。在操作上，有的企业在发行新股时，预先扣除当年应分配的股利，减价配售给股东；也有的企业在发行新股时进行无偿增资配股，即股东不缴纳任何现金和实物，即可取得公司发行的股票。

企业发放的股票股利是一种比较特殊的股利，它既不引起企业资产的流出和负债的增加，也不影响股东权益总额，仅仅是直接将企业的盈利转化为普通股股票股利，即盈利的资本化，是一种增资行为，它会导致所有者权益各项目的结构发生变化，以及由于普通股股数增加而引起的每股盈余和每股市价的下降。但由于股东所持股份的比例不变，每位股东所持股票的市场价值总额仍保持不变。严格地说，股票股利不能直接称作分红，因为它既没有改变企业所有者权益的数量，股东也未收到现金，所以是不应征收个人所得税的。

尽管股票股利不直接增加股东的财富，也不增加公司的价值，但对股东和公司都有特殊的意义。

股票股利对股东的意义在于：❶如果公司在发放股票股利后同时发放现金股利，股东会因所持股数的增加而得到更多的现金。例如，公司宣布发放10%的股票股利，同时每股支付现金股利2元，某拥有100股股票的股东可得现金股利为220元［2×100×（1+10%）］；若不发放股票股利，该股东所得现金股利只有200元（2×100）。❷事实上，有时公司发放股票股利后其股价并不成比例下降，一般在发放少量股票股利（如2%~3%）后，大体不会引起股价的立即变化。这可使股东得到股票价值相对上升的好处。❸发放股票股利通常由成长中的公司所为，因此投资者往往认为发放股票股利预示着公司将会有较大发展，利润将大幅度增长，足以抵消增发股票带来的消极影响。这种心理会稳定股价甚至使股价略有上升。❹在股东需要现金时，可以将分得的股票股利出售，有些国家税法规定，出售股票所需缴纳的资本利得税税率比收到现金股利所需缴纳的所得税税率低，这使得股东可以从中获得节税方面的好处。

股票股利对公司的意义在于：❶发放股票股利可使股东分享公司的盈余而无须分配现金，这使公司留存了大量现金，便于进行再投资，有利于公司的长期发展。❷在盈余和现金股利不变的情况下，发放股票股利可以降低每股价值，从而吸引更多的投资者。❸发放股票股利往往向社会传递公司将会继续发展的信息，从而提高投资者对公司的信心，在一定程度上稳定了股票价格。但在某些情况下，发放股票股利也会被认为是公司资金周转不灵的征兆，从而降低投资者对公司的信心，加剧股价的下跌。❹发放股票股利的费用比发放现金股利的费用大，会增加公司负担。

相对于现金股利而言，股票股利的作用在于：❶在企业现金短缺又难以从外部筹措现金时，股票股利可以达到既减少现金支出，又使股东分享利润从而对企业感到满意的目的。❷股票股利有助于企业把股票市价控制在希望的范围内，避免股价过高，而使一些投资者失去购买股票的能力，促进其股票在市场上的交易更为活跃。❸股票股利既可以使企业保持较高的股利支付比率，又可保留现金，可对投资者的心理产生良好的影响，即传播给投资者企业利润将增加的信号。❹对股东来说，虽然企业的盈余不增加，股票股利不增加其实际财富，但如果在发放股票股利之后，维持现金股利的发放，则股东可以多得现金收入；或者股权增加，但股价并不成比例下降，股东财富会有所增长。

🔖 议一议 同学们，对企业来说，如何切蛋糕也是很重要的。企业分配利润，是直接分现金好呢，还是向股东送红股好呢？

理财与思政

上市公司现金分红榜

为鼓励上市公司积极践行尊重投资者、敬畏投资者的理念，引导市场预期，提振投资者信心，在与社会的良性互动中实现更高质量的发展，做好践行新发展理念的表率，中国上市公司协会发布A股上市公司现金分红榜，包括"上市公司丰厚回报榜单"和"上市公司真诚回报榜单"各200家。"上市公司丰厚回报榜单"以近一年和近三年的现金分红总额为主要指标，"上市公司真诚回报榜单"以近一年和近三年的股利支付率为主要指标。榜单坚持代表性和持续性的基本原则，既鼓励长期持续稳定的分红，又兼顾不同板块公司的特点，充分反映公司分红的积极意愿。除了分红总额、股利支付率等客观量化指标之外，还设置了证券市场诚信合规、财务等方面的前置指标，采取负面清单"一票否决"。

近年来，监管机构持续完善上市公司现金分红制度建设，通过强化现金分红决策机制和信息披露要求，开展上市公司利润分配专项检查、对长期不分红公司进行监管约谈，加强上市公司现金分红宣传引导等方式，鼓励上市公司根据所处的发展阶段、行业类型实施不同的分红政策要求。

从分红总额来看，发布2021年度现金分红预案的上市公司共3170家，同比2020年、2019年实施分红的公司数量，分别增长4.9%、17.7%。2021年现金分红预案总额超1.5万亿元，同比2020年、2019年实施分红总额，分别增长1.4%、13.6%。2008年至2021年，连续5年分红的上市公司数量占比从24%提升至50%，连续10年分红上市公司占比从4%提升至32%。

从榜单情况来看，"上市公司丰厚回报榜单"入选公司2021年的现金分红总额占全体

A股公司分红总额的63.55%，2019—2021年三年累计现金分红总额占全体A股公司分红总额的66.67%。其中，沪市主板137家，深市主板58家，创业板5家。国有控股上市公司占62.5%。"上市公司真诚回报榜单"入选公司中，沪市主板90家，深市主板31家，创业板79家。民营上市公司占60%。入选榜单公司行业分布主要以制造业为主，有40家同时入选两个榜单。

资料来源　中新经纬. 总额超1.5万亿！2021年A股上市公司现金分红榜出炉［EB/OL］. ［2022-06-01］. https://baijiahao.baidu.com/s？id=1734404674410735279&wfr=spider&for=pc.

讨论：

1.现金分红在上市公司利润分配中有什么作用？我国为什么要求上市公司不断提高现金分红的比例？

2.现金分红的不断增加表明我国上市公司和资本市场发展取得了哪些进展？

（3）股票分割。

股票分割是指将面额较高的股票交换成面额较低的股票的行为。例如，将原来的一股股票交换成两股股票。股票分割不属于某种股利方式，但其所产生的效果与发放股票股利近似。

股票分割时，发行在外的股数增加，使得每股面额降低，每股盈余下降，但公司价值不变，股东权益总额、权益各项目的金额及其相互间的比例也不会改变。这与发放股票股利时的情况既有相同之处，又有不同之处。

股票分割可以降低股票市价，提高投资者兴趣，有利于股票流通，常为新股发行和公司兼并或合并作准备。有的公司认为自己的股票价格过低，还可以通过反分割方式提高股票价格。例如，某公司的股票市价为每股5元，公司为提高股票市价，决定采用4股换1股新股的反分割方式，结果将使股价由每股5元提升为每股20元。

（4）股票回购。

股票回购是现金股利的一种替代方式，即公司通过回购股东所持股份的方式将现金分配给股东。股票回购使发行在外的流通股减少，因而能够促使股价上涨。对不少公司而言，与其没有把握确定长期维持的高股利政策，不如把暂时过剩而无适当投资机会的现金以回购的方式分配给股东。但采取回购行动前必须把回购股票的方案公告股东，回购的价格要合理，否则，股票回购后股价下降，会使因故未出售股票的股东发生损失。

5.股利的支付

股份公司在决定分派股利以后，应由董事会将分派股利的事项向股东宣告，但由于股票可以自由买卖，因此公司的股东也在经常变动。究竟由谁领取股利，必须确定一些必要的时间界限。通常董事会要公布股利宣告日、股权登记日和股利支付日。

股利宣告日，即公司董事会将股利支付情况予以公告的日期。在公告中将宣布每股支付的股利、股权登记期限、股利支付日等事项。

股权登记日，即有权领取股利的股东有资格登记截止日期。只有在股权登记日前在公司股东名册上登记的股东，才有权分享股利。

股利支付日，即向股东发放股利的日期。

企业支付股利往往要付出大量现金，而且时间集中，财务人员应做好充分的准备，利用短期借款、长期筹资等方式筹集必要的现金，以备使用。

案例6-1

格力电器的股利分配

2023年2月23日午盘，格力电器（股票代码：000651）股价大涨约3%，报收37.15元，创近一年来新高。消息面上，2023年2月20日晚间，格力电器发布公告，宣布了2022年中期股利分派方案。本次分红，格力以现有总股本剔除已回购股份1 756.41万股后的56.14亿股为基数，向全体股东每10股派10元现金。尽管近两年来格力股价走势偏弱，但是其A股排名前列的"大手笔"分红，也使得这家公司获得了投资者的长期青睐。

格力电器于1996年11月在深圳证券交易所挂牌上市，现已发展成为多元化、科技型的全球工业制造集团，产业覆盖家用消费品和工业装备两大领域，产品远销190多个国家和地区。格力电器2022年财报显示，公司当年实现营业总收入1 901.51亿元，同比增长0.26%；实现归属于母公司的净利润245.07亿元，同比增长6.26%。2023年第一季度，公司实现营业收入354.56亿元，同比增长0.56%；归属于上市公司股东的净利润41.09亿元，同比增长2.65%。

格力电器自1996年上市至今，累计分红29次，累计分红金额为1 065亿元。在A股市场，分红金额能够排到第17名。而前16名中有9家银行保险公司，以及2家是石油公司，1家为煤炭企业，1家电力企业，1家钢铁企业，1家白酒企业（茅台），1家汽车制造企业。可以说，格力是少有的制造业高分红"龙头"。

在2012年之前，格力电器股利支付以现金股利支付为主，仅有的两次送股及五次转增股也均发生在2012年前。送股以及转增股主要发生在格力电器刚上市不久的一段时间里，在最开始的阶段，格力电器的发展需要稳定现金流，但是又需要进行合理的股利分配，因此格力电器选择送股或者转增股的方式。2007—2011年，虽然这几年公司投入很多资金用于自主研发，开拓创新，打造出更好、更受欢迎、更加符合人们需求的产品，导致其股利支付率并不是很高，但格力电器的股利分配总额仍呈增加之势。2007年和2008年，公司均实施了每10股派发3元现金股利，附加每10股转增5股股票股利的政策；2009年比2007年、2008年每10股增加派发2元现金股利；2010年每10股派发3元现金股利；2011年每10股派发5元现金股利。在多元化发展战略的推进过程中，即使在需要足够资金的前提下，格力电器在2012年至2016年，依旧还是选择使用现金分红的股利政策：2012年每10股派送10元现金股利；2013年每10股派送15元现金股利；2014年每10股派送30元现金股利；2015年每10股派送15元现金股利；2016年每10股派送18元现金股利。在2014年度，格力电器除了派发现金股利，还增加派发了股票股利——每10股转增10股。2012—2016年，格力电器的股利支付率最低都达到了36%，而且每股现金分红均大于等于1元，属于高派现的现金股利政策。

2017年，格力电器在净利润高达到225亿元的情况下，并没有选择进行股利的分配，而是利用本可以用来分红的资金加大投资，进军芯片市场，加大对智能芯片的投入。2018年以后，格力电器依然分派了高额的现金股利。2018年每10股派现15元；2019年每10股派现12元；2020年11月6日发布公告每10股派现10元。这三次的现金分红方案的实施，每股现金分红大于等于 1 元，格力电器实行的也是高额派现的股利政策。2020 年，格力中期和年度分红合计每 10 股分红 40 元，相当于每 1 股分红 4 元，而 2020 年格力的均价为 58 元，当年的分红率高达 6.9%。2021 年，格力的分红也同样大方，中期和年度分红合计每 10 股 30 元，平均 1 股分红 3 元，而 2021 年格力电器的均价为 49 元，分红率也高达 6.1%。

一般来说，高分红证明公司业绩好，现金流状况良好，能够自由支配的钱多，越高的分红，股息率往往也更高。在投资实践中，股息率是衡量企业是否具有投资价值的重要标尺之一。当然，判断企业的投资价值，还应当结合更多因素。除了高比例分红，从业绩方面也能看到格力电器的成长潜力。2022 年上半年，格力电器实现净利润 114.66 亿元，同比增长 21.25%；2022 年前三季度累计实现净利润 183.04 亿元，同比增长 17%。

以现金分红等方式回报投资者，已经成为长期市场的重要衡量标准。从经典价值理念来看，能持续现金分红的公司就是具备长期投资价值的。每股股利高的上市公司，对于那些拥有价值投资眼光的中长期投资者来说就会有较强吸引力。一般来说，公司给股东分红越多，就表示其盈利能力越强，基本面比较扎实。

中国上市公司协会的一组数据显示，2021 年 A 股现金分红预案总额超 1.5 万亿元，同比增长 1.4%，同 2019 年分红总额相比更大涨 13.6%。可以看到，越来越多的上市企业开始分红，也在为投资者长期投资创造环境。

要求：根据以上信息，结合股利分配知识点对格力电器的股利分配政策进行分析与评价。

【分析提示】

1. 股利分配政策与企业发展战略、盈利能力、财务状况及现金流等相关。高比例、稳定的现金分红可使投资人获得较好的投资收益，增强投资人对公司的信心。格力电器的收入状况稳中有升，股利分配以现金为主，属于高回报率的股利分配。选择这种股利支付方式，表明其盈利能力稳定且有充足的现金保障。

2. 高现金分红降低了公司的净资产规模，提高了净资产收益率，给投资人发出了积极的信号。

3. 稳定的现金分红也可以避免上市公司控股权的稀释，提高投资者的关注度。

资料来源　吴辰光. 格力股价创一年来新高　累计分红 1 065 亿 [EB/OL]. [2023-02-23]. https://www.163.com/dy/article/HU9C8NJ205561KEK.html?spss=dy_author.

本章小结

1. 收入是指企业在销售商品、提供劳务及让渡资产使用权等日常活动中形成的经济利益的总流入。取得收入是企业从事生产或经营活动的主要目的之一，也是企业实现利润最大化的必经途径。各种类型的收入按其在企业中的重要性可分为主营业务收入以及其他业务收入。收入的重要作用决定了加强收入管理的必要性，企业收入管理应合理地制定商品价格、正确地预测收入以及有效地进行收入的日常管理。

2.利润是指企业在一定会计期间内的经营成果，包括收入减去费用后的净额、直接计入当期利润的利得和损失等。利润是衡量企业生产经营水平的一项综合性指标，是企业扩大再生产的资金保障，是企业实现财务目标的基础。企业经营管理的质量、市场开拓能力、成本费用的开支、各种财务风险最终都会在利润上体现出来，因而利润也是对企业作出评价的最重要的指标。

3.利润预测是通过对影响利润发生的因素的分析和研究，如销售量、成本、费用等，预计并测算企业在未来某一时期内可以实现的利润。正确的利润预测可以为企业未来的经营找到目标利润，便于按目标利润对企业的经营效果进行考核。在利润预测中，营业利润的预测是利润预测的重点。营业利润预测的方法有很多，主要有量本利分析法、目标利润法和比例测算法。

4.组织企业利润分配必须遵循一定的原则，协调好利益与经济发展的关系。利润分配通常应遵守国家法律，履行企业的社会责任；处理好分配与积累的关系，增强企业后劲；兼顾各方利益，提高各方面的积极性；坚持公开、公平、公正的原则；坚持以丰补歉，保持稳定的分红比例。

5.利润分配政策是企业对利润分配有关事项所作出的方针和政策。利润分配政策从根本上说就是税后利润分配政策，就股份制企业而言，即股利政策。利润分配政策的关键在于留存与分红的比例，因此在一定程度上决定企业对外再筹资的能力。此外，利润分配政策还在一定程度上决定企业市场价值的大小。

6.企业利润分配政策的制约因素主要有法律约束因素、公司自身因素、投资者因素等。企业在实际财务管理过程中，要综合考虑不同企业、不同时期的特点及各因素的影响程度，确定适合自身的股利政策，主要有剩余股利政策、固定股利政策、固定股利支付率政策和低正常股利加额外股利政策。企业在决定发放股利后，主要采用现金股利和股票股利的形式发放股利。

概念回顾

收入 利润 盈亏平衡点 目标利润 股利政策 股票股利

课堂讨论题

1.收入对企业有何重要意义？
2.试述目前我国上市公司股利分配的现状及存在的问题。

复习思考题

1.如何理解收入的概念？它对企业有哪些重要作用？
2.营业收入管理的基本要求是什么？
3.企业制定产品价格的方法有哪些？
4.利润根据其构成不同，可以表述为哪几个不同层次的含义？
5.企业利润分配应贯彻哪些基本原则？
6.什么是股利政策？公司为什么要制定股利政策？

第七章

财务预算

内容提要

本章主要介绍财务预算的概念与内容、财务预算的作用、财务预算编制的步骤、弹性预算和零基预算的编制方法、现金预算的编制方法、预计财务报表的编制方法。

第一节　　　　　财务预算概述

一、财务预算的概念

预算是关于企业在未来一定预算期内的全部经济活动各项目标的行动计划及相应措施的预期数值说明，其实质是一套以货币及其他数量形式反映的预计财务报表和其他附表，主要用来规划在预算期内企业的全部经济活动及其成果。预算的内容一般包括日常业务预算、专门决策预算和财务预算三大类。

日常业务预算是指与企业日常经营活动直接相关的经营业务的各种预算。它具体包括销售预算、生产预算、直接材料消耗及采购预算、直接工资及其他直接支出预算、制造费用预算、产品生产成本预算、销售及管理费用预算等。这些预算前后衔接、相互钩稽，既有实物量指标，又有价值量指标。

专门决策预算是指企业为不经常发生的长期投资决策项目或一次性专门业务所编制的预算。它具体包括资本支出预算、一次性专门业务预算等。资本支出预算根据经过审核批准的各个长期投资决策项目编制，实际上是决策选中方案的进一步规划。一次性专门业务预算是为了配合财务预算的编制，便于控制和监督，对企业在日常财务活动中发生的一次性的专门业务，如筹措资金、投放资金、其他财务决策（发放股息、红利等）编制的预算。

财务预算是指反映企业在未来一定预算期内的预计现金收支、经营成果和财务状况的各种预算。它具体包括现金预算、预计利润表、预计资产负债表和预计现金流量表。前面所述的日常业务预算和专门决策预算最终大都可以综合反映在财务预算中，这样，财务预算就成为各项经营业务和专门决策的整体计划，故也称为"总预算"；日常业务预算和专门决策预算称为"分预算"。

由此可见，财务预算是企业预算的一个重要组成部分，它和其他预算紧密联系在一起，构成一个数字相互衔接的、完整的预算体系。

二、财务预算的作用

财务预算在企业经营管理和实现目标利润中发挥着重大作用，概括起来有以下四点：

（一）财务预算是企业各级各部门工作的奋斗目标

财务预算是以日常业务预算和专门决策预算为基础编制的综合性预算，整个预算体系全面、系统地规划了企业的主要技术经济指标和财务指标的预算数。因此，通过编制财务预算，不仅可以确定企业整体的总目标，而且也明确了企业内部各级各部门的具体目标，如销售目标、生产目标、成本目标、费用目标、收入目标和利润目标等。各级各部门根据自身的具体目标安排各自的经济活动，设想达到各目标拟采取的方法和措施。如果各级各部门都完成了自己的具体目标，企业的总目标也就有了保障。

（二）财务预算是协调企业各级各部门工作的工具

企业内部各级各部门因其职责的不同，对各自经济活动的考虑可能会带有片面性，甚至会出现相互冲突的现象。譬如，销售部门根据市场预测提出一个庞大的销售计划，生产部门可能没有那么大的生产能力。生产部门可以编制一个充分发挥生产能力的计划，但销售部门却可能无法将这些产品推销出去。克服片面、避免冲突的最佳办法是进行经济活动的综合平衡。财务预算具有高度的综合能力，编制财务预算的过程也是企业内部各级各部门的经济活动密切配合、相互协调、统筹兼顾、全面安排、搞好综合平衡的过程。例如，编制生产预算一定要以销售预算为依据，编制材料、人工、费用预算必须与生产预算相衔接，各预算指标之间应保持平衡等。只有企业内部各级各部门协调一致，才能最大限度地实现企业的总目标。

（三）财务预算是控制企业各级各部门工作的标准

财务预算在使企业各级各部门明确奋斗目标的同时，也为其工作提供了控制依据。预算进入实施阶段以后，各级各部门管理工作的重心转向控制，即设法使经济活动按预算进行。各级各部门应以各项预算为标准，通过计量对比，及时提供实际偏离预算的差异数额，并分析原因，以便采取有效措施，挖掘潜力，巩固成绩，纠正缺点，保证预定目标的完成。

（四）财务预算是考核企业各级各部门工作的依据

现代企业管理必须建立健全各级各部门的责任制度，而有效的责任制度离不开工作业绩的考核。在预算实施过程中，实际偏离预算的差异，不仅是控制企业日常经济活动的主要依据，也是考核、评定各级各部门和全体职工工作业绩的主要依据。通过考核，对各级各部门和全体职工进行评价，并据此实行奖惩、安排人事任免等。为了让有关部门和职工及时了解自己的业绩，财务预算经起草、修改、定稿以后，必须发给各级各部门和全体职工。

【随堂测】请从下列备选答案中选择正确答案：

财务预算在企业财务管理中具有十分重要的作用，包括（　　　）。

A.规划、沟通和协调　　　　　B.资源分配

C.绩效评估　　　　　　　　　D.营运控制

三、财务预算编制的步骤

企业预算以利润为最终目标，并把确定下来的目标利润作为编制预算的前提条件。根据已确定的目标利润，通过市场调查，进行销售预测，编制销售预算。在销售预算的基础上，作出不同层次、不同项目的预算，最后汇总为综合性的现金预算和预计财务报表。财务预算编制的过程可以归结为以下几个主要步骤：

第一，根据销售预测编制销售预算；

第二，根据销售预算确定的预计销售量，结合产成品的期初结存量和预计期末结存量编制生产预算；

第三，根据生产预算确定的预计生产量，先分别编制直接材料消耗及采购预算、直接人工预算和制造费用预算，然后汇总编制产品生产成本预算；

第四，根据销售预算编制销售及管理费用预算；

第五，根据销售预算和生产预算估计所需要的固定资产投资，编制资本支出预算；

第六，根据执行以上各项预算所产生和必需的现金流量编制现金预算；

第七，综合以上各项预算，进行试算平衡，编制预计财务报表。

阅读与思考

费用预算怎么控？

每到岁末年初，财务部门就忙得不可开交。开不完的会，扯不完的皮，做不完的表……其中预算绝对是"功不可没"。收入-成本=利润，企业是不是只要降低成本费用就能增加利润？费用预算到底怎么控？

先看三个有代表性的案例：

案例1：A公司规定差旅费补贴标准是每天10元钱，财务总监的解释是：公司要控制差旅费用支出，要严格执行预算，不能让员工想着出差能赚钱就总申请出差。这个案例代表了以各种理由限制费用支出（比如公司的广告费支出、销售部的招待费等）的一类公司。

案例2：B公司准备试行增加差旅费补贴标准的规定，财务总监的解释是：我想尽量让补贴标准高一些，让销售人员额外赚到一些钱，也更愿意出差，这样应该能带来更多的客户。这个案例与案例1正好相反。

案例3：C公司业务部门因一项新业务多次与财务部门沟通，财务总监都拒绝了；到年底，同行业公司业绩增长迅速，C公司却是原地踏步；董事长批评销售团队，销售总监说是因为财务总监不同意。财务总监却认为，业务增长不重要，重要的是利润，必须要降低费用才有利润。

这三个案例代表了大多数公司的费用控制类型，虽然有点极端，但各有各的理由。对企业来说，费用究竟该怎么控？

一、关注业务活动，而不是预算数字

很多财务人员喜欢把成本费用当成一个科目，当成一个金额，总忙于对比与预算数字的差异。这样是不够的！

成本费用为什么会发生？是因为发生了相应的业务活动，背后是人在做这项业务活动。财务人更应该看到每一笔成本费用背后是业务活动和人。帮助人去改善业

务活动，帮助他们找到驱动力，给他们激励；要分析业务部门在追求的目标与公司的战略要求是不是一致的。与其问成本为什么超支？不如问成本因为怎样的客户需要而产生？有没有创造客户价值？这其中有没有不应该的损失？

二、做选择题而不是判断题

成本费用支出不仅是减少了利润，而是在让公司离目标更接近，是能够带来新的业绩回报，所以，应该把成本费用当做一项风险投资，自然就可以做投资回报分析。

用投资回报率的方法对项目对被投资人排优劣，对将产生的费用按投资的潜在价值回报和对战略的重要程度决定投资的优先级。有了优先顺序，就更容易作出选择。费用控制是在一系列活动中建议业务部门如何作出选择。不是能或不能，而是应该选A还是应该选B。

三、预算是动态的资源分配

传统预算被用作一种授权管理工具，为了控制预算，就去控制额度，通过这种方式约束费用的发生。但是，如果把预算比作一堵墙，墙建得再高也可能被翻过去，或者这就叫做"道高一尺魔高一丈"。财务用预算控制业务的支出，也可能因预算受制于业务。常见的问题是，财务在发现业务问题时，预算可能成为业务的挡箭牌，"为什么不能批？我们预算还没超啊"，业务如此振振有辞。

预算不应该是一块切好的蛋糕，你切了一块就一定就是你的，如果这样，各部门在报预算的时候，自然就会要得越多越好。预算不应该是一成不变的，而是应该根据市场环境改变，根据公司目标实现情况动态调整的，也就是常说的滚动预算。财务需要判断的不是在不在预算范围内，而是费用发生的合理性和真实性，在不在费用预算之内并不能作为随便花的理由。

好的预算管理，能将公司战略以数据化的形式落实于个人，实现战略落地。好的预算管理，不是处处"削减成本"，而是"节约成本"，前者是少花钱，后者是为实现目标提供更合理的支援。为了确保公司战略目标的实现，与战略目标相背离的支出，即便是在预算内，也应该拒绝；能让公司离战略目标更接近，即便已经超出了预算，也应该花。不管怎样，最后要做到的是，不让预算成为一场数字游戏，而是成为带着公司驶向目标的船。

思考：

（1）文中的三个案例代表了当前公司费用控制的三种类型，你认为哪种更好？

（2）费用预算控制的目的就是减少支出、降低费用率吗？这样的费用预算控制是有效的吗？

资料来源　佚名. 三个典型案例，讲清费用预算控制那些事儿［EB/OL］.［2020-03-11］. http://www.jscj.com/mat/news/100810.html.

第二节　　　　　财务预算的编制方法

企业编制财务预算的传统方法主要有固定预算和增量（或减量）预算，这些方法的最大优点是思路简单、操作方便。但是，在市场经济体制下，由于企业财务活动日趋复杂，传统编制方法的缺点也日趋明显。因此，目前在企业中推广采用两种编制财务预算的先进方法，即弹性预算和零基预算。

一、弹性预算

（一）弹性预算的概念

弹性预算亦称变动预算，是固定预算的对称。固定预算是根据预算期内一种可能达到的预计业务量水平编制的预算。显然，一旦预计业务量与实际业务量水平相差甚远时，必然导致有关成本费用及利润的实际水平与预算水平因基础不同而失去可比性，不利于开展控制和考核。弹性预算是根据在预算期内一系列可能达到的预计业务量水平编制的能适应多种情况的预算。弹性预算的基本原理是将成本费用按照成本习性划分为固定成本和变动成本两大部分，在编制弹性预算时，对固定成本不予调整，只对变动成本进行调整。弹性预算能随着业务量的变动而变动，使预算执行情况的评价和考核建立在更加客观可比的基础上，可以充分发挥预算在管理中的控制作用。未来业务量的变动影响到成本费用和利润等各方面，因此，从理论上讲，弹性预算适用于在企业预算中与业务量有关的各种预算，但从实用角度看，主要适用于编制弹性成本费用预算和弹性利润预算等。

（二）弹性成本费用预算的编制

编制弹性成本费用预算应选择适当的业务量计量单位，并确定其有效变动范围（可按历史资料或正常生产量的70%~110%来确定），按该业务量与有关成本费用项目之间的内在关系进行分析、编制。常见的方法有公式法和列表法两种。

1.公式法

在成本习性分析的基础上，可将任何成本费用近似地表示为$y=a+bx$（a为固定成本；b为单位变动成本；x为多种业务量，如产销量、直接人工工时等；y为成本总额），公式法只需列出各项成本费用的a和b，即可推算出业务量在允许范围内任何水平上的各项预算成本。

（1）当b=0时，y为固定成本项目，则a=y；

（2）当a=0时，y为变动成本项目，则b=y/x；

（3）当a和b均不为0时，y为混合成本项目，可采用适当的数学方法将y加以分解，分别确定b和a。

【例7-1】高发公司生产甲产品，2023年7—12月发生的产品产量和制造费用（维修费）资料见表7-1，要求采用高低点法将制造费用（维修费）分解为固定成本和变动成本。

表7-1　　　　　高发公司甲产品产量和制造费用（维修费）资料

2023年7—12月

时间项目	7月	8月	9月	10月	11月	12月
产量x（件）	100	150	200	250	300	350
维修费y（元）	50 000	57 000	65 000	73 000	80 000	86 000

根据表7-1的资料，产量的最低点为100件，对应的维修费为50 000元；产量的最高点为350件，对应的维修费为86 000元，所以：

$$b = \frac{y_高 - y_低}{x_高 - x_低} = \frac{86\,000 - 50\,000}{350 - 100} = 144\,（元/件）$$

$$a = y_低 - bx_低 = 50\,000 - 144 \times 100 = 35\,600\,（元）$$

或　　$$= y_高 - bx_高 = 86\,000 - 144 \times 350 = 35\,600\,（元）$$

【例7-2】高发公司2024年制造费用弹性预算指标（部分）见表7-2，其中较大的混合成本项目已经过分解。直接人工工时的有效变动范围为1 400~2 200小时。若采用公式法推算出直接人工工时为2 088小时，请计算该公司2024年制造费用预算数额。

表7-2　　　　　高发公司2024年制造费用弹性预算指标（部分）表

直接人工工时：1 400~2 200小时

项　　目	a（元）	b（元/小时）	项　　目	a（元）	b（元/小时）	项　　目	a（元）	b（元/小时）
1.变动成本项目			2.混合成本项目			3.固定成本项目		
燃油		5	检验员工资	40 000	3	管理人员工资	310 000	
辅助工人工资		50	辅助材料	110 000	15	保险费	280 000	
			维修费	35 600	144	设备租金	268 000	
			水费	50 000	10			

制造费用预算数=变动成本+混合成本+固定成本

　　　　=2 088×（5+50）+40 000+110 000+35 600+50 000+（3+15+144+10）×2 088+310 000+

　　　　　280 000+268 000

　　　　=114 840+594 736+858 000=1 567 576（元）

公式法的优点是在一定范围内不受业务量波动的影响；缺点是逐项分解成本比较麻烦，而且也不能直接查出在特定业务量下的总成本预算数额。

2.列表法

列表法在一定程度上能克服公式法查不到在不同业务量下总成本预算数额的弱点，在相关范围内每隔一定业务量间隔进行预算，以反映在一系列业务量下的预算成本水平。

【例7-3】高发公司直接人工工时的有效变动范围及制造费用弹性预算指标见表7-2。根据资料采用列表法推算出按10%为业务量间距时，该公司2024年制造费用弹性预算数额。

高发公司2024年制造费用弹性预算数额见表7-3。

表7-3　　　　　高发公司2024年制造费用弹性预算数额　　　　金额单位：元

直接人工工时（小时）	1 400	1 600	1 800	2 000	2 200
生产能力利用（%）	70	80	90	100	110
1.变动成本项目	77 000	88 000	99 000	110 000	121 000
燃油	7 000	8 000	9 000	10 000	11 000
辅助工人工资	70 000	80 000	90 000	100 000	110 000
2.混合成本项目	476 400	510 800	545 200	579 600	614 000
检验员工资	44 200	44 800	45 400	46 000	46 600

续表

直接人工工时（小时）	1 400	1 600	1 800	2 000	2 200
辅助材料	131 000	134 000	137 000	140 000	143 000
维修费	237 200	266 000	294 800	323 600	352 400
水费	64 000	66 000	68 000	70 000	72 000
3.固定成本项目	858 000	858 000	858 000	858 000	858 000
管理人员工资	310 000	310 000	310 000	310 000	310 000
保险费	280 000	280 000	280 000	280 000	280 000
设备租金	268 000	268 000	268 000	268 000	268 000
制造费用预算数	1 411 400	1 456 800	1 502 200	1 547 600	1 593 000

（三）弹性利润预算的编制

编制弹性利润预算能够反映在不同销售业务量条件下相应的预算利润水平。常见的方法有因素法和百分比法两种。

1.因素法

因素法根据影响利润的有关因素与收入成本的关系，列表反映这些因素分别变动时相应的预算利润水平。

【例7-4】甲企业预计2024年A产品的单位变动成本为80元/件，固定成本为6 000元。当年生产的产品当年销售，销售业务量的有效变动范围为280~440件。在同一销售业务量下其售价分别为120元/件和130元/件。要求采用因素法推算出按5%为业务量间隔时，甲企业2024年A产品利润预算数额。

2024年甲企业A产品弹性利润预算见表7-4。

表7-4 　　　　　　甲企业2024年A产品弹性利润预算　　　　　　金额单位：元

销售量（件）	280		...	400		...	440	
售价（元/件）	120	130	...	120	130	...	120	130
销售收入	33 600	36 400	...	48 000	52 000	...	52 800	57 200
变动成本	22 400	22 400	...	32 000	32 000	...	35 200	35 200
固定成本	6 000	6 000	...	6 000	6 000	...	6 000	6 000
利润总额	5 200	8 000	...	10 000	14 000	...	11 600	16 000

以销售量为280件、售价为120元/件为例：

2024年A产品利润预算数额=销售收入−销售量×单位变动成本−固定成本

=33 600−280×80−6 000=5 200（元）

因素法主要适用于单一品种经营的企业，多品种经营的企业常采用百分比法编制弹性利润预算。

2.百分比法

百分比法是按不同项目占销售额的百分比，列表反映在销售业务量的有效变动范围内，不同销售收入百分比相应的预算利润水平。百分比法必须假定固定成本不变，变动成本随着销售收入变动的百分比而同比例变动。

【例7-5】乙企业2023年利润表及各项目占销售额的百分比见表7-5。

表7-5 　　　　　　　　乙企业2023年实际利润表　　　　　　　　金额单位：万元

项　　　目	金　　额	占销售额百分比（%）
销售收入	500	100
变动成本	390	78
固定成本	70	14
利润总额	40	8

根据表7-5的资料采用百分比法编制乙企业2024年弹性利润预算，见表7-6。

表7-6 　　　　　　　　乙企业2024年弹性利润预算　　　　　　　　金额单位：万元

销售收入百分比	70%	80%	100%	110%
销售收入	350	400	500	550
变动成本	273	312	390	429
固定成本	70	70	70	70
利润总额	7	18	40	51

以销售收入百分比70%为例：

2024年利润预算数额=2023年销售收入×70%×（1-78%）-2023年固定成本

$$=500×70%×（1-78%）-70$$
$$=7（万元）$$

【随堂测】某企业年度各种产品销售业务量为100%时的销售收入为24 500万元，变动成本为14 700万元，企业年固定成本总额为2 000万元，利润为7 800万元。

请测算当预计业务量为70%时的利润额。

二、零基预算

（一）零基预算的概念

零基预算亦称零底预算，是增量（或减量）预算的对称。增量（或减量）预算是在基期成本费用水平的基础上，结合预算期业务量水平及有关降低成本费用的措施，通过调整有关原有成本费用项目而编制的预算。这种预算往往不加分析地保留或接受原有成本费用项目，造成各种成本费用项目水平普遍地不断上升。零基预算是以零为基础编制的预算。零基预算的基本原理是，编制预算时一切从零开始，从实际需要与可能出发，像对待决策项目一样，逐项审议各项成本费用开支是否必要、合理，进行综合平衡后确定各种成本费用项目的预算数额。

　议一议　同学们，凡事预则立，不预则废。对企业来说，预算管理尤为重要。企业预算是固定的好，还是弹性的好？是零基预算好，还是增量预算好？企业该如何选择呢？

（二）零基预算的编制

1.零基预算的编制程序

（1）确定预算单位。预算单位有时称为"基本预算单位"，也可以定义为主要的基本建设项目、专项工作任务，或者是主要项目。在实践中，通常由高层管理者来确定以哪一级机构部门或项目为预算单位。

（2）提出相应费用预算方案。预算单位针对企业在预算年度的总体目标以及由此确定的各预算单位的具体目标和业务活动水平，提出相应的费用预算方案，并说明每一项费用开支的理由与数额。

（3）进行成本和效益分析。按"成本-效益"分析方法比较每一项费用及其相应的效益，评价每项费用开支计划的重要程度，区分不可避免成本与可延缓成本。

（4）决定预算项目资金分配方案。将预算期可动用的资金在预算单位内各项目之间进行分配，对不可避免成本项目优先安排资金，对可延缓成本项目根据可动用资金的情况，按轻重缓急、收益大小分配资金。

（5）编制明细费用预算。预算单位经协调后具体规定有关指标，逐项下达费用预算。

2.零基预算的编制举例

【例7-6】丙公司采用零基预算编制2024年销售及管理费用预算。

第一步，由销售及管理部门的全体职工，根据预算期全公司的总目标和本部门的具体目标，进行反复讨论，提出预算期可能发生的一些费用项目及金额，见表7-7。

表7-7   **丙公司2024年可能发生的费用项目及金额**   单位：元

费用项目	金　　额	费用项目	金　　额
广告费	2 600	业务招待费	3 000
差旅费	1 400	房屋租金	3 000
培训费	1 000	办公费	2 000

第二步，将广告费和业务招待费根据历史资料进行"成本-效益"分析，作出评价。其结果如下：广告费：投入成本1元，可获收益20元；业务招待费：投入成本1元，可获收益30元。对于差旅费、培训费、房屋租金、办公费，经研究列入不可避免成本费用项目，应全额得到保证。

第三步，假定丙公司在预算期内可用于销售费用、管理费用的资金为10 000元，则该部门分配资金时应首先满足差旅费、培训费、房屋租金、办公费等四项不可避免成本费用支出，共计7 400元（1 400+1 000+3 000+2 000），剩余2 600元（10 000-7 400），按其收益大小在广告费和业务招待费之间进行分配：

费用分配率=2 600÷（20+30）=52

广告费项目可分配的资金=20×52=1 040（元）

业务招待费项目可分配的资金=30×52=1 560（元）

第四步，编制丙公司2024年销售费用、管理费用零基预算表，见表7-8。

表7-8　　　　　　　**丙公司2024年销售费用、管理费用零基预算表**　　　　　单位：元

项目	房屋租金	办公费	差旅费	培训费	业务招待费	广告费	合计
预算额	3 000	2 000	1 400	1 000	1 560	1 040	10 000

由此可见，零基预算不受基期费用水平的束缚，不仅能使预算单位负责人重视预算的编制工作，而且能充分发挥预算单位全体职工的工作积极性，挖掘内在潜力，增强预算的控制作用；同时，零基预算有利于有效地分配资源。但是零基预算的工作量大，所需时间和所付代价较高。

第三节　现金预算与预计财务报表的编制

企业在编制预算期间，往往因预算种类的不同而各有所异。一般来说，在年度预算下面，日常业务预算和专门决策预算应按季分月编制；资本支出预算应首先按每一投资项目分别编制，并在各项目的寿命周期内分年度安排，然后在编制整个企业计划年度财务预算时，再把属于该计划年度的资本支出预算进一步细分为按季或按月编制的预算；现金预算应根据企业的具体需要按月、按周、按天编制；预计财务报表应按季编制。下面系统介绍财务预算的编制方法。为了与会计年度相配合，在本节所列举的例题中，各种日常业务预算、专门决策预算和财务预算的编制期间，均以一年为期，并采用预算数值相对稳定不变的固定预算法来编制各种预算。

一、现金预算的编制

（一）现金预算的概念

现金预算亦称现金收支预算，它是以日常业务预算和专门决策预算为基础编制的反映企业预算期间现金收支情况的预算。它反映现金收入、现金支出、现金收支差额、现金筹措及使用情况以及期初期末现金余额，主要包括现金收入、现金支出、现金余缺和现金融通四个部分。

现金收入包括预算期间的期初现金余额加上本期预计可能发生的现金收入，其主要来源是销售收入和应收账款的回收，可以从销售预算中获得有关资料。现金支出是指在预算期间预计可能发生的一切现金支出，具体包括各项经营性现金支出，用于缴纳税费、股利分配的支出，购买设备等资本性支出，可以从直接材料、直接人工、制造费用、销售费用、管理费用以及专门决策预算中获得有关资料。现金余缺是将现金收入总额与现金支出总额相抵，如果收入大于支出则出现剩余；如果收入小于支出则出现短缺。现金融通是指当出现现金剩余时，企业可用它来归还以前的借款或进行短期投资；当出现现金短缺时，企业应向银行或其他单位借款，发行债券、股票等。企业不仅要定期筹措到抵补收支差额的现金，还必须保证有一定的现金储备，应注意保持期末现金余额在合理的上下限度内波动。

微课

现金预算及编制

（二）现金预算编制举例

日常业务预算和专门决策预算是编制现金预算的依据，先简要介绍一部分日常业务预算和专门决策预算的编制方法。

1. 销售预算

销售预算是规定企业在预算期内销售目标和实施计划的一种业务预算。它是编制企业预算的起点，也是编制其他日常业务预算的基础。企业通过市场预测预计销售量和单价以后，便可根据产品的品种、数量、单价确定预算期销售收入，并根据预算期现金收入与回收赊销货款的可能情况反映现金收入，从而编制销售预算。

【例 7-7】假定东方公司生产、销售甲、乙两种产品，预计 2024 年各种产品销售量及售价资料见表 7-9。预计销售环节税金为销售收入的 5%。预算期初应收账款余额为 195 600 元，在预算期已全部回收。预算期的销售情况为现销占 60%，赊销占 40%。现编制东方公司销售预算，见表 7-9。

表7-9　　　　　　　　　　　　　　　　**东方公司销售预算**

2024年度　　　　　　　　　　　　　　　　　　　　　　金额单位：元

产品名称	全年合计		
	预计销售量	预计单价	预计销售收入
甲	5 600（件）	40	224 000
乙	8 400（件）	50	420 000
合　计			644 000
①销售环节税金现金支出			32 200
②回收前期应收账款			195 600
③预算期现销收入			386 400
④现金收入合计			582 000

注：①=644 000×5%=32 200（元）

　　③=644 000×60%=386 400（元）

　　④=②+③

2. 生产预算

生产预算是规定企业在预算期内有关产品生产数量及品种构成的一种业务预算，可以销售预算为基础编制。在确定产销量之间的关系时，必须考虑产品的存货水平，其相互关系可用下列公式表示：

预计生产量=预计销售量+预计期末存货量−期初存货量

在上述公式中，"预计期末存货量"有时凭经验估计，有时经分析确定。

【例 7-8】东方公司 2024 年甲、乙产品年初、年末存货资料见表 7-10。根据有关资料编制东方公司生产预算，见表 7-10。

表7-10　　　　　　　　　　　　　　　　**东方公司生产预算**

2024年度　　　　　　　　　　　　　　　　　　　　　　单位：件

项　　目	甲产品	乙产品
预计销售量（见表7-9）	5 600	8 400
加：预计期末存货量	300	500
减：期初存货量	400	800
预计生产量	5 500	8 100

3.直接材料消耗及采购预算

直接材料消耗及采购预算是规定企业在预算期内各种材料消耗量水平，规定材料采购量及其成本的一种业务预算。这种预算以生产预算为基础编制，还必须考虑原材料的存货水平，根据预算期现购材料支出和偿还前期所欠材料款的可能情况反映现金支出。

这种预算编制的程序如下：

（1）按每种产品分别计算各种材料的预计消耗量，公式为：

某产品预计消耗某种材料数量=该产品预计生产量×该产品耗用该种材料消耗定额

（2）将各种产品预计消耗某种材料数量加总，求该种材料预计总耗用量；

（3）计算某种材料预计采购量，公式为：

某种材料预计采购量=该种材料预计总耗用量+该种材料预计期末存货量−该种材料期初存货量

（4）计算某种材料预计采购成本，公式为：

某种材料预计采购成本=该种材料单价×该种材料预计采购量

（5）将各种材料预计采购成本加总，求预算期直接材料采购总成本。

【例7-9】假定东方公司2024年生产甲、乙产品只需A材料，A材料的年初、年末存货资料见表7-11。预算期初应付账款余额为125 000元，在预算期内已全部偿还。预算期材料采购的货款有50%在本期内支付，另外50%在下期内支付。现编制东方公司的直接材料消耗及采购预算，见表7-11。

表7-11　　　　　　　**东方公司直接材料消耗及采购预算**

2024年度

项　目	全年合计	
	甲产品	乙产品
预计生产量（件）（见表7-10）	5 500	8 100
单位产品材料消耗定额（千克）	3	4
预计材料消耗量（千克）	16 500	32 400
预计材料总耗用量（甲+乙）（千克）	48 900	
加：预计期末材料存量（千克）	6 400	
减：期初材料存量（千克）	6 200	
预计材料采购量（千克）	49 100	
材料单价（元）	6	
预计材料采购成本（元）	294 600	
①偿还前期所欠材料款（元）	125 000	
②预算期现购材料支出（元）	147 300	
③现金支出合计（元）	272 300	

注：②=294 600×50%=147 300（元）

③=①+②

4.直接人工预算

直接人工预算是反映企业在预算期内人工工时消耗水平，规定人工成本开支数额的一种业务预算。这种预算也以生产预算为基础编制，其预算金额都需要使用现金支付。直接人工预算编制的程序如下：

（1）计算预算期各种产品预计直接人工总工时，公式为：

某产品预计直接人工总工时=该产品预计生产量×该产品单位直接人工工时

（2）计算预算期各种产品预计直接工资成本，公式为：

某产品预计直接工资成本=该产品预计直接人工总工时×小时工资率

（3）计算预算期各种产品预计其他直接支出，公式为：

某产品预计其他直接支出=该产品预计直接工资成本×提取百分比

（4）将预计直接工资成本和预计其他直接支出两部分汇总起来，即可编制直接人工预算。

【例7-10】假定东方公司2024年期初期末的在产品数量没有变动，其他直接支出已被并入直接人工统一核算，不分别反映直接人工与其他直接支出。现编制东方公司直接人工预算，见表7-12。

表7-12　　　　　　　　　　　**东方公司直接人工预算**

2024年度

项　　目	全年合计	
	甲产品	乙产品
预计生产量（件）（见表7-10）	5 500	8 100
单位产品直接人工工时（小时）	2	3
预计直接人工总工时（小时）	11 000	24 300
预计直接人工工时合计数（甲+乙）（小时）	35 300	
小时工资率（元/小时）	2.5	
预计直接人工总额（元）	88 250	

表7-12中的单位产品直接人工工时和小时工资率数据来自消耗定额资料或标准成本资料。

5.制造费用预算

制造费用预算是规定企业在预算期内完成生产预算所规定的业务量所需的预期制造费用数额的一种预算。在编制这种预算时，制造费用需按成本习性划分为变动制造费用与固定制造费用两部分。变动制造费用以生产预算为基础来预计，固定制造费用按实际需要的支付额逐项预计，并要分别确定变动（或固定）制造费用分配率，将变动（或固定）制造费用在各种产品之间进行分配。

$$变动(或固定)制造费用分配率 = \frac{预计变动(或固定)制造费用总额}{相关分配标准预算数}$$

【例7-11】承前例，假定变动（或固定）制造费用总额按预计直接人工总工时进行分配。在制造费用预算金额中，除折旧费用外都需要使用现金支付。现编制东方公司制造费用预算，见表7-13。

表7-13　　　　　　　　　　　　　东方公司制造费用预算

2024年度　　　　　　　　　　　　　　　　　　　单位：元

变动制造费用	金额	固定制造费用	金额
间接人工	5 820	修理费	5 920
间接材料	20 130	折旧费	16 540
修理费	5 860	管理人员工资	8 350
水电费	3 490	保险费	5 910
小计	35 300	财产税	5 640
直接人工总工时（小时）	35 300	小计	42 360
变动费用分配率（元/小时）	1	固定费用分配率	1.2
合计		77 660	
减：折旧费		16 540	
现金支出的费用		61 120	

6.产品生产成本预算

产品生产成本预算是反映企业在预算期内各种产品生产成本水平的一种预算。在编制这种预算时，单位产品成本的有关数据来自直接材料消耗及采购预算、直接人工预算和制造费用预算，产品生产量、期末存货量的有关数据来自生产预算，产品销售量数据来自销售预算。

【例7-12】承前例，现分别编制东方公司甲、乙产品生产成本预算，见表7-14、表7-15。

表7-14　　　　　　　　　　东方公司甲产品生产成本预算

2024年度　　　　　　　　　　　　　　　　　　　单位：元

成本项目	单耗	单价	单位成本	生产成本（5 500件）	期末存货成本（300件）	销售成本（5 600件）
直接材料	3	6	18	99 000	5 400	100 800
直接人工	2	2.5	5	27 500	1 500	28 000
变动制造费用	2	1	2	11 000	600	11 200
固定制造费用	2	1.2	2.4	13 200	720	13 440
合计			27.4	150 700	8 220	153 440

表7-15

东方公司乙产品生产成本预算

2024年度　　　　　　　　　　　　　　　　　　单位：元

成本项目	单耗	单价	单位成本	生产成本 （8 100件）	期末存货成本 （500件）	销售成本 （8 400件）
直接材料	4	6	24	194 400	12 000	201 600
直接人工	3	2.5	7.5	60 750	3 750	63 000
变动制造费用	3	1	3	24 300	1 500	25 200
固定制造费用	3	1.2	3.6	29 160	1 800	30 240
合计			38.1	308 610	19 050	320 040

7.销售费用、管理费用预算

销售费用、管理费用预算是反映企业在预算期内为实现销售预算和进行一般行政管理工作而发生的预期各项费用数额的一种预算。在编制这种预算时，不仅要认真分析、考察过去销售费用及管理费用的必要性及效果，而且要以销售预算或过去的实际开支为基础，考虑在预算期可能发生的变化，按预算期实际需要逐项预计销售费用、管理费用的支付额。

【例7-13】假定东方公司在销售费用、管理费用预算金额中，除折旧费外都需要使用现金支付。现编制东方公司销售费用、管理费用预算，见表7-16。

表7-16

东方公司销售费用、管理费用预算

2024年度　　　　　　　　　　　　　　　　　　单位：元

销售费用项目	金额	管理费用项目	金额
销售人员工资	4 300	管理人员工资	6 700
专设销售机构办公费	5 400	差旅费	2 900
广告费	6 300	保险费	3 700
包装费、运杂费	3 600	折旧费	8 600
保管费用	2 100	办公费	1 400
合计			45 000
减：折旧费			8 600
现金支出的费用			36 400

8.利息费用预算

【例7-14】东方公司于2024年发行一项长期债券，期限为5年，年利率为4%，债券面值总额为100 000元，每年付息一次，则年利息额为4 000元（100 000×4%）。

9.资本支出预算

【例7-15】为开发新产品C，东方公司决定于2024年购置一台不需安装的新机器，价值为30 000元。

10.现金预算

现金预算根据前面各种预算中的现金收入和现金支出的资料编制，"期初现金余额"资料由上年年末资产负债表提供。

【例7-16】假定东方公司期初现金余额为8 756元，需要保留的期末现金余额为11 000元；银行借款按"每期期初借入、期末归还"来预计利息，年利息率为3%。现编制东方公司现金预算，见表7-17。

表7-17　　　　　　　　　　　　　**东方公司现金预算**

2024年度　　　　　　　　　　　　　　　　　　　　　单位：元

项　　目	金　　额
期初现金余额	8 756
预算期现金收入额（见表7-9）	582 000
可供使用的现金	590 756
预算期现金支出额	572 756
其中：直接材料（见表7-11）	272 300
直接人工（见表7-12）	88 250
制造费用（见表7-13）	61 120
销售费用、管理费用（见表7-16）	36 400
产品销售税金（见表7-9）	32 200
预计所得税（见表7-18）	21 580
购买机器设备（资本支出预算）	30 000
预分股利	30 906
现金余缺	18 000
向银行借款	100 000
归还银行借款	100 000
支付银行借款利息（年利率3%）	3 000
支付债券利息（利息费用预算）	4 000
期末现金余额	11 000

在表7-17中"可供使用的现金"的数据是"期初现金余额"与"预算期现金收入额"两项的合计数额，"预分股利"的数额是在利润预算时估计的。

二、预计财务报表的编制

预计财务报表亦称企业总预算，是企业财务管理的重要工具，是控制企业在预算期内资金、成本和利润总量的重要手段，主要包括预计利润表和预计资产负债表等。

（一）预计利润表

预计利润表亦称"利润预算"，是以货币为计量单位，全面、综合地反映企业在预算期内生产经营的财务情况和规定利润计划数额的一种预算，是控制企业生产经营活动和财务收支的主要依据。这种预算是在汇总销售预算、产品生产成本预算、销售及管理费用预算、营业外收支预算、现金预算等的基础上加以编制的，编制这种预算的目的在于明确预算反映的利润水平。如果利润预算数额与最初编制预算时确定的目标利润存在较大的差距，就需要调整有关预算，设法达到目标利润，或者经企业领导同意后修改目标利润。

【例7-17】假定东方公司预算期所得税税率为25%，现编制东方公司预计利润表，见表7-18。

表7-18

东方公司预计利润表

2024年度 单位：元

项　　目	金　　额
营业收入（见表7-9）	644 000
税金及附加（见表7-9）	32 200
营业成本（见表7-14、表7-15）	473 480
毛利	138 320
销售费用、管理费用（见表7-16）	45 000
利息（见表7-17）	7 000
利润总额	86 320
所得税费用（25%）	21 580
净利润	64 740

在表7-18中，"毛利"项目的数据是"营业收入"减去"税金及附加"和"营业成本"的差额。

（二）预计资产负债表

预计资产负债表是以货币为计量单位反映企业在预算期期末财务状况的总括性预算。这种预算是利用基期期末资产负债表，根据预算期销售、生产、成本等预算的有关数据加以调整编制的。编制这种预算的目的在于明确预算反映的财务状况的稳定性和流动性。如果通过预计资产负债表的分析，发现某些反映企业预算期偿债能力、资产营运能力、盈利能力的财务比率不佳，必要时可修改有关预算，以改善财务状况。

【例7-18】东方公司基期期末资产负债表各项目数据见表7-19，预算期土地、普通股股本、长期借款三项目没有发生变化。现编制东方公司预计资产负债表，见表7-19。

表7-19

东方公司预计资产负债表

2024年12月31日 单位：元

资　产			负债和股东权益		
项　目	年末余额	年初余额	项　目	年末余额	年初余额
流动资产：			负债：		
现金（见表7-17）	11 000	8 756	应付账款（见表7-11）	147 300	125 000
应收账款（见表7-9）	257 600	195 600	长期借款	50 000	50 000
材料存货（见表7-11）	38 400	37 200	合计	197 300	175 000
产成品存货（见表7-14、表7-15）	27 270	41 440	股东权益：		
合计	334 270	282 996	普通股股本	120 000	120 000
固定资产：			未分配利润	69 830	35 996
土地	16 000	16 000	合计	189 830	155 996
房屋及设备	70 000	40 000			
累计折旧	(33 140)	(8 000)			
合计	52 860	48 000			
资产总计	387 130	330 996	负债和股东权益总计	387 130	330 996

在表7-19中，预算期期末部分项目的数据来源于东方公司的其他资料，这里不具体

列示，少数项目的数据是这样计算的：

①"应收账款"是根据表7-9中的预算期销售收入和本期收现率计算的：

预算期期末应收账款=预算期销售收入×（1-本期收现率）=644 000×（1-60%）=257 600（元）

②"产成品存货"是根据表7-14中的甲产品期末存货成本和表7-15中的乙产品期末存货成本汇总计算的：

预算期期末产成品存货成本=预算期期末甲产品存货成本+预算期期末乙产品存货成本

=8 220+19 050=27 270（元）

③"房屋及设备"是根据年初数和表7-17有关资料汇总计算的。

④"累计折旧"是根据年初数和表7-13、表7-16有关资料汇总计算的。

⑤"应付账款"是根据表7-11中的预算期材料采购成本和本期付现率计算的：

预算期期末应付账款=预算期材料采购成本×（1-本期付现率）

=294 600×（1-50%）=147 300（元）

⑥"未分配利润"是根据基期期末未分配利润数额、表7-18中的净利润数额和表7-17中的预分股利加以调整计算的：

预算期期末未分配利润=基期期末未分配利润+净利润-预分股利

=35 996+64 740-30 906=69 830（元）

企业除了编制预计利润表和预计资产负债表以外，还可以根据这两个报表及其他有关资料，编制预计现金流量表等其他预计财务报表。

案例7-1

苏州新苏纶纺织有限公司预算管理模式分析

苏州新苏纶纺织有限公司（简称新苏纶）是一个传统的纺织企业，市场相对稳定，整个企业处于稳步发展阶段。在这一时期，采用扩大销售的方法来提高企业的利润不是非常有效，因此，提高企业利润的重心就放在加强成本费用的管理上。为与企业的发展阶段相适应，新苏纶在进行预算管理时，采用以成本费用为中心的预算管理模式，对企业的成本费用进行事前、事中和事后管理。为实现以成本费用为中心的预算管理模式，新苏纶设计了预算管理框架（流程如图7-1所示）。

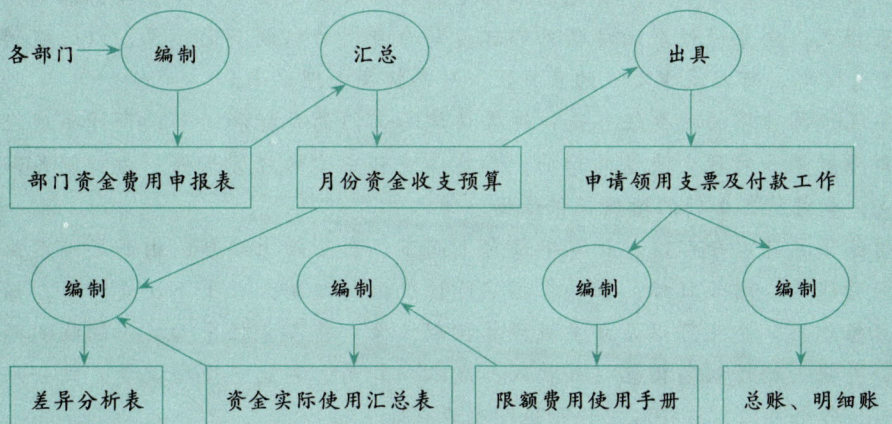

图7-1　新苏纶预算管理框架流程图

（1）预算的编制方法。新苏纶预算的编制采用零基预算（基本思想是不考虑以往会计期间所发生的费用项目或费用额，一切从零开始）的方法，每月由各部门对其资金收支情况进行预算，经总会计师和总经理确认预算合理以后，财务部门将全企业的预算进行汇总，形成全企业的月份资金使用总预算。

预算是建立在对企业业务情况的一定假设的基础上的，而企业的实际业务情况不一定能在假设范围内，因此各部门有时需要根据业务发展态势调整本月预算。当出现这种情况时，要求追加用款的部门填写"月度用款追加计划申请表"，说明申请追加用款的理由及金额，经总经理审批通过后，方可加入预算范围内。

（2）预算的执行和控制。公司对预算的执行情况采用双轨制进行记录，即对每一笔支出，需要财务人员填制凭证，在总账子系统中自动登记总账和明细账。同时，经手人都必须填写"申请领用支票及申请付款工作联系单"，并在"限额费用使用手册"上进行登记，控制成本费用的发生。"限额费用使用手册"类似于为预算管理所设计的责任会计账。

为了进行预算控制，需要对各部门的差旅费、业务招待费等项目设置预算并进行实时控制，并根据预算数和实际数计算出差异，同时把各种控制项目用相应的科目和部门进行反映和控制。

（3）预算的考评。月末对"限额费用使用手册"的数据进行汇总，得到资金实际使用汇总表，随后将汇总表和预算进行比较，找出两者的差异，并进一步分析差异形成的原因。新苏纶对各部门的费用支出在进行预算的基础上进行了有效的控制，对整个企业的成本费用起到了非常好的监控作用。而且，事后的差异分析为各部门的业绩考核提供了依据，企业的奖惩制度有了实行的基础。

请问：

（1）企业编制预算的主要目的是什么？企业如何制定科学合理的财务预算？

（2）新苏纶预算管理有何特点？

【分析提示】

企业要实现预算管理，首先应根据企业现阶段的发展水平和管理需求选择其预算管理模式。企业通过全面评估外部环境与自身实力编制全面预算，以此规划下一年的经营活动，可以减少决策的盲目性，从而提高管理水平。

实现预算管理的主要任务是：统筹协调各部门的目标和活动；预计年度经营计划的财务效果和对现金流量的影响；确定各责任中心的经营责任；为控制各部门的费用支出和评价各部门的绩效提供依据。

财务预算可以分部门、核算单位自上而下、自下而上编制，由高层确定业务方向、经营战略、增长目标，基层根据实际情况进行编制，并上下反复沟通，确保预算的可操作性。企业可以设立多级预算控制体系，将各责任中心的一切收支都纳入预算，并将关键性财务指标（如收入、成本、费用、利润、现金流量）细分到各个分公司、各个部门，这样可更详细地明确责任。

在每期经营活动实际完成后，还要将实际业绩与当初预算作对比分析：经营是否按照当初的预测进行，是否有偏差，偏差有多大，原因在哪里；以便及时发现问题，纠正偏差，保证预算的实施。

新苏纶结合企业的发展水平和管理要求，把成本费用控制作为一项重点工作来抓，对各部门的差旅费、业务招待费等项目设置预算并进行实时控制，起到了非常好的效果。

资料来源　张瑞君，柯栏. 运用管理软件实现预算管理的解决方案［EB/OL］.［2003-11-24］. http：//www.chinaacc.com/new/287/288/305/2006/1/ad931477351716021393.htm.

本章小结

1.预算是关于企业在未来一定预算期内的全部经济活动各项目标的行动计划及相应措施的预期数值说明，主要用来规划在预算期内企业的全部经济活动及其成果。预算的内容一般包括日常业务预算、专门决策预算和财务预算三大类。其中，财务预算是企业预算的一个重要组成部分，它是指反映企业在未来一定预算期内的预计现金收支、经营成果和财务状况的各种预算。财务预算和其他预算紧密联系在一起，构成一个数字相互衔接的、完整的预算体系。

2.财务预算在企业经营管理和实现目标利润中发挥着重大作用，主要表现在：财务预算是企业各级各部门工作的奋斗目标，是协调企业各级各部门工作的工具，是控制企业各级各部门工作的标准，是考核企业各级各部门工作的依据。

3.企业编制财务预算主要采用两种方法，即弹性预算和零基预算。弹性预算是根据在预算期内一系列可能达到的预计业务量水平编制的能适应多种情况的预算，亦称变动预算，包括弹性成本费用预算和弹性利润预算；零基预算亦称零底预算，是增量（或减量）预算的对称。增量（或减量）预算是在基期成本费用水平的基础上，结合预算期业务量水平及有关降低成本费用的措施，通过调整有关原有成本费用项目而编制的预算。

4.现金预算亦称现金收支预算，它是以日常业务预算和专门决策预算为基础编制的反映企业预算期间现金收支情况的预算。它反映现金收入、现金支出、现金收支差额、现金筹措使用情况以及期初期末现金余额，主要包括现金收入、现金支出、现金余缺和现金融通四个部分。

5.预计财务报表亦称企业总预算，是企业财务管理的重要工具，是控制企业在预算期内资金、成本和利润总量的重要手段，主要包括预计利润表和预计资产负债表等。预计利润表亦称"利润预算"，是以货币为计量单位，全面、综合地反映企业在预算期内生产经营的财务情况和规定利润计划数额的一种预算，是控制企业生产经营活动和财务收支的主要依据。预计资产负债表是以货币为计量单位反映企业在预算期期末财务状况的总括性预算。

概念回顾

财务预算　全面预算　弹性预算　零基预算　现金预算

课堂讨论题

1.财务预算在企业管理中的作用如何？

2.如何使财务预算的编制做到既科学又合理？

复习思考题

1.什么是财务预算？它与日常业务预算和专门决策预算有什么关系？

2.编制财务预算的步骤有哪些？

3.编制零基预算的程序有哪些？

4.什么是弹性预算？什么是零基预算？与传统预算的编制方法相比较，它们具有哪些优点？

第八章

财务控制

内容提要

本章主要介绍财务控制的概念与作用，财务控制的种类，责任中心的概念与特征，成本中心、利润中心、投资中心的概念、特征、类型与评价指标，责任预算及责任报告的编制。

第一节　财务控制的意义与种类

一、财务控制的概念与作用

（一）财务控制的概念

控制是指对一个组织的活动进行约束指导，使之按既定目标发展。财务控制是指按照一定的程序和方法，确保企业及其内部机构和人员全面落实并实现财务预算的过程。财务控制具有以下特征：

第一，财务控制是一种价值控制。财务预算所包含的现金预算、预计利润表和预计资产负债表，都是以价值形式予以反映的；财务控制所借助的手段，如责任预算、责任报告、业绩考核、内部转移价格等都是通过价值指标实现的。

第二，财务控制是一种全面控制。由于财务控制用价值手段来实施其控制过程，因此，它不仅可以将各种不同性质的业务综合起来进行控制，而且可以将不同层次、不同部门的业务综合起来进行控制，以体现财务控制的全面性。

第三，财务控制以现金流量为控制目的。企业的财务活动归根结底反映的是企业的资金运动。企业日常的财务活动表现为组织现金流量的过程，为此，财务控制的重点应放在现金流量状况的控制上，通过现金预算、现金流量表等保证企业资金活动的顺利进行。

（二）财务控制的作用

财务控制与财务预测、财务决策、财务预算和财务分析等环节共同构成财务管理的循环。其中，财务控制是财务管理循环的关键环节，它对实现财务管理目标具有保证作用。一般来说，财务预测、财务决策和财务预算是为财务控制指明方向、提供依据并进行规划，而财务控制则是保证其目标、设想、规划的具体落实。没有控制，任何预测、决策和预算都是无意义的。由于财务控制是借助货币手段对生产经营活动所实施的控制，所以具有连续性和全面性，它在企业经营控制系统中处于一种特殊地位，起着保证、促进、监督和协调等重要作用。

二、财务控制的种类

（一）按控制的主体分类

财务控制按控制主体分为出资者财务控制、经营者财务控制和财务部门的财务控制。

出资者财务控制是资本所有者为了实现其资本保全和增值目的而对经营者的财务收支活动进行的控制，如对成本开支范围和标准的规定等。经营者财务控制是管理者为了实现财务预算目标而对企业的财务收支活动所进行的控制，这种控制是通过管理者制定财务决策目标，并促使这些目标被贯彻执行而实现的，如企业的筹资、投资、资产运用、成本支出决策及执行等。财务部门的财务控制是财务部门为了有效地保证现金供给，通过编制现金预算，对企业日常财务活动所进行的控制。一般来说，出资者财务控制是一种外部控制，而经营者和财务部门的财务控制是内部控制，后者更能反映出财务控制的作用和效果。

（二）按控制的时间分类

财务控制按控制的时间分为事前财务控制、事中财务控制和事后财务控制。

事前财务控制是指在财务收支活动尚未发生之前所进行的控制，如财务收支活动发生之前的申报审批制度等。事中财务控制是指在财务收支活动发生过程中所进行的控制，如按财务预算要求监督预算的执行过程，对各项收入的去向和支出的用途进行监督等。事后财务控制是指对财务收支活动的结果所进行的考核及相应的奖罚，如按财务预算的要求对各责任中心的财务收支结果进行评价，并以此实施奖罚。

（三）按控制的依据分类

财务控制按控制的依据分为预算控制和制度控制。

预算控制是指以财务预算为依据，对预算执行主体的财务收支活动进行监督、调整的一种控制形式。预算控制表明了执行主体的责任和奋斗目标，规定了预算执行主体的行为。制度控制是指通过制定企业内部规章制度，并以此为依据约束企业和各责任中心财务收支活动的一种控制形式。制度控制通常规定能做什么、不能做什么。与预算控制相比较，制度控制具有防护性的特征，而预算控制具有激励性的特征。

（四）按控制的对象分类

财务控制按控制的对象分为收支控制和现金控制。

收支控制是指对企业和各责任中心的财务收入活动和财务支出活动所进行的控制。通过收支控制，使企业的收入达到既定目标，而成本开支尽量减少，以实现企业利润最大化。现金控制是对企业和各责任中心的现金流入和现金流出活动所进行的控制，目的是通过现金控制实现现金流入、流出的基本平衡，既要防止因短缺而可能出现的支付危机，也要防止因现金沉淀而可能出现的机会成本增加。

第二节　责任控制

一、责任中心

（一）责任中心的概念与特征

企业为了实行有效的内部协调与控制，通常都按照统一领导、分级管理的原则，在其内部合理划分责任单位，明确各责任单位应承担的经济责任、应享有的权利，促使各责任单位各尽其职、各负其责。责任中心就是指具有一定的管理权限，并承担相应的经济责任的企业内部单位。换句话说，责任中心就是各个责任单位能够对其经济活动进行严格控制的区域。

责任中心通常具有以下特征：

第一，责任中心是一个责权利相统一的实体。每一个责任中心都要对一定的财务指标的完成情况负责任；同时，责任中心被赋予与其所承担责任的范围及大小相适应的权力。

第二，责任中心具有承担经济责任的条件。一是责任中心具有履行经济责任中心条款的行为能力；二是责任中心一旦不能履行经济责任，能对其后果承担责任。

第三，责任中心所承担的责任和行使的权力都应是可控的。责任中心对其职责范围内的成本、收入、利润和投资负责。因此，这些内容必定是该责任中心所能控制的内容，在对责任中心进行责任预算和业绩考核时也只能包括该中心所能控制的项目。一般而言，责任中心的层次越高，其可控范围越大，但不论什么层次的责任中心，它一定都具备考核其责任实施的条件。

第四，责任中心具有独立核算、业绩评价的能力。责任中心的独立核算是实施责权利统一的基本条件。只有独立核算，工作业绩才可能得到正确评价。因此，只有既分清责任又能进行独立核算的企业内部单位，才是真正意义上的责任中心。

根据企业内部责任单位的权限范围及业务活动的特点不同，责任中心一般分为成本中心、利润中心和投资中心三大类。

（二）成本中心

1.成本中心的含义

成本中心（又称技术性成本中心）是指不形成或不考核其收入、只考核其成本费用的责任中心。由于成本中心无收入来源，故这类中心只对成本费用负责，不对收入、利润或投资负责。成本中心一般包括企业的产品生产部门、劳务提供部门及管理部门。

成本中心的应用范围很广，任何发生成本的责任领域都可以确定为成本中心。企业内部上至工厂，下至车间、班组甚至个人都可能成为成本中心。成本中心由于其层次、规模不同，其控制和考核的内容也不尽相同，但基本上是逐级控制的局面，即各个较小的成本中心共同构成一个较大的成本中心。成本中心的职责是用一定的成本去完成规定的具体任务。

2.成本中心的类型

成本中心的类型有两种：标准成本中心和费用中心。

标准成本中心（又称技术性成本中心）是指这类中心有稳定而明确的产品，且单位产品的投入量（成本）可以通过技术分析测算出来。通常，标准成本中心的典型代表是制造业工厂、车间、班组等，这类中心每种产品都有明确的原材料、人工费用及各种间接费用的数量标准与价格标准。标准成本中心可以通过实施标准成本制度和弹性预算予以控制。因此，标准成本中心是以实际产出量为基础，并按标准成本进行成本控制的成本中心。

费用中心（又称酌量性成本中心）是指这类中心费用发生的多少由管理人员的决策行为所决定，费用的投入与产出之间无密切关系。它一般包括各种管理费用和某些间接成本项目，如广告宣传费、职工培训费等。这类费用的发生主要是为企业提供一定的专业服务，一般不能产生可以用货币计量的结果，因此通常采用预算总额审批的控制方法。费用中心是以直接控制经营管理费用总量为主的成本中心。

3.成本中心的特征

（1）成本中心只考核成本费用而不考核收益。一般而言，成本中心没有经营权和销售权，其工作成果不会形成可以用货币计量的收入。例如，某一生产车间生产的产品只是产成品的某一部件，无法单独出售，因而不可能计量其货币收入。有的成本中心可能有少量收入，但这种收入数量少，零星发生，也没有考核的必要。在企业中大多数生产单位只能提供成本费用信息，而无法提供收入信息。总之，以货币形式衡量投入，而不以货币形式衡量产出，是成本中心的基本特征。

（2）成本中心只对可控成本负责。凡是成本中心能够控制的各种耗费，称为可控成本；凡是成本中心不能控制的各种耗费，称为不可控成本。具体来说，可控成本应同时具备以下三个条件：❶可以预计；❷可以计量；❸可以控制。

成本的可控性与不可控性是相对而言的，这和成本中心所处的层次、权限的大小及控制范围的大小有直接关系。从企业主体层次看，几乎所有的成本都可以称为可控成本；而对企业内部各部门、各车间来说，则既有可控成本，也有不可控成本。通常，较低层次成本中心的可控成本一定是其所属较高层次成本中心的可控成本；而较高层次成本中心的可控成本不一定是较低层次成本中心的可控成本。例如，生产车间发生的折旧费用，对于生产车间这个成本中心而言是可控成本，但对于其下属的班组这一层次的成本中心则属于不可控成本。此外，某些成本对处于同一层次的某一成本中心而言是可控的，对于另一成本中心来说，则是不可控的，如材料价格对于采购部门来说是可控成本，而对于生产部门来说则是不可控成本。

（3）成本中心控制和考核的是责任成本。责任中心所发生的各项可控成本之和即是该中心的责任成本。对成本中心工作业绩的考核，主要是将实际责任成本与预算责任成本进行比较，正确评价该中心的工作业绩。应该注意的是，产品成本与责任成本是既有区别又有联系的两个概念。产品成本是以产品为对象归集的生产耗费，归集的原则是谁受益、谁承担；责任成本是以责任中心为对象归集的生产经营耗费，归集的原则是谁负责、谁承担。这种差异是由于成本计算的目的和用途不同所造成的，产品成本是会计核算的结果，反映企业成本计划的执行情况。责任成本是贯彻经济责任制的重要手段，反映责任预算的执行情况。但从联系方面看，它们同为企业在生产经营过程中的资金耗费，产品成本总量等于责任成本总量。

4.成本中心的考核指标

如前所述，成本中心考核的主要内容是责任成本，即将成本中心发生的实际责任成本同预算责任成本进行比较，从而评判成本中心工作业绩的好坏。考核指标主要包括成本（费用）降低额和成本（费用）降低率，其计算公式如下：

成本（费用）降低额=预算责任成本（费用）-实际责任成本（费用）

$$成本（费用）降低率=\frac{成本（费用）降低额}{预算责任成本（费用）}×100\%$$

在对成本中心进行考核时，如果实际产量与预算产量不一致时，应按弹性预算的编制方法先调整预算责任成本（费用）这一指标，然后再进行计算。调整时应注意：

预算责任成本（费用）=实际产量×单位预算责任成本（费用）

【例8-1】某成本中心生产甲产品，预算产量为1 000件，单位预算责任成本（费用）为50元，实际产量为1 200件，单位实际成本（费用）为45元，计算该中心的成本（费用）降低额与成本（费用）降低率。

成本（费用）降低额=1 200×50-1 200×45=6 000（元）

$$成本（费用）降低率=\frac{6\,000}{1\,200×50}×100\%=10\%$$

（三）利润中心

1.利润中心的含义

利润中心是指对利润负责的责任中心。由于利润是收入扣除成本费用后的余额，所以利润中心实际上既要对收入负责，也要对成本费用负责，这类责任中心一般是指企业内部有产品经销权或提供劳务服务的部门。

在同一个企业，利润中心相对处于较高层次。与成本中心相比，利润中心的权力和责任要大一些，它一般具有稳定的、独立的收入来源。因此，它不仅要考虑收入的增长，同时还要考虑成本费用的降低。利润中心追求的是收入的增长超过成本费用的增长。

2.利润中心的类型

利润中心分为自然利润中心与人为利润中心两种。

自然利润中心是指以对外销售产品而取得实际收入为特征的利润中心。这类中心一般具有产品销售权、价格决策权、材料采购权。它虽是企业内部的一个部门，但功能和独立企业类似，能独立地控制成本并取得收入。

人为利润中心是以产品在企业内部流转而取得"内部销售收入"为特征的利润中心。这种利润中心一般不直接对外销售产品，只对本企业内部的各责任中心按内部结算价格提供产品或劳务。人为利润中心一般也具有独立经营权，同时，与其他责任中心能够共同确定合理的转移价格，以实现利润中心的功能与责任。

3.利润中心的考核指标

对利润中心的考核，必然涉及对成本的计算。利润中心的成本计算通常有两种方式可供选择：

（1）利润中心只计算可控成本，不计算共同成本或不可控成本。这种方式主要适合于共同成本难以合理分摊的情况。按这种方式计算出来的利润相当于"贡献毛益总额"，利润中心的利润指标必须经过调整才能得到，所以，这种计算方式下的利润中心已失去原来的意义，变成了贡献毛益中心。人为利润中心适合采用这种方式，考核指标计算公式如下：

利润中心贡献毛益总额=该利润中心销售收入总额-该利润中心可控成本总额（变动成本总额）

一般而言，可控成本总额等于变动成本总额。

（2）利润中心既计算可控成本，也计算共同成本或不可控成本。这种情况下，共同成本易于分割，自然利润中心一般采用这种方式。若采用变动成本法，考核指标计算公式如下：

利润中心贡献毛益总额=该利润中心销售收入总额-该利润中心变动成本总额

利润中心负责人可控利润总额=该利润中心贡献毛益总额-该利润中心负责人可控固定成本

利润中心可控利润总额=该利润中心负责人可控利润总额-该利润中心负责人不可控固定成本

公司利润总额=各利润中心可控利润总额之和-公司不可分摊的各种管理费用、财务费用等

【例8-2】长江精工某利润中心的有关数据如下：

销售收入总额：800 000元。

变动成本总额：550 000元。

负责人可控固定成本：50 000元。

负责人不可控固定成本：70 000元。

该利润中心利润考核指标有：

利润中心贡献毛益总额=800 000-550 000=250 000（元）

利润中心负责人可控利润总额=250 000-50 000=200 000（元）

利润中心可控利润总额=200 000-70 000=130 000（元）

【随堂测】某公司将一事业部设定为利润中心。该部门有关数据为：年销售收入5 000 000元，已销产品的变动成本和变动销售费用3 000 000元，可控固定间接费用300 000元，不可控固定间接费用500 000元。

请测算该部门负责人的可控利润总额。

（四）投资中心

1.投资中心的含义

投资中心是对投资负责的责任中心，该中心既要对成本和利润负责，又要对投资效果负责。由于投资的目的是获得利润，因而投资中心同时也是利润中心。它与利润中心的区别主要在于：利润中心没有投资决策权，而投资中心拥有投资决策权，即能够相对独立地运用其所掌握的资金，有权购置和处理固定资产，扩大或缩小生产能力；投资中心处于责任中心的最高层次，具有最高决策权，同时也承担最大的责任。投资中心一般都是独立的法人，而利润中心可以是也可以不是独立的法人。大型集团公司下面的分公司、子公司往往都是投资中心。

2.投资中心的考核指标

投资中心的考核指标主要是投资利润率和剩余收益。

（1）投资利润率。

投资利润率也称投资报酬率，是指投资中心所获得的利润与投资额之间的比率，用公式表示为：

$$投资利润率=\frac{利润}{投资额}\times100\%$$

$$=\frac{销售收入}{投资额}\times\frac{成本费用}{销售收入}\times\frac{利润}{成本费用}\times100\%$$

$$=资本周转率\times销售成本率\times成本（费用）利润率$$

从上述公式中可以看出，为了提高投资利润率，不仅要千方百计地降低成本，增加销售，还要经济有效地使用营业资本，提高资本周转率。

投资利润率是评价投资中心业绩的常用指标。该指标的优点是：能反映投资中心的综合盈利能力；能比较不同投资额的投资中心的业绩大小，具有横向可比性，应用范围广；通过投资利润率进行投资中心业绩评价，可以正确引导投资中心的经营管理行为，促使其行为长期化。如果投资中心只考虑增加资产或扩大投资规模而不考虑利润的同比例增加，该指标就会下降。因此，利用该指标，将促使各投资中心盘活闲置资产，减少不合理资产的占用，加强对应收账款及固定资产的管理。投资利润率作为评价指标的不足之处在于：一是利润在计算时受人为因素的影响，导致利润数据内容失真，使计算出来的投资利润率指标无法反映投资中心的实际盈利能力；二是投资利润率指标会造成各投资中心只顾本中心利益而放弃对整个企业有利的投资行为，缺乏全局观念。例如，某总公司平均投资利润率为10%，其所属的A投资中心投资利润率达到15%。现A投资中心有一投资机会，投资利润率为13%。若以投资利润率指标来衡量，A投资中心肯定不会选择这一投资机会，从而出现A投资中心与总公司目标不一致的情况，克服这一缺陷的方法是采用另一评价指标——剩余收益。

（2）剩余收益。

剩余收益是指投资中心获得的利润扣减其最低投资收益后的余额。其计算公式为：

剩余收益＝利润－投资额×预期最低投资收益率

以剩余收益作为投资中心经营业绩评价指标的基本要求是：只要投资利润率大于预期的最低投资收益率，该项投资便是可行的，从而可避免投资中心单纯追求利润而放弃一些有利可图的投资项目，有利于提高资金使用效率。

【例8-3】某总公司下设甲、乙两个投资中心。甲投资中心的投资额为500万元，利润为25万元；乙投资中心的投资额为800万元，利润为120万元；该总公司加权平均最低投资利润率为9%。如果甲投资中心追加投资200万元，年利润增加了17万元，或乙投资中心追加投资400万元，年利润增加了57万元。其有关的投资利润率、剩余收益计算见表8-1。

表8-1　　　　　　　　　投资中心指标计算表　　　　　　金额单位：万元

项　　目		投资额	利润	投资利润率	剩余收益
追加投资前	甲	500	25	5%	25-500×9%=-20
	乙	800	120	15%	120-800×9%=48
	合计	1 300	145	11.15%	145-1 300×9%=28
甲投资中心追加投资200万元	甲	700	42	6%	42-700×9%=-21
	乙	800	120	15%	120-800×9%=48
	合计	1 500	162	10.8%	162-1 500×9%=27
乙投资中心追加投资400万元	甲	500	25	5%	25-500×9%=-20
	乙	1 200	177	14.75%	177-1 200×9%=69
	合计	1 700	202	11.88%	202-1 700×9%=49

　　根据表8-1中资料评价甲、乙两个投资中心的经营业绩，可以发现：如果以投资利润率作为评价指标，追加投资后，甲的利润率由5%提高到6%，乙的利润率由15%下降到14.75%；如果以剩余收益作为评价指标，甲的剩余收益由原来的-20万元变为-21万元，乙的剩余收益由原来的48万元增加到69万元。如果单从各投资中心的角度进行评价，就会出现上述矛盾现象。如果从公司总体的角度进行评价，就会发现：甲追加投资时公司总体的投资利润率和剩余收益均有所下降；乙追加投资时公司总体的投资利润率和剩余收益均有所上升。这和以剩余收益指标评价各投资中心的经营业绩的结果是一致的。可见，以剩余收益作为评价指标可以保持各投资中心经营目标和公司总体目标相一致。

　　需要说明的是，若以剩余收益作为评价指标，预期最低投资报酬率的大小对剩余收益的影响较大，所以确定这一报酬率时，一般应以公司平均利润率作为标准。

　　■议一议　同学们，成本中心、利润中心和投资中心的责任有什么不同，权利有何差别？发挥责任中心作用的关键又在哪里呢？

二、责任预算、责任报告与业绩考核

（一）责任预算

1.责任预算的含义

　　责任预算是指以责任中心为对象，以其可控的成本、收入和利润等为内容编制的预算。责任预算是责任中心努力的目标，也是考核责任中心工作业绩的标准。它可以将责任目标量化，使责任中心工作起来更加具体，同时，也可以作为企业总预算的补充。

　　责任预算由各种责任指标组成，这些指标包含主要责任指标和其他责任指标。本章前面所涉及的考核指标都是各个责任中心的主要责任指标，这些指标都是根据各个责任中心特有的权利、义务和责任而建立的，反映了各种不同类型的责任中心之间的责任和义务的区别，是必须保证实现的指标。其他责任指标是根据企业其他奋斗目标分解得到的，或是为保证主要责任指标的完成而必须完成的责任指标。

2.责任预算的编制

　　责任预算编制的目的在于将责任中心的经济责任数量化、具体化。责任预算的编制程序有两种：一种是在总预算的基础上，从责任中心的角度，对总预算进行层层分解，从而形成各责任中心的具体预算。这种自上而下、层层分解指标的方式是比较常用的，其优点是各责任中心目标与企业总目标一致，便于统一指挥与协调。不足之处是可能会抑制各责任中心工作的积极性与创造性。另一种是采取自下而上的方式，即各个责任中心首先根据自身情况编制预算指标，然后层层汇总，最后由企业的专门管理机构进行汇总与调整，从而建立企业总预算。这种方式的优点是有利于发挥各责任中心的积极性，并考虑了责任中心的实际能力。缺陷在于各责任中心往往只从自身的角度考虑问题，造成各责任中心之间协调较困难，工作难度加大，影响预算的质量和编制时效。

　　责任预算的编制程序与企业组织机构设置和经营管理方式有密切关系，组织机构设置和经营管理方式不同，责任预算的编制程序也有较大差异。

　　【例8-4】某公司的组织结构形式如图8-1所示。这是一个采用分权管理组织形式的企业，各成本中心发生的成本费用均为可控成本，该公司责任预算的简化形式见表8-2、表8-3、表8-4、表8-5、表8-6。

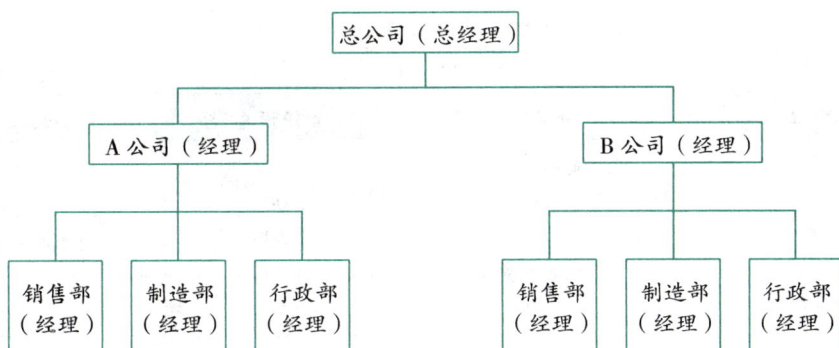

图8-1　某公司组织结构图

表8-2　　　　　　　　　　　　某公司责任预算

20××年　　　　　　　　　　　　　　　　单位：万元

责任中心	项目	责任预算	责任人
	营业利润		
利润中心	A公司	20 000	A公司经理
利润中心	B公司	15 000	B公司经理
利润中心	合计	35 000	总公司总经理

表8-3　　　　　　　　　　　　A公司责任预算

20××年　　　　　　　　　　　　　　　　单位：万元

责任中心	项目	责任预算	责任人
收入中心	销售部	46 000	销售部经理
成本中心（可控成本）	制造部	17 000	制造部经理
	行政部	4 000	行政部经理
	销售部	5 000	销售部经理
	合计	26 000	A公司经理
利润中心	营业利润	20 000	A公司经理

表8-4　　　　　　　　　　　　A公司销售部责任预算

20××年　　　　　　　　　　　　　　　　单位：万元

责任中心	项目	责任预算	责任人
收入中心	东北地区	15 000	责任人A
收入中心	东南地区	17 000	责任人B
收入中心	西南地区	8 000	责任人C
收入中心	西北地区	6 000	责任人D
收入中心	合计	46 000	销售部经理

表8-5   **A公司制造部责任预算**

20××年   单位：万元

成本中心	项目	责任预算	责任人
一车间	变动成本 　直接材料 　直接人工 　变动制造费用 　小计	 5 000 3 500 1 000 9 500	一车间负责人
	固定成本 　固定制造费用 　合计	 300 9 800	
二车间	变动成本 　直接材料 　直接人工 　变动制造费用 　小计	 3 500 2 400 600 6 500	二车间负责人
	固定成本 　固定制造费用 　合计	 300 6 800	
制造部	制造部其他费用 总计	400 17 000	制造部经理 制造部经理

表8-6   **A公司行政部及销售部责任预算（费用）**

20××年   单位：万元

成本中心	项目	责任预算	责任人
行政部	工资费用 折旧 办公费 保险费	1 600 1 300 500 600	行政部经理
	合计	4 000	行政部经理
销售部	工资费用 办公费 广告费 其他	2 500 700 1 500 300	销售部经理
	合计	5 000	销售部经理

通过上例，可以看出各表预算数据之间存在着相应的钩稽关系。随着预算数据的逐渐落实，预算项目越来越具体，使得总预算被真正分解落实到各责任中心的具体部门和个人，责任预算编制的作用也就真正发挥出来了。

（二）责任报告

责任报告又称业绩报告，它是根据责任会计记录编制的反映责任预算实际执行情况的会计报告。责任报告的形式主要有报表、数据分析和文字说明等。将责任预算的实际履行情况及产生的差异用报表予以列示，是责任报告的基本方式。在揭示差异时，还必须对重大差异予以定量分析和定性分析。通过定量分析了解差异产生的程度，通过定性分析找出差异产生的原因并提出改进意见。

随着企业管理层次的不同，责任报告的侧重点应有所不同。层次越低，责任报告越详细。层次越高，责任报告越概括。责任报告在全面反映责任中心预算执行情况的同时，应突出重点，将差异突出的部分重点反映，使报告的使用者能将注意力集中到少数严重脱离预算的因素或项目上来。

由于责任中心是逐级设置的，责任报告也应自下而上逐级编制。

【例8-5】以前述某公司为例，将其责任报告的简略形式列表，见表8-7、表8-8、表8-9。

表8-7　　　　　　　　　　　　**成本中心责任报告**

20××年　　　　　　　　　　　　　　　　　　单位：万元

项目	预算	实际	超支（节约）
A公司第一车间可控成本			
变动成本			
直接材料	5 000	5 500	500
直接人工	3 500	3 200	（300）
变动制造费用	1 000	1 100	100
变动成本合计	9 500	9 800	300
固定成本			
固定制造费用	300	250	（50）
合计	9 800	10 050	250
A公司制造部可控成本			
第一车间			
变动成本	9 500	9 800	300
固定成本	300	250	（50）
小计	9 800	10 050	250
第二车间			
变动成本	6 500	6 600	100
固定成本	300	250	（50）
小计	6 800	6 850	50
制造部其他费用	400	500	100
合计	17 000	17 400	400
A公司可控成本			
制造部	17 000	17 400	400
行政部	4 000	3 800	（200）
销售部	5 000	4 900	（100）
总计	26 000	26 100	100

表8-8　　　　　　　　　　利润中心责任报告

20××年　　　　　　　　　　　　　　　单位：万元

项目	预算	实际	超支（节约）
A公司销售收入			
东北地区	15 000	16 000	1 000
西北地区	6 000	5 900	（100）
东南地区	17 000	16 000	（1 000）
西南地区	8 000	8 500	500
小计	46 000	46 400	400
A公司变动成本			
第一车间	9 500	9 800	300
第二车间	6 500	6 600	100
小计	16 000	16 400	400
A公司贡献毛益总额	30 000	30 000	0
A公司固定成本			
制造部			
第一车间	300	250	（50）
第二车间	300	250	（50）
制造部其他费用	400	500	100
小计	1 000	1 000	0
行政部	4 000	3 800	（200）
销售部	5 000	4 900	（100）
总计	10 000	9 700	（300）
A公司利润	20 000	20 300	300
总公司利润			
A公司利润	20 000	20 300	300
B公司利润	15 000	16 000	1 000
合计	35 000	36 300	1 300

表8-9　　　　　　　　　　投资中心责任报告

20××年　　　　　　　　　　　　　　　单位：万元

项目	预算	实际	超支（节约）
A公司利润	20 000	20 300	300
B公司利润	15 000	16 000	1 000
小计	35 000	36 300	1 300
总公司所得税（25%）	8 750	9 075	325
合计	26 250	27 225	975
净资产平均占用额①	119 000	98 591	（20 409）
投资利润率	22.06%	27.61%	5.55%
行业平均最低报酬率②	15%	18%	3%
剩余收益	8 400	9 478.62	1 078.62

注：①净资产平均占用额是根据预计资产负债表和实际资产负债表所有者权益年初、年末值平均后求得。

　　②计算剩余收益时，其最低报酬率可按行业或企业平均报酬率计算求得。

（三）业绩考核

业绩考核是责任会计的重要过程，它通常是以责任报告为依据，分析、评价各责任中心责任管理的实际执行情况，查明原因，找出差距，借以考核各责任中心的工作成果，并根据业绩考核结果进行经济和其他方式的奖惩，促使各责任中心及时纠正行业偏差，履行自己所负的责任。

责任中心的业绩考核有狭义和广义之分。狭义的业绩考核仅指对各责任中心的价值指标（如成本、收入、利润等）完成情况进行考核。广义的业绩考核，除了上述内容外，还包括对各责任中心的非价值指标的完成情况进行考核。责任中心的业绩考核可分为年终考核与日常考核。年终考核通常是指在一个年度终了（或预算期结束）时对责任预算执行结果的考核，目的在于进行奖惩和为下一年度（或下一个预算期）编制预算提供依据。日常考核是指在年度内（或预算期内）对责任预算执行过程的考核，目的在于通过信息反馈，控制和调节责任预算的执行偏差，确保责任预算的落实。

成本中心是企业最基础的责任中心，在进行行业业绩考核时，只应对其可控成本负责。成本中心业绩考核的内容是将实际可控成本与责任成本进行比较，从而确定两者差异的性质、数额以及形成的原因，并根据差异分析的结果，对成本中心进行奖惩，以督促成本中心努力降低成本。

利润中心的业绩考核应以销售收入、贡献毛益及息税前利润为重点进行分析、评价。特别是应通过一定期间的实际利润与预算利润目标进行对比，分析差异及其形成原因，对经营上存在的问题和取得的成绩进行全面、公正的评价。此外，在自然利润中心，若不属于该中心的收入或成本，即使发生实际收付行为，均应在考核时予以剔除。

投资中心是企业最高一级的责任中心，其业绩考核的内容包括投资中心的成本、收入、利润及资金占用指标的完成情况，特别要注意考核投资利润率和剩余收益这两项指标，将投资中心的实际数与预算数进行比较，分析差异，查明原因，进行奖惩。由于投资中心层次高，管理范围广，内容复杂，考核时应更加仔细深入、证据确凿、落实责任，这样才能起到应有的作用。

案例8-1

汉斯公司的财务控制制度

汉斯公司是总部设在德国的大型包装供应商，它按照客户要求制作各种包装袋、包装盒等，业务遍及西欧各国。欧洲经济一体化的进程使公司可以自由地从事跨国业务。出于降低信息和运输成本、占领市场、适应各国不同税收政策等考虑，公司采用了在各国商业中心城市分别设厂，由一个执行部集中管理一国境内各工厂生产经营的组织和管理方式。由于各工厂资产和客户（即收益来源）的地区对应性良好，公司决定将每个工厂都作为一个利润中心，采用"总部-执行部-工厂"两层次、三级别的财务控制方式。其主要做法如下：

各工厂作为利润中心，独立地进行生产、销售及相关活动。公司对它们的控制主要体现在预算审批、内部报告管理和协调会三个方面。

预算审批是指各工厂的各项预算由执行部审批，执行部汇总后的地区预算交由总部审批。审批意见依据历史数据及市场预测作出，在尊重工厂意见的基础上体现公司的战略意图。

内部报告管理是公司实施财务控制的最主要的手段。内部报告包括利润表、费用报告、现金流量报告和顾客利润分析报告。前三者每月呈报一次，顾客利润分析报告每季度呈报一次；公司通过内部报告能够全面了解各工厂的业务情况，并且对照预算作出相应的例外管理。

在费用报告中的费用按制造费用、管理费用、销售费用等项目进行核算。偏离分析及相应措施和偏高额的大小由不同层级决定，偏高额较小的由工厂作出决定、执行部提出相应意见，偏高额较大的由执行部作出决定、总部提出相应意见；额度大小的标准依费用项目的不同而有所差别。

顾客利润分析报告列出了各工厂所拥有的最大的10位客户的情况，其排列次序以工厂经营所获得的利润为准。在客户的报告中，产品的类别和批量是为了了解客户的主要需求，批量固定成本是指生产的准备成本和运输成本等，按时交货率和产品质量评级从客户处取得。针对每位客户，还要算出销售利润率。最后，报告将记载最大的10位客户的营业利润占总营业利润的百分比。由此，公司可以掌握各工厂成本发生与利润取得情况，以便有针对性地加以控制；同时也掌握了其主要客户的结构和需求情况，以便适时调整生产以适应市场变化。

根据以上的内部报告，公司执行部每月召开一次工厂经理协调会，处理部分预算偏差，交换市场信息和成本降低经验，发现并解决成本执行部存在的主要问题。公司每季度召开一次总经理会议，处理重大预算偏差或作出相应的预算修改，对近期市场进行预测，考察重大投资项目的执行情况，调剂内部资源。同时，总部要对各执行部业绩按营业利润的大小作出排序，并与其营业利润的预算值和上年同期值作比较，其主要目的是考察各执行部的预算完成情况和其自身的市场地位变化。

汉斯公司的财务控制制度具有以下两个特点：

第一，实现了集权与分权的巧妙结合，散而不乱，统而不死。各工厂直接面对客户，能够迅速地根据当地市场变化作出经营调整；作为利润中心，其决策权相对独立，避免了集权形式下信息在企业内部传递可能给企业带来的决策延误，分权经营具有反应的适时性和灵活性的特点。公司通过预算审批、内部报告管理和协调会，使得各工厂的经营处于公司总部的控制之下，相互间可以共享资源、协调行动，以发挥企业整体的竞争优势。其中，执行部起到了承上启下的作用，它处理了一国境内各工厂的大部分相关事务，加快了问题的解决，减轻了公司总部的工作负担；同时，相对于公司总部来说，它对于各工厂的情况更了解，又只需掌握一国的市场情况与政策法规，因而决策更有针对性，实施更快捷。另外，协调会对防止预算的僵化、提高公司反应的灵活性也起到了关键性作用。

第二，内部报告的内容突破了传统会计数据的范围，将财务指标和业务指标有机地结合起来。在顾客利润分析报告中，引入了产品类型、按时交货率、产品质量评级等反映客户需要及满意程度的非财务指标；在费用报告中也加入了偏离分析、改进措施及相应意见等内部程序和业务测评要素。这使得各工厂在追求利润目标的同时要兼顾顾客需要（服务的时效和质量）和内部组织运行等业务目标，既防止了短期行为，又提高了企业的综合竞争力。财务指标如果离开了业务基础将只是抽象数字，并且可能对工厂行为产生误导；只有将两者有机地结合起来，才能真正发挥财务指标应有的作用。

实践证明，汉斯公司的财务控制制度是切实有效的。其下属工厂在各自所处的商业中心城市的包装品市场上均占有较大的份额，公司的销售收入和利润呈现稳步增长的态势。公司总部也从繁琐的日常管理中解脱出来，主要从事战略决策、公共关系、内部资源协调、重大筹资投资等工作，公司内部的资源在科学的调配下发挥了最大的潜能。

要求：根据以上资料，分析汉斯公司财务控制制度的特点及借鉴意义。

【分析提示】

只要分权就会存在相应的控制问题。汉斯公司的财务控制制度适用于下级单位可作为利润中心的集团公司。对于下级不能作为利润中心的，采用该项制度则需在建立预算和业绩评价标准时明确各下级单位作为责任中心的权力与职责，其内部报告的内容也需作相应调整。

在财务控制制度的实施中，需要注意以下两个问题：一是内部报告的数据应当真实可靠；二是协调会的决策应基于内部报告和企业战略目标作出。

汉斯公司的财务控制制度，也给我们带来了如下启示：

第一，企业内部报告的形式与内容，与企业内部组织和管理结构密切相关。从企业的风险和收益的主要来源看，可将利润中心分为产品事业部和地区事业部两种，其内部报告的呈报基础也有所不同，汉斯公司采用的是地区事业部呈报基础。另外，如果公司的业务量并不很大或已建立了内部计算机网络，则可以撤销执行部，实行"总部-工厂"的直接管理，使公司结构更加扁平化，能够更灵活迅速地对市场变化作出反应。

第二，财务控制只完成了企业内部控制操作层面的任务，还应与企业战略性控制相结合。财务控制为企业控制提供了基本的信息资料。它以利润为目标，关心成本收益等短期可量度的财务信息，可按照固定的程序相对稳定地进行，但有时会因过于注重财务成果而鼓励短期行为。这时要结合企业的长期生存发展目标，综合考虑企业内外部环境，兼容长短期目标，实施战略性控制，以加强组织和业务的灵活性，保持企业的市场竞争力。

资料来源　Admin.汉斯公司的财务控制制度［EB/OL］.［2006-05-21］. http：//www.ccpan.com/article/118785.html.

本章小结

1.财务控制是指对企业财务活动的控制，是企业采取一定的程序和方法确保财务活动按照企业的财务预算和财务目标进行，并随时对异常情况进行分析和调整，使企业的财务活动能够按照预定的计划实施。财务控制是财务管理循环的关键环节。

2.财务控制是一种价值控制，重点是对企业的现金流进行控制。财务控制涉及与企业财务活动有关的各个层面,具有广泛性。财务控制的主要目的是使得企业的现金能够在企业的经营活动过程中安全、匹配、高效地流动。

3.财务控制的实现手段之一是实行责任控制,即将财务控制落实到责任中心。责任中心一般可分为成本中心、利润中心和投资中心。不同的责任中心将承担不同的财务控制责任,基本原则是责、权、利的统一。

4.成本中心的考核指标主要有:成本(费用)降低额和成本(费用)降低率;利润中心的考核指标主要有:利润中心贡献毛益总额、利润中心负责人可控利润总额、利润中心可控利润总额和公司利润总额;投资中心的考核指标主要有:投资利润率和剩余收益。

5.财务控制具体的实施手段有:责任预算、责任报告和业绩考核。为了分清内部的业绩水平,还应该进行责任结算和核算。

概念回顾

财务控制　责任中心　成本中心　利润中心　投资中心　责任预算

课堂讨论题

1.如何科学地划分责任中心?

2.如何将财务控制与财务预算有机结合起来,通过财务控制保证财务预算的实施?

复习思考题

1.简述财务控制的概念、特征和作用。

2.简述财务控制的种类。

3.简述责任中心的种类及特点。

第九章

财务分析

内容提要

本章主要介绍财务分析的概念、财务分析的主体、财务分析的基本方法以及偿债能力、营运能力、盈利能力、发展能力等财务指标和财务状况综合分析的方法。

第一节 财务分析概述

一、财务分析的含义

财务分析是指以企业财务报告反映的财务指标为主要依据,采用专门方法,对企业过去的财务状况、经营成果及现金流量所进行的剖析和评价。

财务分析的基本目的是评价企业过去的经营业绩,衡量企业现在的财务状况,预测企业未来的发展趋势,为作出相关决策提供依据。

二、财务分析的主体

财务分析的不同主体出于不同的利益考虑,在对企业进行财务分析时有着各自不同的要求,使得它们的财务分析内容既有共性,又有不同的侧重。

(一)企业所有者

所有者或股东,作为投资人,必然高度关心其资本的保值和增值状况,即对企业投资的回报率极为关注。新《企业财务通则》明确了企业所有者的财务管理职责和权限。对于一般投资者来讲,更关心企业股息、红利的发放。而对于拥有企业控股权的投资者来说,考虑更多的是如何增强竞争实力,扩大市场占有率,降低财务风险和纳税支出,追求长期利益的持续、稳定增长。

(二)企业经营决策者

为满足不同利益主体的需要,协调各方面的利益关系,企业经营决策者必须对企业经营管理的各个方面,包括营运能力、偿债能力、盈利能力及发展能力的全部信息予以详尽的了解和掌握,及时发现问题,采取对策,规划和调整市场定位目标、策略,进一步挖掘潜力,为经济效益的持续、稳定增长奠定基础。

（三）企业债权人

债权人因为不能参与企业剩余收益的分享，决定了债权人必须对其投资的安全性首先予以关注。因此，债权人在进行企业财务分析时，最关心的是企业是否有足够的支付能力，以保证其债务本息能够及时、足额地得以偿还。

（四）政府

政府兼具多重身份，既是宏观经济管理者，又是国有企业的所有者和重要的市场参与者，因此政府对企业财务分析的关注点因身份的不同而异。政府对国有企业投资的目的，除关注投资所产生的社会效应外，还必然对投资的经济效益予以考虑，在谋求资本保全的前提下，期望能够同时带来稳定增长的财政收入。因此，政府考虑企业的经营管理状况，不仅需要了解企业资金占用的使用效率，预测财政收入增长的情况，有效地组织和调整社会资源的配置，而且还要借助财务分析，检查企业是否存在违法违纪、浪费国家财产的问题，最后通过综合分析，对企业的发展后劲以及对社会的贡献程度进行分析考察。

尽管不同利益主体进行财务分析有着各自的侧重点，但就企业总体来看，财务分析可归纳为四个方面：偿债能力分析、营运能力分析、盈利能力分析和发展能力分析。其中，偿债能力是财务目标实现的稳健保证，营运能力是财务目标实现的物质基础，盈利能力是两者共同作用的结果，同时也对两者的增强起着推动作用。这四者相辅相成，共同构成企业财务分析的基本内容。

三、财务分析的方法

进行财务分析，首先应采用合适的方法，选择与分析目的有关的信息，找出这些信息之间的重要联系，研究并揭示企业的经营状况及财务变动趋势，获取高质量的有效财务信息。选用恰当的方法，可获得事半功倍的效果。财务分析的方法有很多种，主要包括比较分析法、比率分析法、趋势分析法、因素分析法。

（一）比较分析法

比较分析法也称对比分析法，是通过两个或两个以上相关指标进行对比，确定数量差异，揭示企业财务状况和经营成果的一种分析方法。在实际工作中，比较分析法的形式主要有实际指标与计划指标对比、同一指标纵向对比、同一指标横向对比三种形式。这三种比较形式分别揭示企业的业绩完成情况、发展趋势和先进程度。

1.实际指标与计划指标对比

计划指标即财务管理的具体目标，它是在分析影响财务指标的客观因素的基础上制定的。通过实际指标与计划指标的对比，可以说明企业计划的完成情况和程度。如果企业的实际指标未达到计划指标而产生差异，应进一步查明原因，以便改进财务管理工作。

2.同一指标纵向对比

这是同一指标在不同时间上的对比，一般是用本期实际指标与历史指标进行对比。在财务分析工作中，历史指标的具体运用方式有三种：（1）期末与期初对比，即本期期末的指标实际数与上期期末（本期期初）相同指标的实际数对比。（2）与历史同期对比。（3）与历史最高水平对比。在财务分析中采用历史标准有利于揭示企业财务状况和经营成果的变化趋势及存在的差距。

3.同一指标横向对比

这是同一指标在不同条件下的对比，一般是用本企业的指标与同类型、同行业相比，有利于揭示本企业与同行业的差距。

采用比较分析法进行财务分析，应注意以下几个问题：第一，实际指标要与所对比的指标的计算口径保持一致。所谓计算口径一致，是指实际指标所包含的内容、范围要与所对比的指标保持一致；否则，二者没有可比性。第二，实际指标与所对比的指标的时间期限要一致，即实际指标与所对比指标的计算期限要一致。如果实际指标是年度指标，那么，对比指标也应是年度指标；否则，二者不可比。第三，实际指标与所对比指标的计算方法必须一致，即实际指标与所对比指标的计算方法不仅要一致，而且影响指标的各因素内容也需一致；否则，二者不可比。

（二）比率分析法

比率分析法是指利用财务报表中两项相关数值的比率揭示企业财务状况和经营成果的一种分析方法。在财务分析中，比率分析法的应用比较广泛，因为只采用有关数值的绝对值对比不能深入揭示事物的内在矛盾，而比率分析是从财务现象到财务本质的一种深化，它比比较分析法更具科学性、可比性。根据分析的目的和要求的不同，比率分析法主要有以下三种：

1.构成比率

构成比率又称结构比率，是某个经济指标的各个组成部分与总体的比率，反映部分与总体的关系。其计算公式为：

$$构成比率 = \frac{某个组成部分数额}{总体数额}$$

利用构成比率，可以考察总体中某个部分的形成和安排是否合理，以便协调各项财务活动。

2.效率比率

它是某项经济活动中所费与所得的比率，反映投入与产出的关系。利用效率比率指标，可以进行得失比较，考察经营成果，评价经济效益，如将利润项目与销售成本、销售收入、资本等项目加以对比，可计算出成本利润率、销售利润率以及资本利润率指标，可以从不同角度比较企业获利能力的高低及增减变化情况。

3.相关比率

它是根据经济活动客观存在的相互依存、相互联系的关系，以某个项目和与其有关但又不同的项目加以对比所得的比率，反映有关经济活动的相互关系。利用相关比率指标，可以考察有联系的相关业务安排得是否合理，以保障企业运营活动能够顺畅进行，如将流动资产与流动负债加以对比，计算出流动比率，就可以判断企业的短期偿债能力。

比率分析法的优点是计算简便，计算结果容易判断，而且可以使某些指标在不同规模的企业之间进行比较，甚至也能在一定程度上超越行业间的差别进行比较。采用这一方法时，对比率指标的使用应该注意对比项目的相关性、计算比率的子项和母项两个指标口径的一致性、衡量标准的科学性。

（三）趋势分析法

趋势分析法是指利用财务报告提供的数据资料，将两期或连续数期财务报告中的相同指标进行定基对比或环比对比，揭示企业财务状况和经营成果变化趋势的一种分析方法。

趋势分析法又称水平分析法，采用这种方法可以分析引起变化的主要原因、变动的性质，并预测企业未来的发展前景。

趋势分析法的具体运用主要有以下两种方式：

1.用项目金额进行比较分析

一般通过编制比较财务报表，将两期或两期以上的报表项目金额进行比较，得出各项目增减变化的金额和变动幅度，以说明报表上同一项目在不同时期的增减变化情况。

【例9-1】表9-1和表9-2是W公司的比较资产负债表和比较利润表。

表9-1

W公司比较资产负债表

2022—2023年

金额单位：万元

项　　目	2023年	2022年	增加（减少）	
			金额	百分比（%）
资产				
流动资产				
货币资金	38	41	-3	-7.32
应收账款	164	140	24	17.14
存货	230	214	16	7.48
流动资产合计	432	395	37	9.37
固定资产	480	500	-20	-4
资产总计	912	895	17	1.90
负债和股东权益				
流动负债				
短期借款	100	98	2	2.04
应付账款	42	40	2	5
应付股利	60	57	3	5.26
流动负债合计	202	195	7	3.59
非流动负债合计	205	200	5	2.50
负债合计	407	395	12	3.04
股东权益				
股本（普通股）	420	420	0	0
未分配利润	85	80	5	6.25
股东权益合计	505	500	5	1
负债和股东权益总计	912	895	17	1.90

表9-2

W公司比较利润表

2022—2023年

金额单位：万元

项　　目	2023年	2022年	增加（减少）	
			金额	百分比（%）
一、营业收入	2 200	2 120	80	3.77
减：营业成本	1 050	1 000	50	5
销售费用	215	206	9	4.37
管理费用	480	490	-10	-2.04
财务费用（利息支出）	123	120	3	2.50
加：投资收益	10	10	0	0

续表

项　目	2023年	2022年	增加（减少）	
			金额	百分比（%）
二、营业利润	342	314	28	8.92
加：营业外收入	32	28	4	14.29
减：营业外支出	20	16	4	25
三、利润总额	354	326	28	8.59
减：所得税费用（25%）	88.50	81.50	7	8.59
四、净利润	265.50	244.50	21	8.59

通过表9-1和表9-2的趋势分析，可看到W公司2023年资产总额增加了17万元，比2022年增长1.9%。这主要是由于应收账款和存货增加引起的。通常情况下，应收账款的变动与销售（营业）收入的变动相关，销售收入增加，应收账款也随之增加。但从比较利润表可见，2023年销售营业收入仅增长3.77%，这就需要查明应收账款增加的原因，以判断其是否合理。

2.用百分比进行比较分析

用百分比分析的比较财务报表，是把各年的财务报表用百分比表示（即以财务报表中的某个总体指标作为100%，再计算出各组成项目占该总体指标的百分比），然后再加以比较，以此来判断有关财务活动的变化趋势，揭示比较财务报表中各项目的比例关系。百分比分析既可以用于同一企业不同时期财务状况的纵向比较，又可用于不同企业之间的横向比较。同时，这种方法能消除不同时期（不同企业之间）业务规模差异的影响，有利于分析企业的耗费水平和盈利水平。

横向分析是将不同企业的财务报表上的同一项目作横向的百分比计算分析。纵向分析是将企业不同时期的同一财务报表作百分比计算分析。

【例9-2】根据表9-2提供的资料，把营业收入作为100%，编制W公司比较百分比利润表，见表9-3。

表9-3　　　　　　　　　　　**W公司比较百分比利润表**
2022—2023年

项　目	2023年（%）	2022年（%）
一、营业收入	100	100
减：营业成本	47.70	47.17
销售费用	9.77	9.72
管理费用	21.82	23.11
财务费用（利息支出）	5.59	5.66
加：投资收益	0.45	0.47
二、营业利润	15.55	14.81
加：营业外收入	1.45	1.32
减：营业外支出	0.91	0.75

续表

项　目	2023年（%）	2022年（%）
三、利润总额	16.09	15.38
减：所得税费用（25%）	4.02	3.84
四、净利润	12.07	11.53

从比较百分比利润表中可以看出，W公司每1元营业收入中的管理费用和财务费用都有所降低，但营业成本没有下降，所以，营业利润上升幅度只有0.74%。

在采用趋势分析法时，应注意以下问题：（1）用于进行比较的各个时期的指标，在计算口径上必须一致；（2）要将偶发性项目的影响剔除，使作为分析的数据能反映正常的经营状况；（3）应对某项有显著变动的指标作重点分析，研究其发生的原因。

（四）因素分析法

因素分析法也称因素替代法，是对某项综合指标的变动原因按其内在的因素，计算并确定各个因素对这一综合指标发生变化的影响程度。因素分析法有连环替代法和差额分析法两种。

1.连环替代法

连环替代法的计算程序为：（1）列出财务指标与其影响因素的分析公式（因素分解式）。（2）确定分析的对象——指标变动的差异。（3）对影响这项指标的各因素进行分析，决定每一因素的排列顺序进行替代。（4）逐项计算各个因素的影响程度。将各因素替代后获得的指标与该因素替代前的指标相比较，就是该因素变动对这项指标的影响程度。（5）验证各因素影响程度计算的正确性。

【例9-3】某企业2023年有关销售资料见表9-4。

表9-4　　　　　　　　　　　　　销售情况表

项　目	计划数	实际数
销售额（元）	450 000	490 000
销售量（件）	3 000	3 500
销售价格（元/件）	150	140

指标因素关系式：销售额=销售量×销售价格

第一步，计算计划销售额：

3 000×150=450 000（元）　　　　　　　　　　　　　　　　　　　　　　［公式9-1］

第二步，确定分析对象：

490 000-450 000=40 000（元）

第三步，逐项替代，先替代销售量（假定销售价格不变）：

3 500×150=525 000（元）　　　　　　　　　　　　　　　　　　　　　　［公式9-2］

再替代销售价格：

3 500×140=490 000（元）　　　　　　　　　　　　　　　　　　　　　　［公式9-3］

第四步，分析各因素对销售额的影响程度：

销售量变动对销售额的影响为：［公式9-2］-［公式9-1］。

525 000-450 000=75 000（元）

销售价格变动对销售额的影响为：［公式9-3］-［公式9-2］。

490 000－525 000＝－35 000（元）

第五步，验证两个因素共同影响使销售额增加：

75 000－35 000＝40 000（元）

与分析对象吻合。

2.差额分析法

这是直接用实际数与计划数之间的差额来计算各因素对指标变动影响程度的分析方法。

【例9-4】以【例9-3】资料为例，分析如下：

由于销售量变动而影响的销售额：

（3 500－3 000）×150＝75 000（元）

由于销售价格变动而影响的销售额：

3 500×（140－150）＝－35 000（元）

两个因素共同影响，使销售额发生的差异为：

75 000－35 000＝40 000（元）

在采用因素分析法时，应注意以下问题：（1）确定构成经济指标的因素必须客观上存在因果关系，要能够反映形成该项指标差异的内在构成原因，否则就失去了其存在的价值；（2）替代因素时，必须按照原因素的依存关系，排列成一定的顺序并依次替代，否则就会得出不同的结果；（3）连环替代法在计算每一个因素变动的影响时，都必须是在前一次计算的基础上进行，并采用连环比较的方法确定因素变化的影响结果，否则就会得出错误结果；（4）连环替代法的前提条件有一定的假定性，在采用此法分析时，财务人员应力求使这种假定合乎逻辑，否则会妨碍分析的有效性。

第二节　　财务指标分析

一、分析资料

总结和评价企业财务状况和经营成果需要使用一系列分析指标，包括偿债能力指标、营运能力指标、盈利能力指标和发展能力指标，其计算依据主要来自企业的财务报表。

（一）资产负债表

资产负债表是用来反映企业在某一特定时日（月末、季末、年末）财务状况的一种静态报表（见表9-5）。通过资产负债表可以了解企业拥有的经济资源及其分布状况，分析企业的资本来源及构成比例，预测企业资本的变现能力、偿债能力和财务弹性。

（二）利润表

利润表是用来总括反映企业在一定时期（月份、年份）内经营成果的动态报表（见表9-6）。通过分析利润表，可以了解企业一定时期的生产经营成果；分析并预测企业的盈利能力，并以此为依据考核企业管理人员的经营业绩。

（三）现金流量表

现金流量表是反映企业在一定时期现金流入量、流出量、净流量的动态报表（见表9-7）。通过现金流量表可以了解企业在一定时期内现金的生成能力和使用方向；反映现金在流动中的增减变动状况，说明资产、负债、所有者权益变动对现金的影响，从现金流量的角度揭示公司的财务状况。

表9-5　　　　　　　　　　　　　　**资产负债表**　　　　　　　　　　　　会企01表

编制单位：XYZ公司　　　　　　　　　　2023年12月31日　　　　　　　　　　单位：万元

资产	期末余额	上年年末余额	负债和所有者权益	期末余额	上年年末余额
流动资产：			流动负债：		
货币资金	133 572	152 758	短期借款		
交易性金融资产	593	1 622	交易性金融负债		
应收票据	37 647	9 846	应付票据		
应收账款	293	791	应付账款	27 438	25 201
预付账款	4 697	496	预收款项	58 473	89 453
其他应收款	1 423	16 547	合同负债		
存货	95 871	130 873	应付职工薪酬	18 784	16 791
合同资产			应交税费	78 671	42 175
持有待售资产			其他应付款	8 348	22 691
一年内到期的非流动资产			持有待售负债		
其他流动资产			一年内到期的非流动负债		
流动资产合计	274 096	312 933	其他流动负债		
非流动资产：			流动负债合计	191 714	196 311
债权投资			非流动负债：		
其他债权投资			长期借款	1 503	851
长期应收款			应付债券		
长期股权投资			长期应付款	2 250	2 250
其他权益工具投资	366	366	租赁负债		
其他非流动金融资产			预计负债		
投资性房地产			递延收益		
固定资产			递延所得税负债		
在建工程	360 200	307 419	其他非流动负债		
生产性生物资产	84 481	40 713	非流动负债合计	3 753	3 101
油气资产			负债合计	195 467	199 412
无形资产			所有者权益（或股东权益）：		
使用权资产	7 030	7 356	实收资本（或股本）	112 975	86 904
开发支出			其他权益工具		
商誉			资本公积	145 029	162 403
长期待摊费用			减：库存股		
递延所得税资产			其他综合收益		
其他非流动资产			盈余公积	71 977	53 287
非流动资产合计			未分配利润	200 725	166 781
	452 077	355 854	所有者权益（或股东权益）合计	530 706	469 375
资产总计	726 173	668 787	负债和所有者权益（或股东权益）总计	726 173	668 787

表9-6　　　　　　　　　　　　　　　　　　**利润表**　　　　　　　　　　　　　　　会企02表

编制单位：XYZ公司　　　　　　　　　　　　2023年度　　　　　　　　　　　　　单位：万元

项　目	本期金额	上期金额
一、营业收入	571 035	474 429
减：营业成本	320 054	264 393
税金及附加	77 180	45 697
销售费用	49 056	34 547
管理费用	39 973	39 874
研发费用		
财务费用	−2 669	−2 542
其中：利息费用		
利息收入		
信用减值损失（损失以"–"号填列）		
资产减值损失（损失以"–"号填列）	127	146
加：其他收益		
投资收益（损失以"–"号填列）	18	1 235
其中：对联营企业与合营企业的投资收益		
净敞口套期收益（损失以"—"号填列）		
公允价值变动收益（损失以"—"号填列）		
资产处置收益（损失以"—"号填列）	−93	
二、营业利润（亏损以"–"号填列）	87 239	93 549
加：营业外收入	107	95
减：营业外支出	439	335
三、利润总额（亏损总额以"–"号填列）	86 907	93 309
减：所得税费用	25 584	12 168
四、净利润（净亏损以"–"号填列）	61 323	81 141
（一）持续经营净利润（净亏损以"–"号填列）	61 323	81 141
（二）终止经营净利润（净亏损以"–"号填列）		
五、其他综合收益的税后净额	略	略
（一）不能重分类进损益的其他综合收益		
1.重新计量设定受益计划变动额		
2.权益法下不能转损益的其他综合收益		
3.其他权益工具投资公允价值变动		
4.企业自身信用风险公允价值变动		
⋮		
（二）将重分类进损益的其他综合收益		
1.权益法下可转损益的其他综合收益		
2.其他债权投资公允价值变动		
3.金融资产重分类计入其他综合收益的金额		
4.其他债权投资信用减值准备		
5.现金流量套期储备		
6.外币财务报表折算差额		
⋮		
六、综合收益总额	略	略
七、每股收益	略	略
（一）基本每股收益		
（二）稀释每股收益		

表9-7　　　　　　　　　　　　　　现金流量表　　　　　　　　　　　　　　会企03表

编制单位：XYZ公司　　　　　　　　　　　　　2023年度　　　　　　　　　　　　　　单位：万元

项　目	本期金额	上期金额（略）
一、经营活动产生的现金流量：		
销售商品、提供劳务收到的现金	608 337	
收到的税费返还	3 439	
收到其他与经营活动有关的现金	7 676	
经营活动现金流入小计	619 452	
购买商品、接受劳务支付的现金	304 377	
支付给职工以及为职工支付的现金	20 437	
支付的各项税费	124 181	
支付其他与经营活动有关的现金	65 128	
经营活动现金流出小计	514 123	
经营活动产生的现金流量净额	105 329	
二、投资活动产生的现金流量：		
收回投资收到的现金	1 588	
取得投资收益收到的现金	18	
处置固定资产、无形资产和其他长期资产收回的现金净额	2 719	
处置子公司及其他营业单位收到的现金净额		
收到其他与投资活动有关的现金		
投资活动现金流入小计	4 325	
购建固定资产、无形资产和其他长期资产支付的现金	127 655	
投资支付的现金		
取得子公司及其他营业单位支付的现金净额		
支付其他与投资活动有关的现金		
投资活动现金流出小计	127 655	
投资活动产生的现金流量净额	−123 330	
三、筹资活动产生的现金流量：		
吸收投资收到的现金	80	
取得借款收到的现金		
收到其他与筹资活动有关的现金		
筹资活动现金流入小计	80	
偿还债务支付的现金	652	
分配股利、利润或偿付利息支付的现金	612	
支付其他与筹资活动有关的现金		
筹资活动现金流出小计	1 264	
筹资活动产生的现金流量净额	−1 184	
四、汇率变动对现金及现金等价物的影响		
五、现金及现金等价物净增加额	−19 186	
加：期初现金及现金等价物余额	152 758	
六、期末现金及现金等价物余额	133 572	

续表

补充资料	本年金额
1.将净利润调节为经营活动现金流量：	
净利润	61 323
加：资产减值准备	127
固定资产折旧、油气资产折耗、生产性生物资产折旧	23 366
无形资产摊销	378
长期待摊费用摊销	1
处置固定资产、无形资产和其他长期资产的损失（收益以"–"号填列）	93
固定资产报废损失（收益以"–"号填列）	437
公允价值变动损失（收益以"–"号填列）	
财务费用（收益以"–"号填列）	120
投资损失（收益以"–"号填列）	−18
递延所得税资产的减少（增加以"–"号填列）	
递延所得税负债的增加（减少以"–"号填列）	
存货的减少（增加以"–"号填列）	34 763
经营性应收项目的减少（增加以"–"号填列）	−19 315
经营性应付项目的增加（减少以"–"号填列）	3 745
其他	309
经营活动产生的现金流量净额	105 329
2.不涉及现金收支的重大投资和筹资活动：	
债务转为资本	
一年内到期的可转换公司债券	
融资租入固定资产	
3.现金及现金等价物净变动情况：	
现金的期末余额	133 572
减：现金的期初余额	152 758
加：现金等价物的期末余额	
减：现金等价物的期初余额	
现金及现金等价物净增加额	−19 186

二、企业财务指标分析

反映企业财务业绩的评价指标主要包括四大类：偿债能力指标、营运能力指标、盈利能力指标、发展能力指标。现以XYZ公司为例加以简要介绍。

微课

主要财务指标
分析

（一）偿债能力指标

企业偿债能力是指企业对各种到期债务偿付的能力。偿债能力如何，是衡量一个企业财务状况好坏的重要标志。企业财务管理人员、投资者、债权人都非常重视企业偿债能力，因此，财务分析首先要对企业偿债能力进行分析。偿债能力分析包括短期偿债能力分析和长期偿债能力分析。

1.短期偿债能力分析

短期偿债能力是指企业流动资产对流动负债及时足额偿还的保证程度，是企业当前财务能力，特别是流动资产变现能力的重要标志。衡量一个企业的短期偿债能力，主要是对流动资产和流动负债进行分析，流动资产大于流动负债，说明企业具有短期偿债能力；反之，则短期偿债能力不足。评价短期偿债能力的财务比率主要有流动比率、速动比率和现金比率三项。

（1）流动比率。

流动比率是指企业流动资产与流动负债的比率。它反映企业的短期偿债能力，也反映企业的变现能力，表明企业每1元流动负债有多少流动资产作为偿还的保证。其计算公式为：

$$流动比率=\frac{流动资产}{流动负债}$$

公式中流动资产和流动负债的数据可从资产负债表中得到。

【例9-5】根据表9-5的资料，XYZ公司2023年的流动比率为：

年初流动比率=312 933÷196 311=1.59

年末流动比率=274 096÷191 714=1.43

计算结果表明，企业每1元的流动负债年初和年末分别有1.59元和1.43元的流动资产作为偿还债务的保证。

一般来说，流动比率越高，表明企业的短期偿债能力越强，债权人的权益越有保障。通常，流动比率的评价标准以2左右为好。流动比率过低，企业可能面临到期难以清偿债务的困难；流动比率过高，虽然表示有足够的变现资产来清偿债务，但并不能说明有足够的现金可以还债，也可能是持有不能盈利的闲置的流动资产，因此还要结合现金流量进行分析。若现金不足，则说明有不合理的资金占用，如存货超储积压、应收账款增多等。在运用这一指标时，要因行业而异，同时还要结合资产结构、周转及现金流量进行分析。如果资产周转性差，则评价指标还可适当降低；如果资产周转性好，则评价指标还可适当提高。例如，许多制造业，其流动比率低于2就会陷入困境，而大多数电力行业的流动比率接近1仍能正常经营。

（2）速动比率。

速动比率是指企业速动资产与流动负债的比率。其计算公式为：

$$速动比率=\frac{速动资产}{流动负债}$$

公式中的速动资产是指那些不需变现或变现过程较短，可以很快用来偿还流动负债的流动资产。其一般是指流动资产减去变现能力较差且不稳定的存货等后的余额，主要包括货币资金、有价证券、应收账款、应收票据、其他应收款等。速动资产中的货币资金即现金，有价证券很快就能在证券市场上变现，应收票据在必要时可通过贴现方式变现，应收款项也可以在较短时间内收回。但存货并不一定能很快变现，而且变现时，极有可能发生损失，故在计算速动资产时将其扣除。由于剔除了存货等变现能力较弱且不稳定的资产，速动比率较之流动比率能够更加准确、可靠地评价企业资产的流动性及偿还短期负债的能力。

【例9-6】根据表9-5的资料，XYZ公司2023年的速动比率为：

年初速动比率=（152 758+1 622+9 846+791+496+16 547）÷196 311=0.93

年末速动比率=（133 572+593+37 647+293+4 697+1 423）÷191 714=0.93

一般来说，速动比率为1表示企业有较好的偿债能力。如果速动比率大于1，则说明企业有足够的能力偿还短期债务，同时，也表明企业有较多的不能盈利的现金和应收账款；如果速动比率小于1，则又表明支付能力不足。但在实际分析中，应根据不同行业的情况来判断，如零售企业采用大量的现金交易可保持较低的速动比率，而其他采用赊销方式的企业则应保持较高的速动比率。

（3）现金比率。

现金比率是指现金类资产对流动负债的比率。现金类资产包括货币资金与短期有价证券（如交易性金融资产等）。它是衡量企业即时偿债能力的比率。其计算公式为：

$$现金比率=\frac{货币资金 + 短期有价证券}{流动负债}$$

在企业的流动资产中，货币资金及短期有价证券的变现能力最强，如无意外，可以百分之百地保证相等数额的短期负债的偿还，因此，较之流动比率或速动比率，以现金比率来衡量企业短期债务的偿还能力更为保险。现金比率越高，说明现金类资产在流动资产中所占比例越大，企业的应急能力也就越强，具有较强的举债能力。但是，也不能认为这项指标越高越好，如果该项指标太高，可能是企业拥有大量不能盈利的现金或银行存款所致，必然增加持有现金的机会成本，这也是不经济的。现金比率过低，说明现金类资产在流动资产中所占比例小，应急能力差。一般认为，现金比率以适度为好，既要保证短期债务偿还的现金需要，又要尽可能降低过多持有现金的机会成本。

【例9-7】根据表9-5的资料，XYZ公司2023年的现金比率为：

年初现金比率=（152 758+1 622）÷196 311=0.79

年末现金比率=（133 572+593）÷191 714=0.70

计算结果表明，该企业2023年年初和年末的现金比率都比较高，说明企业还需要进一步有效地运用现金类资产，合理安排资产结构，以提高资产使用效益。

2.长期偿债能力分析

长期偿债能力是指企业偿还长期债务的能力。分析长期偿债能力的指标主要有资产负债率、负债与股东权益比率、所有者权益比率、已获利息倍数等。

（1）资产负债率。

资产负债率亦称负债比率，是企业负债总额与资产总额的比率。它表明在企业资产总额中，债权人提供的资金所占的比重，以及企业资产对债权人权益的保障程度，即每1元资产所承担的负债数额，是衡量负债偿还的物质保证程度的指标。其计算公式为：

$$资产负债率=\frac{负债总额}{资产总额}$$

【例9-8】根据表9-5的资料，XYZ公司2023年的资产负债率为：

年初资产负债率=199 412÷668 787=0.30

年末资产负债率=195 467÷726 173=0.27

计算结果表明，该企业 2023 年年初和年末的资产负债率都不高，说明企业长期偿债能力较强。

企业的资金是由所有者权益和负债构成的，这个指标反映了在企业总资产中债权人提供的资金所占的比重。资产负债率的高低对企业的债权人、投资者和经营者有不同的影响。从债权人的角度看，应该是越低越好。资产负债率越低，债权人的利益保障程度就越高。这是由于企业资产负债率越低，风险就越小，偿债能力也就越强。从投资者的角度看，在不同的情况下有不同的要求。投资者主要考虑的是投入资金的回报率。当企业总资产报酬率大于长期负债的利息率时，投资者希望扩大负债，即加大资产负债率，这将有利于权益资本（自有资本）报酬率的提高。反之，当企业总资产报酬率小于长期负债的利息率时，投资者希望缩小负债规模（即降低资产负债率），这将有利于延缓权益资本报酬率的下降。这就是我们通常所说的负债杠杆作用。从经营者角度看，企业经营者是企业所有者的代理人，所有者谋求高回报率的意图必须通过经营者来实现，所以，经营者的经营目标在某种程度上和所有者的目标是一致的。但经营者的终极目标是谋求其年薪最大化，而经营者年薪又与经营业绩相联系，经营业绩一方面体现在权益资本报酬率的稳步提高上，另一方面还体现在对企业风险的控制上。因此，经营者在风险和业绩综合平衡的基础上，要求资产负债率必须适度，这就是实务界倡导的适度负债问题。

企业究竟应该以多大的资产负债率来经营，关键取决于企业经营者的风险承受能力和对未来企业资产报酬率的预测情况。从理论上看，资产负债率的评价标准一般以 50% 左右为好。在实际评价该项指标时，应结合行业平均负债水平来选择标准。

★ 议一议　同学们，企业为什么要负债？企业负债越多越好吗？我国当前许多企业面临着负债过高的问题，该如何降杠杆呢？

（2）负债与股东权益比率。

负债与股东权益比率又称产权比率，是企业负债总额与股东权益总额之比。它反映债权人提供的资本与股东提供的资本的相对关系，是企业财务结构稳健与否的重要标志，说明了债权人投入资本受到股东权益保障的程度，其计算公式为：

$$负债与股东权益比率 = \frac{负债总额}{股东权益总额}$$

【例 9-9】根据表 9-5 的资料，XYZ 公司 2023 年的负债与股东权益比率为：

年初负债与股东权益比率 = 199 412 ÷ 469 375 = 0.42
年末负债与股东权益比率 = 195 467 ÷ 530 706 = 0.37

计算结果表明，该企业 2023 年年初和年末的负债与股东权益比率都不高，同资产负债率的计算结果可相互印证，说明企业长期偿债能力较强，对债权人的保障程度较高。

负债与股东权益比率越低，表示企业的长期偿债能力越强，债权人所得到的保障程度越高，债权人就越有安全感；反之，比率越高，企业长期偿债能力越弱，债权人的安全感就越低。因此，这个指标的评价标准，一般应小于 1。但不是这个比率越低越好，比率越低，说明股东权益越大，尽管有利于企业长期偿债能力的提高，但企业不能充分地发挥负债的财务杠杆效应。因此，企业在评价负债与股东权益比率适度与否时，应从提高获利能

力与增强偿债能力两个方面综合进行，在保障债务偿还安全的前提下，应尽可能提高负债
与股东权益比率。

（3）所有者权益比率。

所有者权益比率是企业的所有者权益与资产总额对比所确定的比率。其计算公式为：

$$所有者权益比率=\frac{所有者权益总额}{资产总额}$$

【例9-10】根据表9-5的资料，XYZ公司2023年的所有者权益比率为：

年初所有者权益比率=469 375÷668 787=0.70

年末所有者权益比率=530 706÷726 173=0.73

计算结果表明，该企业2023年年初和年末的所有者权益比率都较高，说明企业长期偿债能力较强。

所有者权益比率反映了在企业全部资金中，企业所有者提供了多少。这一比率越高，说明所有者投入的资金在全部资金中所占的比例越大，则企业的偿债能力越强，财务风险越小。因此，从偿债能力角度来看，这一比率越高越好。

（4）已获利息倍数。

已获利息倍数是指企业在一定时期内息税前利润与债务利息之比。它是衡量企业偿付借款利息的承担能力和保证程度的指标，同时也反映了债权人投资的风险程度。其计算公式为：

$$已获利息倍数=\frac{息税前利润}{利息}=\frac{税前利润+利息}{利息}$$

其中：利息=计入费用的利息+计入固定资产的利息

【例9-11】某企业2023年税前利润为8万元，利息为2万元。其已获利息倍数为：

已获利息倍数=（8+2）÷2=5

这个指标的评价标准要看行业水平或企业历史水平，一般按利润较低的水平评价。这个指标的倍数越高，说明企业承担利息的能力越强。如果倍数小于1，则表示企业的获利能力无法承担举债经营的利息支出。上例说明该企业已获利息倍数为5倍。假如行业水平或企业历史水平为6倍，则该企业弥补利息费用的安全程度较低，债权人的投资风险较大。

除以上几个反映企业长期偿债能力的指标外，还有反映长期资产（或称非流动资产，下同）来自长期负债（或称非流动负债，下同）程度的"长期资产与长期负债比率"、反映固定资产来自长期负债程度及企业潜在抵押偿债能力的"固定资产与长期负债比率"、反映所有者权益用于固定资产程度的"自有资金固定资产率"、反映长期负债转化为流动负债偿债能力的"长期负债与营运资金比率"，以及反映企业运用负债经营对增加企业收益的"财务杠杆系数"等，这些指标也都是评价长期偿债能力的指标，这里不再详述。

（二）营运能力指标

反映企业营运能力的财务指标主要包括两个层次：（1）基本指标——总资产周转率和流动资产周转率。它们主要说明企业总资产与流动资产的周转情况，因为总资产周转率能

够综合反映企业全部资产的营运状况，同时由于流动资产营运状况对企业来说非常重要，流动资产流动性的强弱也直接影响到企业资产的周转效果。（2）修正指标——存货周转率、应收账款周转率、不良资产比率。因为在流动资产中，存货和应收账款所占比重较高，其周转情况直接对流动资产的周转产生影响，应选择存货周转率和应收账款周转率对总资产周转率和流动资产周转率进行补充和修正；企业在生产经营过程中，难免会产生不良资产，而不良资产的形成表明了资产的管理水平和资产质量状况，不良资产的存在必然会影响企业的资产营运状况，因此，选择不良资产比率来对企业的资产营运状况进行补充说明。

1.总资产周转率

总资产周转率是指企业一定时期销售（营业）收入净额同平均资产总额的比率。它综合反映了企业全部资产的经营质量和利用效率，体现了企业经营期间全部资产从投入到产出周而复始的流转速度。其计算公式为：

$$总资产周转率（次）=\frac{销售(营业)收入净额}{平均资产总额}$$

$$总资产周转率（天）=360\div 总资产周转率（次）$$

$$销售（营业）收入净额=销售（营业）收入总额-销售折让$$

【例9-12】依据上述报表可知，XYZ公司2023年度的营业收入净额为571 035万元，年初资产总额为668 787万元，年末资产总额为726 173万元。依据上述公式计算如下：

平均资产总额=（668 787+726 173）÷2=697 480（万元）

总资产周转率（次）=571 035÷697 480=0.82（次）

总资产周转率（天）=360÷0.82=439（天）

一般情况下，该指标的数值越高，说明周转速度越快，销售能力越好，资产利用效率越高。该指标的包容性很强，如果从资产的构成因素分析，它受到流动资产周转率、存货周转率、应收账款周转率等指标的影响。

2.流动资产周转率

流动资产周转率是指企业一定时期销售（营业）收入净额同平均流动资产总额的比率，反映了企业流动资产的周转速度。该指标从企业全部资产中流动性最强的流动资产角度出发，对企业资产的利用效率进行分析。其计算公式为：

$$流动资产周转率（次）=\frac{销售(营业)收入净额}{平均流动资产总额}$$

$$平均流动资产总额=\frac{年初流动资产总额+年末流动资产总额}{2}$$

$$流动资产周转率（天）=360\div 流动资产周转率（次）$$

【例9-13】依据上述报表可知，XYZ公司2023年度的营业收入净额为571 035万元，年初流动资产总额为312 933万元，年末流动资产总额为274 096万元。依据上述公式计算如下：

平均流动资产总额=（312 933+274 096）÷2 = 293 514.5（万元）

流动资产周转率（次）=571 035÷293 514.5 = 1.95（次）

流动资产周转率（天）= 360÷1.95 = 185（天）

在一般情况下，该指标越高，表明企业流动资产的周转速度越快，其意义相当于扩大了流动资产投入，而使企业在某种程度上增强了营运能力；反之，会造成资金的浪费，削弱企业的营运能力。

3.存货周转率

存货周转率是指企业一定时期销售（营业）成本与平均存货的比率。该指标表示存货在一年内的周转次数，用于反映存货的周转速度，促使企业在保证生产经营连续性的同时，提高资金的使用效率，增强企业的短期偿债能力。其计算公式为：

$$存货周转率（次）=\frac{销售（营业）成本}{平均存货}$$

$$平均存货=\frac{年初存货+年末存货}{2}$$

年初存货=资产负债表中"存货"项目年初数+资产减值准备明细表中"存货跌价准备"项目年初数

年末存货=资产负债表中"存货"项目年末数+资产减值准备明细表中"存货跌价准备"项目年末数

存货周转率（天）=360÷存货周转率（次）

【例9-14】依据上述报表可知，XYZ公司2023年度的营业成本为320 054万元，"存货"项目年初数为130 873万元，"存货"项目年末数为95 871万元，又已知"存货跌价准备"项目年初数为1 821万元，"存货跌价准备"项目年末数为2 060万元。依据上述公式计算如下：

年初存货=130 873+1 821=132 694（万元）

年末存货=95 871+2 060=97 931（万元）

平均存货=（132 694+97 931）÷2=115 312.5（万元）

存货周转率（次）=320 054÷115 312.5=2.78（次）

存货周转率（天）=360÷2.78=129（天）

在一般情况下，该指标越高，表示企业资产由于销售顺畅而具有较高的流动性，存货转换为现金或应收账款的速度越快，存货资金占用水平越低。

4.应收账款周转率

应收账款周转率是指企业一定时期销售（营业）收入净额与平均应收账款的比率。该指标表示应收账款在一年内的周转次数，用于反映应收账款的周转速度。通过该指标促使企业制定合理的赊销政策，加快应收账款的回收速度。其计算公式为：

$$应收账款周转率（次）=\frac{销售（营业）收入净额}{平均应收账款}$$

平均应收账款=（年初应收账款+年末应收账款）÷2

年初应收账款=资产负债表中"应收账款"项目年初数+资产减值准备明细表中"坏账准备——应收账款"项目年初数

年末应收账款=资产负债表中"应收账款"项目年末数+资产减值准备明细表中"坏账准备——应收账款"项目年末数

应收账款周转率（天）=360÷应收账款周转率（次）

【例9-15】依据上述报表可知，XYZ公司2023年度的营业收入净额为571 035万元，"应收账款"项目年初数为791万元，假设计提的坏账准备为302万元；"应收账款"项目年末数为293万元，假设计提的坏账准备为354万元。依据上述公式计算如下：

年初应收账款=791+302=1 093（万元）

年末应收账款 = 293+354 = 647（万元）

平均应收账款 =（1 093+647）÷2 = 870（万元）

应收账款周转率（次）=571 035÷870 =656（次）

应收账款周转率（天）=360÷656 =0.55（天）

在一般情况下，该指标越高，表示企业由于严格销货管理，及时结算，加强应收账款的前后期管理，应收账款的回收程度较高，应收账款占用资金水平较低。可以根据企业前后期间、行业平均水平进行比较，说明企业应收账款的周转速度。

5.不良资产比率

不良资产比率是指企业年末不良资产总额占年末资产总额的比重。该指标从资产管理角度对企业资产营运状况进行修正。不良资产是指企业资产中存在问题、难以参加正常经营运转的部分，包括三年以上的应收账款、积压商品物资和不良投资等。其计算公式如下：

$$不良资产比率 = \frac{年末不良资产总额}{年末资产总额} \times 100\%$$

在一般情况下，该指标越高，表明资产沉积下来，不能正常参加经营运转的资金越多，资金利用率越差。该指标越小越好，零是最优水平。

（三）盈利能力指标

盈利能力是企业获取利润的能力，或者说是企业资金增值的能力。不论是股东、债权人还是企业管理人员，都非常关心企业的盈利能力。股东们关心企业获取利润的多少并重视利润分析，是因为他们的股息是从利润中支付的，而且企业的盈利增加还能促使股票价格上升，从而使股东们获得更大的资本收益。债权人关心企业的盈利能力，是因为利润是企业偿还债务的重要资金来源。企业管理人员重视盈利，是因为利润是衡量他们经营业绩最重要的标准和获取收入的依据。因此，分析盈利能力，是衡量企业是否具有活力和发展前途的重要内容。

1.一般企业盈利能力分析

企业盈利能力的大小是由其经营性的经常理财活动决定的。企业的资金筹集、运用、耗费、收回及分配等一系列经营活动都直接影响着企业的盈利能力和收益水平，企业的利润是资产、负债、所有者权益、收入、费用等要素有机统一于企业资金运动过程，并通过筹资、投资活动取得收入、补偿成本费用而实现的。因此，反映企业盈利能力的指标一般有销售利润率、成本费用利润率、资产利润率、资本金利润率和净资产收益率等。

（1）销售利润率。

销售利润率是企业利润额与销售（营业）收入之间的比率，是指每1元销售（营业）收入所获得的利润。它是以销售（营业）收入为基础分析评价企业盈利能力的主要指标，其计算公式为：

$$销售利润率 = \frac{利润额}{销售（营业）收入} \times 100\%$$

分析企业销售（营业）收入的收益水平一般使用销售利润率指标。企业的利润可以分为商品销售毛利、主营业务利润（即商品经营利润）、营业利润、利润总额、利润净额。

而不同层次的利润所含内容不同，其中利润总额或利润净额包含着非销售利润因素，所以，为客观、真实地反映、评价企业销售（营业）收入的收益水平，如果企业投资收益或营业外收支过大时，则要采用营业利润率；如果企业其他业务利润过大时，则要采用主营业务利润率。毛利是企业销售利润的最初基础，没有足够大的毛利率企业便不能盈利，因此，分析企业的盈利能力，首先要考核企业销售毛利率的实现情况，其计算公式如下：

$$销售毛利率 = \frac{销售毛利}{销售(营业)收入} \times 100\%$$

$$营业利润率 = \frac{营业利润}{销售(营业)收入} \times 100\%$$

$$主营业务利润率 = \frac{主营业务利润}{销售(营业)收入} \times 100\%$$

【例9-16】根据表9-5、表9-6的资料，XYZ公司2023年度的营业利润率为：

营业利润率=87 239÷571 035×100%=15.28%

（2）成本费用利润率。

成本费用利润率是企业利润额与成本费用额的比率。这一指标反映企业所得与所耗的关系。利润高，成本费用低，指标值就大，说明企业成本费用支出低，经济效益好；反之，说明企业经营管理水平差，经济效益欠佳。其计算公式为：

$$成本费用利润率 = \frac{利润额}{成本费用额} \times 100\%$$

式中：成本费用额一般包括营业成本和当期的期间费用。

（3）资产利润率。

资产利润率是指企业利润额与资产平均占用额的比值，表明每1元资产所获取的利润，反映企业资产的利用效果。一般来说，资产利润率越高，说明资产利用效率越高；反之，说明资产利用效率越低。

企业流动资产的投资与周转是企业利润的主要来源，固定资产则对企业利润起着推动和促进作用，因此，对企业资产获利能力的分析，应以流动资产获利能力为基础，结合固定资产的使用效率，对企业总资产的获利水平进行全面的分析评价。

❶总资产利润率。总资产利润率是指企业利润总额与平均资产总额之比，其计算公式为：

$$总资产利润率 = \frac{利润总额}{平均资产总额} \times 100\%$$

当利用总资产周转率指标计算时，则：

总资产利润率=销售利润率×总资产周转率

该指标反映企业资产利用的综合效果及盈利能力。以上公式表明，总资产利润率与销售利润率、总资产周转率成正比例关系，即销售利润率越高，全部资产周转越快，则总资产利润率就越高。因此，要增强资产盈利能力，提高总资产利润率，不仅要增加企业销售收入，而且还要提高资产使用效果。

评价总资产利润率这一指标时，还可以分别以总资产息税前利润率、总资产税后利润率进行计算评价。

【例9-17】根据表9-5、表9-6的资料，XYZ公司2023年度的总资产利润率为：

总资产利润率=86 907÷〔（726 173+668 787）÷2〕×100%=12.46%

❷流动资产利润率。流动资产利润率是指企业利润总额与流动资产平均占用额的比率，表明每1元流动资产所获取的利润，其计算公式为：

$$流动资产利润率=\frac{利润总额}{流动资产平均占用额}×100\%$$

使用和计算这个指标时，也可以同销售利润率一样，分别以不同层次的利润计算评价。

❸固定资产利润率。固定资产利润率是企业利润总额与固定资产平均占用额的比率，其计算公式为：

$$固定资产利润率=\frac{利润总额}{固定资产平均占用额}×100\%$$

（4）资本金利润率。

资本金利润率是企业利润总额与资本金总额的比率。它反映每1元资本金所获得的利润，其计算公式为：

$$资本金利润率=\frac{利润总额}{资本金总额}×100\%$$

公式中的资本金总额是指企业在市场监督管理部门登记的注册资金总额，包括国家资本金、法人资本金、个人资本金和外商资本金。这一指标反映投放资本的利润效益，指标越高说明投资带来的利润越高，资本效益越好；反之，效益越差。

（5）净资产收益率。

净资产收益率又称权益资本利润率或自有资本利润率，是企业净利润与净资产（平均所有者权益）的比值，反映每1元权益资本所获得的利润。其计算公式为：

$$净资产收益率=\frac{净利润}{平均所有者权益}×100\%$$

净资产收益率是反映企业获利能力的一个重要指标。净资产收益率越高，反映企业净资产的获利能力越强，资本投资收益水平越高。

企业从事财务管理活动的最终目的是实现所有者财富最大化，从静态角度来讲，首先就是最大限度地提高净资产收益率。因此，该指标是企业盈利能力指标的核心，也是整个财务指标体系的核心。

在计算这一指标时，要注意所有者权益包括实收资本、资本公积、其他综合收益和留存收益。不可单独考核其中某一构成部分的收益水平，否则会对指标数值产生一些虚假影响。

2.股份公司盈利能力分析

股份公司是以发行股票来筹集企业资本的，股东购买企业股票，都希望获得好的报酬。因此，投资者对股份公司的盈利能力必然非常关心，特别是每年的股利分配。反映股份公司盈利能力的财务指标主要有每股收益、每股股利、市盈率等。

（1）每股收益。

每股收益是衡量股份公司盈利能力的指标，它是指本年净利润额与年末普通股股份总数的比值。这里的净利润额是指缴纳所得税后的净利润减去优先股股利的剩余额；年末普通股股份总数是企业发行在外的普通股股份平均数。该指标反映每股普通股的获利水平。该指标值越高，表示每股普通股可得的利润越多，股东投资效益越好；反之，则越差。其计算公式为：

$$每股收益 = \frac{净利润 - 优先股股利}{年末普通股股份总数}$$

（2）每股股利。

每股股利也是衡量股份公司盈利能力的指标，它是股利总额与年末普通股股份总数的比值。该指标表现的是每股普通股获取股利的大小。该指标值越高，股本的盈利能力越强。其计算公式为：

$$每股股利 = \frac{股利总额}{年末普通股股份总数}$$

（3）市盈率。

市盈率是衡量股份公司盈利能力的另一项指标，它是指普通股每股市价为普通股每股收益的倍数。这里的市价是指每股普通股在证券市场上的买卖价格。用每股收益与市价进行比较，目的是反映普通股股票当期盈余与市场价格的关系，它可以为投资者提供重要的决策参考。其计算公式为：

$$市盈率 = \frac{普通股每股市价}{普通股每股收益}$$

市盈率反映投资者对每1元净利润所愿支付的价格，可以用来估计股票的投资风险和报酬。它是市场对公司的共同期望指标。市盈率越高，表明市场对公司的未来越看好。在市价确定的情况下，每股收益越高，市盈率越低，投资风险越小；反之亦然。在每股收益确定的情况下，市价越高，市盈率越高，风险越大；反之亦然。仅从市盈率高低的横向比较看，高市盈率说明公司能够获得社会信赖，具有良好的前景；反之亦然。

（四）发展能力指标

在反映企业发展能力状况的指标中，销售（营业）增长率和资本积累率综合反映了企业的发展能力。因为企业的发展能力主要体现在经营规模的增长和积累的增长上，销售（营业）增长率反映企业经营规模的增长，资本积累率反映企业资本积累的增长。发展能力的重要指标是企业的资本积累、经营规模能否持续增长，应有三年资本平均增长率和三年销售平均增长率对基本指标进行补充。企业能否有持续发展的后劲，技术创新和技术投入是非常重要的因素，因此技术投入比率也可以对发展能力状况进行补充。在反映发展能力状况的指标中销售（营业）增长率和资本积累率是基本指标，三年资本平均增长率、三年销售平均增长率、技术投入比率等作为修正指标对基本指标进行修正。

1.销售（营业）增长率

销售（营业）增长率是指企业本年销售（营业）收入增长额同上年销售（营业）收入总额的比率。该指标反映了企业成长状况和发展能力，是衡量企业经营状况和市场占有能力、预测企业经营业务拓展趋势的重要标志，也是企业扩张增量和存量资本的重要前提。其计算公式为：

$$销售(营业)收入增长率 = \frac{本年销售(营业)增长额}{上年销售(营业)收入总额} \times 100\%$$

【例9-18】依据上述报表可知，XYZ公司的2023年度营业收入为571 035万元，2022年度营业收入为474 429万元。依据上述公式计算如下：

销售（营业）收入增长率=（571 035-474 429）÷474 429×100%=20.36%

该指标如果大于0，表示企业本年的销售（营业）收入增长；指标越高，增长速度越快，企业市场前景越好；如果该指标小于0，说明企业的产品可能不适销对路、质次价高，或是在售后服务方面存在问题，产品销售不出去，市场份额萎缩。

2.资本积累率

资本积累率是指企业本年所有者权益增长额同年初所有者权益的比率，反映投资者投入企业资本的保全性和增长性，是反映企业发展潜力的重要指标。其计算公式为：

$$资本积累率 = \frac{本年所有者权益增长额}{年初所有者权益} \times 100\%$$

【例9-19】依据上述报表可知，XYZ公司的2023年年初所有者权益为469 375万元，年末所有者权益为530 706万元。依据上述公式计算如下：

本年所有者权益增长额=530 706-469 375 = 61 331（万元）

资本积累率 = 61 331 ÷ 469 375 × 100% =13.07%

该指标越高，表明企业的资本积累越多，企业资本保全性越强，应对风险、持续发展的能力越强。该指标如果为负值，表明企业的资本受到侵蚀，所有者权益受到损害。

3.三年资本平均增长率

三年资本平均增长率表示企业资本连续三年的累积增长情况，体现企业资本的发展水平和发展趋势。其计算公式为：

$$三年资本平均增长率 = \left(\sqrt[3]{\frac{年末所有者权益总额}{三年前所有者权益总额}} - 1 \right) \times 100\%$$

【例9-20】依据上述报表及有关资料可知，XYZ公司的2023年年末所有者权益为530 706万元，该公司三年前年末所有者权益为318 861万元。依据上述公式计算如下：

$$三年资本平均增长率 = \left(\sqrt[3]{\frac{530\ 706}{318\ 861}} - 1 \right) \times 100\% = 18.51\%$$

该指标越高，表明企业资本积累速度越快，企业可以长期使用的资金越充足，抗风险能力和持续发展能力越强。

4.三年销售平均增长率

三年销售平均增长率表明企业主营业务连续三年的增长情况，体现企业的持续发展态势和市场扩张能力。该指标能够反映企业的主营业务增长趋势和增长程度，体现企业的持续发展能力，避免因少数年份业务波动而对企业发展潜力的错误判断。其计算公式为：

$$三年销售平均增长率 = \left(\sqrt[3]{\frac{当年主营业务收入总额}{三年前主营业务收入总额}} - 1 \right) \times 100\%$$

【例9-21】假设XYZ公司2023年度的主营业务收入为571 035万元（等于营业收入），三年前主营业务收入为395 364万元。依据上述公式计算如下：

$$三年销售平均增长率=\left(\sqrt[3]{\frac{571\ 035}{395\ 364}}-1\right)\times100\%=13.04\%$$

该指标越高，表明企业的成长性越强，市场占有的份额越大，持续发展的能力越强。

5.技术投入比率

技术投入比率是指企业当年技术转让费支出及研究开发的实际投入与当年主营业务收入净额的比率，是从企业的技术创新方面对企业发展潜力和可持续发展能力的反映。其计算公式为：

技术投入比率=当年技术转让研发投入÷当年主营业务收入净额×100%

【例9-22】假设XYZ公司2023年度的主营业务收入净额为571 035万元，当年投入研发费用10 000万元。依据上述公式计算如下：

技术投入比率=10 000÷571 035×100%=1.75%

该指标越高，表明企业对新技术的投入越多，企业对市场的适应能力越强，未来竞争优势越明显，生存发展的空间越大，发展前景越好。

理财与思政

国有企业的十年成绩单

2021年9月23日下午，中国社科院经济研究所所长、国有经济研究智库主任黄群慧发布了《国有企业在构建新发展格局中的作用研究报告》。

报告显示，作为推动国家经济社会发展的主力军、中国特色社会主义经济的顶梁柱，国有企业过去近十年期间，交出了一份沉甸甸的"成绩单"。

2012年以来，国有企业数量不断增加。2012—2019年，国有企业数量从14.7万家增加到21.7万家，增长了47.6%，其中，中央国有企业从4.8万家增加到6.2万家，地方国有企业从9.9万家增加到15.5万家。

国有企业资产规模也在大幅扩大。2012—2019年，国有企业资产总额从89.5万亿元增加到233.9万亿元，年均增长14.7%。2019年全国国内生产总值1 655.6万亿元，据此计算，当年国有企业资产总额占比14.4%。

2020年，国有企业实现营收总收入63.3万亿元，比2012年增长20.9万亿元；实现利润3.4万亿元，比2012年增长1.2万亿元，年均增长13.9%；应交税费4.6万亿元，比2012年增长1.3万亿元；资产负债率为64%，比2012年则下降了1.1个百分点，比最高点2015年下降了2.3个百分点。

2012—2019年，国资系统企业上交税费25.9万亿元，约占同期全国税费的1/4。

另外，以上市公司为例，2003—2019年，上市国有企业平均有效所得税率（应交所得税/利润总额）始终高于非国有企业3个百分点。而除了企业所得税以外，国有企业在生产经营中还需要根据其应税行为缴纳其他税费，这些税费进入中央或地方财政收入，是国家进行收入再分配的重要资金来源。

资料来源　公培佳.社科院报告披露国企十年成绩单［N］.华夏时报，2021-09-24.

讨论：

1.国有企业在我国经济社会发展中有什么作用？为什么要做大做强国有企业？

2.我国国有企业近十年取得了哪些成就？

案例9-1

格力电器财务分析

一、格力电器公司简介

珠海格力电器股份有限公司（以下简称格力电器）成立于1991年，并于1996年11月在深圳证券交易所挂牌上市（股票代码：000651）。公司成立初期，主要依靠组装生产家用空调，现已发展成为多元化、科技型的全球工业制造集团，产业覆盖家用消费品和工业装备两大领域，产品远销190多个国家和地区。公司在国内外建有77个生产基地，坐落于广东、重庆、安徽、河北、河南、湖北、湖南、江苏、浙江、天津、四川、江西、山东以及巴西、巴基斯坦；同时建有长沙、郑州、石家庄、芜湖、天津、珠海6个再生资源基地，覆盖从上游生产到下游回收全产业链，实现了绿色、循环、可持续发展。经过长期沉淀积累，截至2023年11月，格力电器累计申请专利116 751件，其中发明专利申请62 162件；累计发明专利授权20 129件。现拥有40项"国际领先"技术，获得国家科技进步奖2项、国家技术发明奖2项，并在世界范围内建立了自己的品牌，填补了国内家电领域自主研发的空白，成为"中国制造"向"中国创造"转变的典型。

二、格力电器财务报表分析

（一）资产负债表分析

表9-8为格力电器2017—2021年资产负债表部分数据。

表9-8　　　　格力电器2017—2021年资产负债表　　　　单位：亿元

年份	2021年	2020年	2019年	2018年	2017年
货币资金	1 169	1 364	1 254	1 131	996.1
应收账款	138.4	87.38	85.13	77	58.14
存货	427.7	278.8	240.8	200.1	165.7
流动资产合计	2 258	2 136	2 134	1 997	1 716
非流动资产合计	937.5	655.8	696.1	515.2	434.3
资产总计	3 196	2 792	2 830	2 512	2 150
流动负债合计	1 971	1 585	1 696	1 577	1 475
非流动负债合计	145.7	38.59	13.56	8.33	6.43
负债合计	2 117	1 623	1 709	1 585	1 481
所有者权益合计	1 079	1 169	1 120	927.1	668.5

数据来源：巨潮资讯网，下同（部分数据因四舍五入调整，所以勾稽计算会出现差异，下同）。

从表9-8可见，2017—2021年五年间格力电器的资产总额从2 150亿元增长到3 196亿元，增加了1 046亿元，同比增长了48.65%。其中，流动资产和非流动资产均有不同程度的增长。非流动资产增长最快，2021年较2017年增加了503.2亿元，较2017年增长115.86%；流动资产也增长了542亿元，增长幅度达到了31.59%。流动资产中的货币资金2021年较2017年增加了172.9亿元，增长了17.36%，且在流动资产中占比较大，2021年达到了51.8%，这表明格力在过去五年里资金流动性、支付能力和现金变现能力都得到了提高，但资金的使用也出现了一些问题，过多货币资金容易导致资金闲置。格力电器的存货在流动资产中的占比相对较小，这表明公司的生产及销售比较顺畅，资金周转较快。

格力电器2021年的流动负债和非流动负债分别比2017年增加496亿元和139.27亿元。非流动负债巨幅增长，相比于2017年增长了2 165.94%，其中很大一部分原因是长期借款、长期应付款和递延收益。股东权益总额也在不断增加，2021年达到1 079亿元，比2017年增加了410.5亿元，同比增长61.41%。股东权益的增长来自公司的未分配利润。

（二）利润表分析

表9-9为格力电器2017—2021年度利润表部分数据。

表9-9　　　　　　　　格力电器2017—2021年度利润表　　　　　单位：亿元

年份	2021年	2020年	2019年	2018年	2017年
营业收入	1 879	1 682	1 982	1 981	1 483
营业成本	1 423	1 242	1 435	1 382	995.6
营业利润	266.8	260.4	296.1	310	261.3
利润总额	268	263.1	293.5	312.7	266.2
所得税费用	39.71	40.3	45.25	48.94	41.08
净利润	228.3	222.8	248.3	263.8	225.1
基本每股收益	4.04	3.71	4.11	4.36	3.72

从表9-9来看，2017—2019年三个年度格力电器营业收入稳步增长，但受2020年初以来的疫情影响，其2020年度与2021年度的营业收入有所下降。2021年度营业成本为1 423亿元，比2017年上升了42.93%。格力电器的整体利润在2018—2021年度出现了不同程度的下降，这可能与2019年的房地产销售下降，整个行业低迷有关。此外，格力电器自2019年四季度开始的空调价格大战，也使其营业收入和盈利能力受到了一定的冲击。

（三）现金流量表分析

表9-10为格力电器2017—2021年现金流量表部分数据。

表9-10　　　　　　　　格力电器2017—2021年现金流量表　　　　　单位：亿元

年份	2021年	2020年	2019年	2018年	2017年
期初现金及现金等价物余额	242.3	263.7	287.7	213.6	713.2
经营活动产生的现金流量净额	18.94	192.4	278.9	269.4	163.4
投资活动产生的现金流量净额	297.5	0.98	-112.8	-218.5	-622.5
筹资活动产生的现金流量净额	-253.3	-211.1	293.5	25.14	-22.48
现金及现金等价物净增加额	57.27	-21.48	-24	74.13	-499.6
期末现金及现金等价物余额	299.5	242.3	263.7	287.7	213.6

从表9-10看，2017—2019年格力电器经营活动产生的现金流量净额有所增加，主要是由于销售商品、劳务收到的现金增加588亿元，较同期增长54.65%，这表明

格力2019年度的销售情况比较好，虽然2019年度采购、接受劳务支付的现金也相应地有所增长，但相对于现金流入而言，仍然偏低。但其2020年以来经营活动产生的现金流量净额大幅下降，主要是由于购买商品、接受劳务支付的现金增长过快，增幅达到了19.54%。

格力电器2021年投资活动的现金流入量大于现金流出量，2020年投资活动的现金流出量与现金流入量大致相当，其余各年的资金流出都大大超过了资金的流入。在投资活动现金流出方面，其他投资活动的现金流出占比很高，而固定资产、无形资产投资所占比例很低，这表明格力电器正在不断地向外扩展，整体上看，对外扩张要多于对内的扩张。格力电器筹资活动的净现金流量大幅下降，虽然有了更多的现金流入，但筹资活动产生的现金流出也大幅增长，这主要是由于偿债、派发红利和支付利息。

三、格力电器主要财务指标分析

（一）偿债能力分析

格力电器2017—2021年的偿债能力分析指标见表9-11。

表9-11　　　　　　　　　　格力电器2017—2021年偿债能力分析表

年份	2021年	2020年	2019年	2018年	2017年
流动比率	1.15	1.35	1.26	1.27	1.16
速动比率	0.93	1.17	1.12	1.14	1.05
现金比率	0.59	0.86	0.74	0.72	0.68
资产负债率（%）	66.23	58.14	60.4	63.1	68.9
产权比率	2.04	1.41	1.55	1.74	2.26

根据表9-11中数据，从反映短期偿债能力的流动比率看，格力电器流动比率明显低于正常企业的合理流动比率水平，这意味着公司的偿债能力可能会较弱，但2020年与2019年、2018年、2017年相比，其流动比率则有所上升，表明格力电器的短期偿债能力得到了一定的改善，但是2021年又有所下降。

从格力电器的速动比率指标看，2017—2020年间基本稳定在1的水平，与正常企业的合理速动比率水平相当，表明公司的短期债务偿还能力不差。而且公司的现金比率也在逐年上升，2020年达到了0.86，超过了0.3的最低水平，较2017年增长了0.18，这表明该企业的支付能力在逐步改善，在某种程度上减少了短期偿债的风险，但2021年的现金比率又降至0.59，意味着短期偿债风险有所增加。

从反映长期偿债能力的指标看，格力电器的资产负债率2021年达到66.23%，虽然比2017年有所下降，但比2018—2022年均有所提升，且大多维持在60%～70%，这表明格力电器仍面临着一定的长期债务偿还压力，但公司自身也意识到了这个问题，采取了一些积极措施，以减少偿债的风险。从产权比率看，格力电器作为一家高负债的公司，其产权比率一直较高，2021年产权比率达到2.04，比前几年有所上升，这表明公司的财务风险较大，应引起足够的重视。

（二）营运能力分析

格力电器2017—2021年的营运能力分析指标见表9-12。

表9-12　　格力电器2017—2021年营运能力分析表　　单位：次

年份	2021年	2020年	2019年	2018年	2017年
存货周转率	4.03	4.78	6.51	7.56	7.78
应收账款周转率	16.64	19.50	7.60	4.85	4.19
流动资产周转率	0.86	0.79	0.96	1.01	0.94
总资产周转率	0.63	0.61	0.75	0.86	0.76

从表9-12中可见，格力电器2017—2019年的存货周转率都很高，公司市场份额扩大，产品销售顺畅，存货变现能力较强。但2020年和2021年存货周转率逐渐下降，主要原因是这两年的存货增长幅度过大，存货量分别达到278.8亿元和427.7亿元，存货积压增多，导致其变现能力有所下降。

格力电器的应收账款周转率在2017—2021年逐年提高，2021年的应收账款周转率比2017年提高了12.45次，应收账款周转率的大幅上升，说明公司只有一小部分的应收账款不能及时收回，坏账风险较低，这对公司来说是有利的。

（三）盈利能力分析

格力电器2017—2021年的盈利能力分析指标见表9-13。

表9-13　　格力电器2017—2021年盈利能力分析表　　单位：%

年份	2021年	2020年	2019年	2018年	2017年
销售净利率	12.15	13.25	12.53	13.31	15.18
销售毛利率	24.28	26.14	27.58	430.23	32.86
净资产收益率	21.34	18.88	25.72	33.36	37.44
总资产收益率	7.63	7.93	9.30	11.32	11.33

从表9-13可见，格力电器近几年的销售净利率、销售毛利率、净资产收益率、总资产收益率等都在持续下滑，这表明公司的盈利能力持续下降，从某种意义上来说，是当前家用电器行业低迷和市场竞争日趋激烈的表现。不过，格力电器在空调生产销售领域仍有一定的优势，如销售净利率指标的下滑幅度较小，其利润指标依然处于行业前列。

（四）发展能力分析

格力电器2017—2021年的发展能力分析指标见表9-14。

表9-14　　格力电器2017—2021年发展能力分析表　　单位：%

年份	2021年	2020年	2019年	2018年	2017年
主营业务收入增长率	11.24	-14.97	0.24	33.33	36.24
净利润增长率	4.01	-10.21	-5.75	16.97	44.86
净资产增长率	-0.08	0.04	0.21	0.39	0.22
总资产增长率	0.14	-0.01	0.13	0.17	0.18

从表9-14中可以看出,格力电器在2019—2021年主营业务收入增长率、净利润增长率、净资产增长率均大幅下滑。主营业务收入增长率在2019年下降到0.24%,在2020年出现了-14.97%的负增长,但在2021年有所缓和,增长了11个点。净利润增长率从2017年的44.86%,降至2021年的4.01%,这主要是由于行业低迷和日益激烈的竞争导致格力公司于2019年四季度展开了空调价格大战,以保住其市场占有率。虽然2019年的利润有所下降,但这种定价战略还是使其在空调领域保持了一定的市场份额。

总体来看,由于受经济下行、行业不景气、市场竞争等因素的影响,加之疫情冲击,格力电器五年来虽然盈利能力有所下滑,发展能力欠佳,资产负债率偏高,但其各项财务指标仍然优于许多同行业公司,尤其是其强大的研发能力遥遥领先于其他企业,使其在行业仍然处于领导地位。公司未来仍应坚守实体经济,坚持走自力更生、自主创新发展道路,加快实现管理信息化、生产自动化、产品智能化,继续引领全球暖通行业技术发展,同时进一步加强财务管理,优化资本结构,降本增效,提高资产营运能力和盈利水平,实现公司更高质量发展。

请问:财务报表分析一般包括哪些内容?财务报表分析应该注意哪些问题?根据以上分析,请你对格力电器的财务状况作出自己的评价。

【分析提示】

(1)财务分析主要基于财务报表提供的数据,在对报表重要项目分析的同时,还要对公司的重要财务指标,如偿债能力指标、营运能力指标、盈利能力指标、发展能力指标等进行计算和分析;既要分析本公司的财务指标,还要与主要竞争公司的财务指标进行比较分析,同时还需结合经济形势与行业发展现状,这样才能得出比较客观和可靠的结论。

(2)利用格力电器行业及主要竞争公司2017—2021年的财务数据对格力电器做进一步的财务比较分析。

资料来源　刘京.格力电器财务分析[J].合作经济与科技,2023(14):137-139.

第三节　　财务状况的综合分析

财务状况的综合分析是将企业的盈利能力、偿债能力、营运能力等诸方面的分析纳入一个有机的整体之中,全面地对企业经营状况、财务状况进行剖析,从而对企业经济效益的优劣作出准确的评价与判断的系统分析。财务状况综合分析方法主要有杜邦体系分析法和财务比率综合评价法。

一、杜邦体系分析法

杜邦体系分析法是在考虑各财务比率内在联系的条件下,通过制定多种比率的综合财务分析体系来考察企业财务状况的一种分析方法。它是由美国杜邦公司率先采用的一种方法,故称杜邦体系分析法。

杜邦体系分析法的基本结构可以用图9-1加以说明。

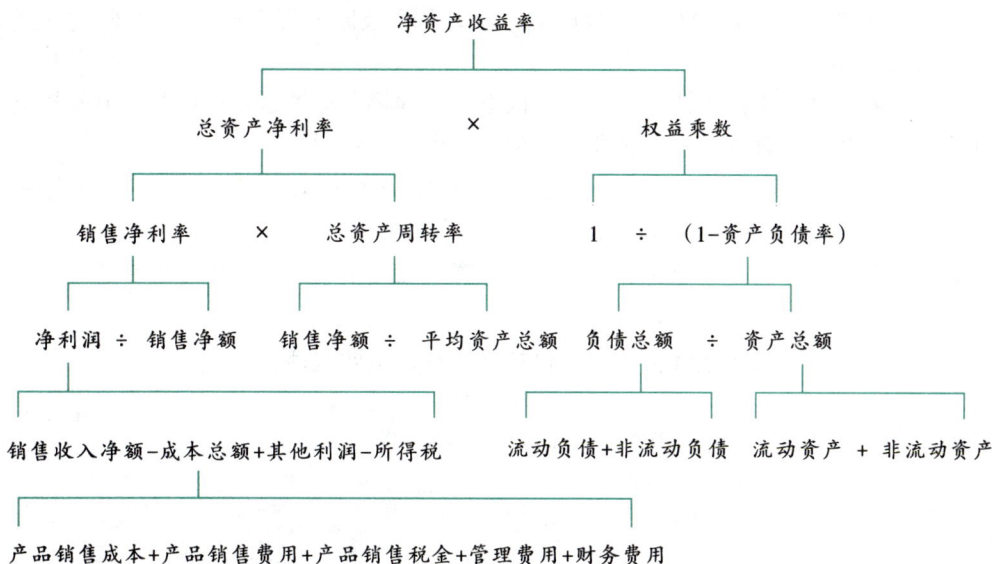

图9-1 杜邦体系分析图

从图9-1中可以看出，杜邦体系分析法是把有关财务比率和财务指标以系统分析图的形式联系在一起进行分析的。图9-1表明，净资产收益率（或称权益净利率）是最具综合性与代表性的指标，在整个财务分析指标体系中居于核心地位，其他各项指标都是围绕这一核心，通过研究彼此间的依存、制约关系，来揭示企业的获利能力及其前因后果关系的。

通过分析，可以了解到如下一些问题：

第一，决定净资产收益率高低的因素有三个方面：销售净利率、总资产周转率和权益乘数。这样分解后，可以把净资产收益率这一综合性指标发生变化的原因具体化。

第二，权益乘数反映所有者权益同总资产的关系，公式为：1÷（1-资产负债率），即权益乘数的高低受企业资本的权益结构制约。负债比例大，权益乘数就高，负债经营可以给企业带来较大的财务杠杆利益，同时也给企业带来了较大的风险。

第三，销售净利率的高低取决于净利润和销售净额。企业的税后净利润，是由销售收入扣除成本费用总额加上其他利润再扣除所得税得到的，而成本费用又由一些具体项目构成。通过对这些项目的分析，可以了解企业净利润增减及销售净利率升降的原因。

第四，总资产周转率是反映企业运用资产以产生销售收入能力的指标。对总资产周转率进行分析，须对影响资产周转的各因素进行分析。企业的总资产是由非流动资产和流动资产构成的，它们各自又有明细项目，同时以各自的特点在运行周转。因此，在对影响资产周转的各因素情况进行分析时，除对资产的各构成部分占用量是否合理进行分析外，还要对流动资产周转率、存货周转率、应收账款周转率、固定资产周转率等有关资产组成部分的使用效率进行分析，以查明影响资产周转的主要问题所在。通过总资产构成和周转情况的分析，可发现企业在资产管理中存在的问题与不足。

第五，企业的资金由所有者权益和负债两部分构成，通过对总资本结构的分析，可了解企业的资本结构是否合理和财务风险的大小，从而及时发现企业财务管理存在的问题，以便采取措施加以改进。

通过杜邦体系自上而下逐层分析，可以全方位地揭示与披露企业经营理财的状况，为企业决策者优化经营理财、提高企业经济效益提供可靠依据。

【随堂测】某公司去年的销售净利率为6.73%，总资产周转率为2.17；今年的销售净利率为5.88%，总资产周转率为2.88。若两年的资产负债率相同。

该公司今年的净资产收益率相比去年是提高，还是下降？变动的原因是什么？

二、财务比率综合评价法

财政部颁布了一套企业经济效益评价指标体系，主要包括：

销售利润率＝利润总额÷产品销售净收入×100%　　　　　　　　　　　①

总资产报酬率＝（利润总额+利息支出）÷平均资产总额×100%　　　　②

资本收益率＝净利润÷实收资本×100%　　　　　　　　　　　　　　③

资本保值增值率＝期末所有者权益总额÷期初所有者权益总额　　　　④

资产负债率＝负债总额÷资产总额　　　　　　　　　　　　　　　　⑤

流动比率（或速动比率）＝流动资产（或速动资产）÷流动负债　　　⑥

应收账款周转率＝销售（营业）收入净额÷平均应收账款余额　　　　⑦

存货周转率＝产品销售成本÷平均存货成本　　　　　　　　　　　　⑧

社会贡献率＝企业社会贡献总额÷平均资产总额×100%　　　　　　　⑨

社会积累率＝上交国家财政总额÷企业社会贡献总额×100%　　　　　⑩

上述指标可以分成四类：①~④项为盈利能力指标，⑤~⑥项为偿债能力指标，⑦~⑧项为营运能力指标，⑨~⑩项为社会贡献能力指标。

标准比率应以本行业平均数为基础，适当进行理论修正，在给每个指标评分时，应规定上限和下限，以减少个别指标的异常变动对总分造成不合理的影响。上限可定为正常评分值的1.5倍，下限可定为正常评分值的1/2。此外，给分时不采用乘数，而采用加或减的关系来处理，从而计算出每分比率。每分比率是指该项指标每增加1分需要提高的比率。公式如下：

$$每项财务指标实际评价得分=\frac{实际比率-标准比率}{每分比率}+标准得分$$

$$每分比率=\frac{行业最高比率-标准比率}{最高评分-标准评分}$$

例如，销售净利率的标准值为4%，标准评分为20分；行业最高比率为20%，最高评分为30分，则每分比率为1.6%〔（20%-4%）÷（30-20）〕，即销售净利率每提高1.6%可以比标准多得1分，但该项得分最高不得超过30分。

根据综合评分标准和财务报表的实际财务比率分项计算上述10项指标的实际得分，然后将这10项指标的实际得分加总，即为该企业财务比率综合评价值。

【例9-23】假定综合评分标准见表9-15，W企业综合财务状况评分情况见表9-16，该企业综合评价得93.55分，是一个中等水平企业。

表9-15 综合评分标准表

指 标	标准评分值（分）	标准比率（%）	行业最高比率（%）	最高评分（分）	最低评分（分）	每分比率（%）
盈利能力						
销售利润率	15	15	20	20	9	1
总资产报酬率	15	10	20	20	9	2
资本收益率	15	12	20	20	10	1.6
资本保值增值率	10	8	15	15	4	1.4
偿债能力						
资产负债率	5	50	60	10	2	2
流动比率	5	2	3	10	1	0.2
营运能力						
应收账款周转率	5	4	6	10	2	0.4
存货周转率	5	2	3	10	1	0.2
社会贡献能力						
社会贡献率	10	20	30	15	3	2
社会积累率	15	40	50	20	9	2
合　计	100	—	—	150	50	—

表9-16 W企业综合财务状况评分情况表

指 标	标准比率（%）	实际比率（%）	比率差异（%）	每分比率（%）	调整分数（分）	标准得分（分）	实际得分（分）
	(1)	(2)	(3)＝(2)－(1)	(4)	(5)＝(3)÷(4)	(6)	(7)＝(5)＋(6)
盈利能力							
销售利润率	15	20	5	1	5	15	20
总资产报酬率	10	8	－2	2	－1	15	14
资本收益率	12	9	－3	1.6	－1.88	15	13.12
资本保值增值率	8	10	2	1.4	1.43	10	11.43
偿债能力							
资产负债率	50	55	5	2	2.5	5	7.5
流动比率	2	2.5	0.5	0.2	2.5	5	7.5
营运能力							
应收账款周转率	4	5	1	0.4	2.5	5	7.5
存货周转率	2	1.5	－0.5	0.2	－2.5	5	2.5
社会贡献能力							
社会贡献率	20	15	－5	2	－2.5	10	7.5
社会积累率	40	15	－25	2	－12.5	15	2.5
合　计	—	—	—	—	—	100	93.55

　　财务比率综合评价法是评价企业总体财务状况的一种比较可取的方法，但其正确性、准确性依赖于标准评分值和标准比率的正确确定和科学建立。

📚 本章小结

　　1.财务分析是指以企业财务报表反映的财务信息为基础对企业的财务状况进行分析与评价，是财务管理的重要环节之一。不同的企业利益相关者进行财务分析的目的各不相同。

　　2.财务指标分析的内容主要包括偿债能力分析、营运能力分析、盈利能力分析、发展能力分析。偿债能力是企业对各种到期债务的偿债能力，包括短期偿债能力和长期偿债能力；营运能力是企业对营运资金的管理控制能力，营运能力的强弱对企业获利能力的持续增长与偿债能力的提高具有决定性的影响；盈利能力分析着重于分析企业获取利润的能力；发展能力分析本着可持续发展的理念，关注企业规模和积累的增长。

3.财务分析的基本方法有比较分析法、比率分析法、趋势分析法、因素分析法。在进行财务分析的过程中可以同时采用几种分析方法。

4.财务分析是一个比较复杂的问题，需要综合企业各个方面的财务信息，并需要结合企业所在行业的具体情况进行分析。杜邦体系分析法是最重要的综合财务分析方法，它通过财务指标之间的相互关系，揭示了企业的盈利能力与企业的负债能力、营运能力的内在联系。

概念回顾

财务分析　流动比率　资产负债率　总资产周转率　净资产收益率

课堂讨论题

1.结合前面所学知识，谈谈资产负债率在企业财务管理活动中的作用。
2.现有财务分析指标存在的缺陷有哪些？应如何进行完善？

复习思考题

1.简述财务分析的目的。
2.简述财务分析的基本方法。
3.论述杜邦体系分析法在企业综合财务分析中的作用。

附 录

复利终值系数表

期数	1%	2%	3%	4%	5%	6%	7%	8%	9%	10%
1	1.0100	1.0200	1.0300	1.0400	1.0500	1.0600	1.0700	1.0800	1.0900	1.1000
2	1.0201	1.0404	1.0609	1.0816	1.1025	1.1236	1.1449	1.1664	1.1881	1.2100
3	1.0303	1.0612	1.0927	1.1249	1.1576	1.1910	1.2250	1.2597	1.2950	1.3310
4	1.0406	1.0824	1.1255	1.1699	1.2155	1.2625	1.3108	1.3605	1.4116	1.4641
5	1.0510	1.1041	1.1593	1.2167	1.2763	1.3382	1.4026	1.4693	1.5386	1.6105
6	1.0615	1.1262	1.1941	1.2653	1.3401	1.4185	1.5007	1.5809	1.6771	1.7716
7	1.0721	1.1487	1.2299	1.3159	1.4071	1.5036	1.6058	1.7138	1.8280	1.9487
8	1.0829	1.1717	1.2668	1.3686	1.4775	1.5938	1.7182	1.8509	1.9926	2.1436
9	1.0937	1.1951	1.3048	1.4233	1.5513	1.6895	1.8385	1.9990	2.1719	2.3579
10	1.1046	1.2190	1.3439	1.4802	1.6289	1.7908	1.9672	2.1589	2.3674	2.5937
11	1.1157	1.2434	1.3842	1.5395	1.7103	1.8983	2.1049	2.3316	2.5804	2.8531
12	1.1268	1.2682	1.4258	1.6010	1.7959	2.0122	2.2522	2.5182	2.8127	3.1384
13	1.1381	1.2936	1.4685	1.6651	1.8856	2.1329	2.4098	2.7196	3.0658	3.4523
14	1.1495	1.3195	1.5126	1.7317	1.9799	2.2609	2.5785	2.9372	3.3417	3.7975
15	1.1610	1.3459	1.5580	1.8009	2.0789	2.3966	2.7590	3.1722	3.6425	4.1772
16	1.1726	1.3728	1.6047	1.8730	2.1829	2.5404	2.9522	3.4259	3.9703	4.5950
17	1.1843	1.4002	1.6528	1.9479	2.2920	2.6928	3.1588	3.7000	4.3276	5.0545
18	1.1961	1.4282	1.7024	2.0258	2.4066	2.8543	3.3799	3.9960	4.7171	5.5599
19	1.2081	1.4568	1.7535	2.1068	2.5270	3.0256	3.6165	4.3157	5.1417	6.1159
20	1.2202	1.4859	1.8061	2.1911	2.6533	3.2071	3.8697	4.6610	5.6044	6.7275
21	1.2324	1.5157	1.8603	2.2788	2.7860	3.3996	4.1406	5.0338	6.1088	7.4002
22	1.2447	1.5460	1.9161	2.3699	2.9253	3.6035	4.4304	5.4365	6.6586	8.1403
23	1.2572	1.5769	1.9736	2.4647	3.0715	3.8197	4.7405	5.8715	7.2579	8.2543
24	1.2697	1.6084	2.0328	2.5633	3.2251	4.0489	5.0724	6.3412	7.9111	9.8497
25	1.2824	1.6406	2.0938	2.6658	3.3864	4.2919	5.4274	6.8485	8.6231	10.835
26	1.2953	1.6734	2.1566	2.7725	3.5557	4.5494	5.8074	7.3964	9.3992	11.918
27	1.3082	1.7069	2.2213	2.8834	3.7335	4.8823	6.2139	7.9881	10.245	13.110
28	1.3213	1.7410	2.2879	2.9987	3.9201	5.1117	6.6488	8.6271	11.167	14.421
29	1.3345	1.7758	2.3566	3.1187	4.1161	5.4184	7.1143	9.3173	12.172	15.863
30	1.3478	1.8114	2.4273	3.2434	4.3219	5.7435	7.6123	10.063	13.268	17.449
40	1.4889	2.2080	3.2620	4.8010	7.0400	10.286	14.974	21.725	31.409	45.259
50	1.6446	2.6916	4.3839	7.1067	11.467	18.420	29.457	46.902	74.358	117.39
60	1.8167	3.2810	5.8916	10.520	18.679	32.988	57.946	101.26	176.03	304.48

期数	12%	14%	15%	16%	18%	20%	24%	28%	32%	36%
1	1.1200	1.1400	1.1500	1.1600	1.1800	1.2000	1.2400	1.2800	1.3200	1.3600
2	1.2544	1.2996	1.3225	1.3456	1.3924	1.4400	1.5376	1.6384	1.7424	1.8496
3	1.4049	1.4815	1.5209	1.5609	1.6430	1.7280	1.9066	2.0872	2.3000	2.5155
4	1.5735	1.6890	1.7490	1.8106	1.9388	2.0736	2.3642	2.6844	3.0360	3.4210
5	1.7623	1.9254	2.0114	2.1003	2.2878	2.4883	2.9316	3.4360	4.0075	4.6526
6	1.9738	2.1950	2.3131	2.4364	2.6996	2.9860	3.6352	4.3980	5.2899	6.3275
7	2.2107	2.5023	2.6600	2.8262	3.1855	3.5832	4.5077	5.6295	6.9826	8.6054
8	2.4760	2.8260	3.0590	3.2784	3.7589	4.2998	5.5895	7.2058	9.2170	11.703
9	2.7731	3.2519	3.5179	3.8030	4.4355	5.1598	6.9310	9.2234	12.166	15.917
10	3.1058	3.7072	4.0456	4.4114	5.2338	6.1917	8.5944	11.806	16.060	21.647
11	3.4785	4.2262	4.6524	5.1173	6.1759	7.4301	10.657	15.112	21.199	29.439
12	3.8960	4.8179	5.3503	5.9360	7.2876	8.9161	13.215	19.343	27.983	40.037
13	4.3635	5.4924	6.1528	6.8858	8.5994	10.699	16.386	24.759	36.937	54.451
14	4.8871	6.2613	7.0757	7.9875	10.147	12.839	20.319	31.691	48.757	74.053
15	5.4736	7.1379	8.1371	9.2655	11.974	15.407	25.196	40.565	64.359	100.71
16	6.1304	8.1372	9.3576	10.748	14.129	18.488	31.243	51.923	84.954	136.97
17	6.8660	9.2765	10.761	12.468	16.672	22.186	38.741	66.461	112.14	186.28
18	7.6900	10.575	12.375	14.463	19.673	26.623	48.039	86.071	148.02	253.34
19	8.6128	12.056	14.232	16.777	23.214	31.948	59.568	108.89	195.39	344.54
20	9.6463	13.743	16.367	19.461	27.393	38.338	73.864	139.38	257.92	468.57
21	10.804	15.668	18.822	22.574	32.324	46.005	91.592	178.41	340.45	637.26
22	12.100	17.861	21.645	26.186	38.142	55.206	113.57	228.36	449.39	866.67
23	13.552	20.362	24.891	30.376	45.008	66.247	140.83	292.30	593.20	1 178.7
24	15.179	23.212	28.625	35.236	53.109	79.497	174.63	374.14	783.02	1 603.0
25	17.000	26.462	32.919	40.874	62.669	95.396	216.54	478.90	1 033.6	2 180.1
26	19.040	30.167	37.857	47.414	73.949	114.48	268.51	613.00	1 364.3	2 964.9
27	21.325	34.390	43.535	55.000	87.260	137.37	332.95	784.64	1 800.9	4 032.3
28	23.884	39.204	50.066	63.800	102.97	164.84	412.86	1 004.3	2 377.2	5 483.9
29	26.750	44.693	57.575	74.009	121.50	197.81	511.95	1 285.6	3 137.9	7 458.1
30	29.960	50.950	66.212	85.850	143.37	237.38	634.82	1 645.5	4 142.1	10 143
40	93.051	188.83	267.86	378.72	750.38	1 469.8	5 455.9	19 427	66 521	*
50	289.00	700.23	1 083.7	1 670.7	3 927.4	9 100.4	46 890	*	*	*
60	897.60	2 595.9	4 384.0	7 370.2	20 555	56 348	*	*	*	*
	*>99 999									

附表二　　　　　　　　　　　　　　复利现值系数表

期数	1%	2%	3%	4%	5%	6%	7%	8%	9%	10%
1	0.9901	0.9804	0.9709	0.9615	0.9524	0.9434	0.9346	0.9259	0.9174	0.9091
2	0.9803	0.9712	0.9426	0.9246	0.9070	0.8900	0.8734	0.8573	0.8417	0.8264
3	0.9706	0.9423	0.9151	0.8890	0.8638	0.8396	0.8163	0.7938	0.7722	0.7513
4	0.9610	0.9238	0.8885	0.8548	0.8227	0.7921	0.7629	0.7350	0.7084	0.6830
5	0.9515	0.9057	0.8626	0.8219	0.7835	0.7473	0.7130	0.6806	0.6499	0.6209
6	0.9420	0.8880	0.8375	0.7903	0.7462	0.7050	0.6663	0.6302	0.5963	0.5645
7	0.9327	0.8606	0.8131	0.7599	0.7107	0.6651	0.6227	0.5835	0.5470	0.5132
8	0.9235	0.8535	0.7874	0.7307	0.6768	0.6274	0.5820	0.5403	0.5019	0.4665
9	0.9143	0.8368	0.7664	0.7026	0.6446	0.5919	0.5439	0.5002	0.4604	0.4241
10	0.9053	0.8203	0.7441	0.6756	0.6139	0.5584	0.5083	0.4632	0.4224	0.3855
11	0.8962	0.8043	0.7224	0.6496	0.5847	0.5268	0.4751	0.4289	0.3875	0.3505
12	0.8874	0.7885	0.7014	0.6246	0.5568	0.4970	0.4440	0.3971	0.3555	0.3186
13	0.8787	0.7730	0.6810	0.6006	0.5303	0.4688	0.4150	0.3677	0.3262	0.2897
14	0.8700	0.7579	0.6611	0.5775	0.5051	0.4423	0.3878	0.3405	0.2992	0.2633
15	0.8613	0.7430	0.6419	0.5553	0.4810	0.4173	0.3624	0.3152	0.2745	0.2394
16	0.8528	0.7284	0.6232	0.5339	0.4581	0.3936	0.3387	0.2919	0.2519	0.2176
17	0.8444	0.7142	0.6050	0.5134	0.4363	0.3714	0.3166	0.2703	0.2311	0.1978
18	0.8360	0.7002	0.5874	0.4936	0.4155	0.3503	0.2959	0.2502	0.2120	0.1799
19	0.8277	0.6864	0.5703	0.4746	0.3957	0.3305	0.2765	0.2317	0.1945	0.1635
20	0.8195	0.6730	0.5537	0.4564	0.3769	0.3118	0.2584	0.2145	0.1784	0.1486
21	0.8114	0.6598	0.5375	0.4388	0.3589	0.2942	0.2415	0.1987	0.1637	0.1351
22	0.8034	0.6468	0.5219	0.4220	0.3418	0.2775	0.2257	0.1839	0.1502	0.1228
23	0.7954	0.6342	0.5067	0.4057	0.3256	0.2618	0.2109	0.1703	0.1378	0.1117
24	0.7876	0.6217	0.4919	0.3901	0.3101	0.2470	0.1971	0.1577	0.1264	0.1015
25	0.7798	0.6095	0.4776	0.3751	0.2953	0.2330	0.1842	0.1460	0.1160	0.0923
26	0.7720	0.5976	0.4637	0.3604	0.2812	0.2198	0.1722	0.1352	0.1064	0.0839
27	0.7644	0.5859	0.4502	0.3468	0.2678	0.2074	0.1609	0.1252	0.0976	0.0763
28	0.7568	0.5744	0.4371	0.3335	0.2551	0.1956	0.1504	0.1159	0.0895	0.0693
29	0.7493	0.5631	0.4243	0.3207	0.2429	0.1846	0.1406	0.1073	0.0822	0.0630
30	0.7419	0.5521	0.4120	0.3083	0.2314	0.1741	0.1314	0.0994	0.0754	0.0573
35	0.7059	0.5000	0.3554	0.2534	0.1813	0.1301	0.0937	0.0676	0.0490	0.0356
40	0.6717	0.4529	0.3066	0.2083	0.1420	0.0972	0.0668	0.0460	0.0318	0.0221
45	0.6391	0.4102	0.2644	0.1712	0.1113	0.0727	0.0476	0.0313	0.0207	0.0137
50	0.6080	0.3715	0.2281	0.1407	0.0872	0.0543	0.0339	0.0213	0.0134	0.0085
55	0.5785	0.3365	0.1968	0.1157	0.0683	0.0406	0.0242	0.0145	0.0087	0.0053

期数	12%	14%	15%	16%	18%	20%	24%	28%	32%	36%
1	0.8929	0.8772	0.8696	0.8621	0.8475	0.8333	0.8065	0.7813	0.7576	0.7353
2	0.7972	0.7695	0.7561	0.7432	0.7182	0.6944	0.6504	0.6104	0.5739	0.5407
3	0.7118	0.6750	0.6575	0.6407	0.6086	0.5787	0.5245	0.4768	0.4348	0.3975
4	0.6355	0.5921	0.5718	0.5523	0.5158	0.4823	0.4230	0.3725	0.3294	0.2923
5	0.5674	0.5194	0.4972	0.4761	0.4371	0.4019	0.3411	0.2910	0.2495	0.2149
6	0.5066	0.4556	0.4323	0.4104	0.3704	0.3349	0.2751	0.2274	0.1890	0.1580
7	0.4523	0.3996	0.3759	0.3538	0.3139	0.2791	0.2218	0.1776	0.1432	0.1162
8	0.4039	0.3506	0.3269	0.3050	0.2660	0.2326	0.1789	0.1388	0.1085	0.0854
9	0.3606	0.3075	0.2843	0.2630	0.2255	0.1938	0.1443	0.1084	0.0822	0.0628
10	0.3220	0.2697	0.2472	0.2267	0.1911	0.1615	0.1164	0.0847	0.0623	0.0462
11	0.2875	0.2366	0.2149	0.1954	0.1619	0.1346	0.0938	0.0662	0.0472	0.0340
12	0.2567	0.2076	0.1869	0.1685	0.1373	0.1122	0.0757	0.0517	0.0357	0.0250
13	0.2292	0.1821	0.1625	0.1452	0.1163	0.0935	0.0610	0.0404	0.0271	0.0184
14	0.2046	0.1597	0.1413	0.1252	0.0985	0.0779	0.0492	0.0316	0.0205	0.0135
15	0.1827	0.1401	0.1229	0.1079	0.0835	0.0649	0.0397	0.0247	0.0155	0.0099
16	0.1631	0.1229	0.1069	0.0980	0.0709	0.0541	0.0320	0.0193	0.0118	0.0073
17	0.1456	0.1078	0.0929	0.0802	0.0600	0.0451	0.0259	0.0150	0.0089	0.0054
18	0.1300	0.0946	0.0808	0.0691	0.0508	0.0376	0.0208	0.0118	0.0068	0.0039
19	0.1161	0.0829	0.0703	0.0596	0.0431	0.0313	0.0168	0.0092	0.0051	0.0029
20	0.1037	0.0728	0.0611	0.0514	0.0365	0.0261	0.0135	0.0072	0.0039	0.0021
21	0.0926	0.0638	0.0531	0.0443	0.0309	0.0217	0.0109	0.0056	0.0029	0.0016
22	0.0826	0.0560	0.0462	0.0382	0.0262	0.0181	0.0088	0.0044	0.0022	0.0012
23	0.0738	0.0491	0.0402	0.0329	0.0222	0.0151	0.0071	0.0034	0.0017	0.0008
24	0.0659	0.0431	0.0349	0.0284	0.0188	0.0126	0.0057	0.0027	0.0013	0.0006
25	0.0588	0.0378	0.0304	0.0245	0.0160	0.0105	0.0046	0.0021	0.0010	0.0005
26	0.0525	0.0331	0.0264	0.0211	0.0135	0.0087	0.0037	0.0016	0.0007	0.0003
27	0.0469	0.0291	0.0230	0.0182	0.0115	0.0073	0.0030	0.0013	0.0006	0.0002
28	0.0419	0.0255	0.0200	0.0157	0.0097	0.0061	0.0024	0.0010	0.0004	0.0002
29	0.0374	0.0224	0.0174	0.0135	0.0082	0.0051	0.0020	0.0008	0.0003	0.0001
30	0.0334	0.0196	0.0151	0.0116	0.0070	0.0042	0.0016	0.0006	0.0002	0.0001
35	0.0189	0.0102	0.0075	0.0055	0.0030	0.0017	0.0005	0.0002	0.0001	*
40	0.0107	0.0053	0.0037	0.0026	0.0013	0.0007	0.0002	0.0001	*	*
45	0.0061	0.0027	0.0019	0.0013	0.0006	0.0003	0.0001	*	*	*
50	0.0035	0.0014	0.0009	0.0006	0.0003	0.0001	*	*	*	*
55	0.0020	0.0007	0.0005	0.0003	0.0001	*	*	*	*	*
	*<0.0001									

附表三　　　　　　　　　　　　　　年金终值系数表

期数	1%	2%	3%	4%	5%	6%	7%	8%	9%	10%
1	1.0000	1.0000	1.0000	1.0000	1.0000	1.0000	1.0000	1.0000	1.0000	1.0000
2	2.0100	2.0200	2.0300	2.0400	2.0500	2.0600	2.0700	2.0800	2.0900	2.1000
3	3.0301	3.0604	3.0909	3.1216	3.1525	3.1836	2.2149	3.2464	3.2781	3.3100
4	4.0604	4.1216	4.1836	4.2465	4.3101	4.3746	4.4399	4.5061	4.5731	4.6410
5	5.1010	5.2040	5.3091	5.4163	5.5256	5.6371	5.7507	5.8666	5.9847	6.1051
6	6.1520	6.3081	6.4684	6.6330	6.8019	6.9753	7.1533	7.3359	7.5233	7.7156
7	7.2135	7.4343	7.6625	7.8983	8.1420	8.3938	8.6540	8.9228	9.2004	9.4872
8	8.2857	8.5830	8.8923	9.2142	9.5491	9.8975	10.260	10.637	11.028	11.436
9	9.3685	9.7546	10.159	10.583	11.027	11.491	11.978	12.488	13.021	13.579
10	10.462	10.950	11.464	12.006	12.578	13.181	13.816	14.487	15.193	15.937
11	11.567	12.169	12.808	13.486	14.207	14.972	15.784	16.645	17.560	18.531
12	12.683	13.412	14.192	15.026	15.917	16.870	17.888	18.977	20.141	21.384
13	13.809	14.680	15.618	16.627	17.713	18.882	20.141	21.495	22.953	24.523
14	14.947	15.974	17.086	18.292	19.599	21.015	22.550	24.215	26.019	27.975
15	16.097	17.293	18.599	20.024	21.579	23.276	25.129	27.152	29.361	31.772
16	17.258	18.639	20.157	21.825	23.657	25.673	27.888	30.324	33.003	35.950
17	18.430	20.012	21.762	23.698	25.840	28.213	30.840	33.750	36.974	40.545
18	19.615	21.412	23.414	25.645	28.132	30.906	33.999	37.450	41.301	45.599
19	20.811	22.841	25.117	27.671	30.539	33.760	37.379	41.446	46.018	51.159
20	22.019	24.297	26.870	29.778	33.066	36.786	40.995	45.752	51.160	57.275
21	23.239	25.783	28.676	31.969	35.719	39.993	44.865	50.423	56.755	64.002
22	24.472	27.299	30.537	34.248	38.505	43.392	49.006	55.457	62.873	71.403
23	25.716	28.845	32.453	36.618	41.430	46.996	53.436	60.883	69.532	79.543
24	26.973	30.422	34.426	39.083	44.502	50.816	58.177	66.765	76.790	88.497
25	28.243	32.030	36.459	41.646	47.727	54.865	63.249	73.106	84.701	98.347
26	29.526	33.671	38.553	44.312	51.113	59.156	68.676	79.954	93.324	109.18
27	30.821	35.344	40.710	47.084	54.669	63.706	74.484	87.351	102.72	121.10
28	32.129	37.051	42.931	49.968	58.403	68.528	80.698	95.339	112.97	134.21
29	33.450	38.792	45.219	52.966	62.323	73.640	87.347	103.97	124.14	148.63
30	34.785	40.568	47.575	56.085	66.439	79.058	94.461	113.28	136.31	164.49
40	48.886	60.402	75.401	95.026	120.80	154.76	199.64	259.06	337.88	442.59
50	64.463	84.579	112.80	152.67	209.35	290.34	406.53	573.77	815.08	1 163.9
60	81.670	114.05	163.05	237.99	353.58	533.13	813.52	1 253.2	1 944.8	3 034.8

续表

期数	12%	14%	15%	16%	18%	20%	24%	28%	32%	36%
1	1.0000	1.0000	1.0000	1.0000	1.0000	1.0000	1.0000	1.0000	1.0000	1.0000
2	2.1200	2.1400	2.1500	2.1600	2.1800	2.2000	2.2400	2.2800	2.3200	2.3600
3	3.3744	3.4396	3.4725	3.5056	3.5724	3.6400	3.7776	3.9184	4.0624	4.2096
4	4.7793	4.9211	4.9934	5.0665	5.2154	5.3680	5.6842	6.0156	6.3624	6.7251
5	6.3528	6.6101	6.7424	6.8771	7.1542	7.4416	8.0484	8.6999	9.3983	10.146
6	8.1152	8.5355	8.7537	8.9775	9.4420	9.9299	10.980	12.136	13.406	14.799
7	10.089	10.730	11.067	11.414	12.142	12.916	14.615	16.534	18.696	21.126
8	12.300	13.233	13.727	14.240	15.327	16.499	19.123	22.163	25.678	29.732
9	14.776	16.085	16.786	17.519	19.086	20.799	24.712	29.369	34.895	41.435
10	17.549	19.337	20.304	21.321	23.521	25.959	31.643	38.593	47.062	57.352
11	20.655	23.045	24.349	25.733	28.755	32.150	40.238	50.398	63.122	78.998
12	24.133	27.271	29.002	30.850	34.931	39.581	50.895	65.510	84.320	108.44
13	28.029	32.089	34.352	36.786	42.219	48.497	64.110	84.853	112.30	148.47
14	32.393	37.581	40.505	43.672	50.818	59.196	80.496	109.61	149.24	202.93
15	37.280	43.842	47.580	51.660	60.965	72.035	100.82	141.30	198.00	276.98
16	42.753	50.980	55.717	60.925	72.939	87.442	126.01	181.87	262.36	377.69
17	48.884	59.118	65.075	71.673	87.068	105.93	157.25	233.79	347.31	514.66
18	55.750	68.394	75.836	84.141	103.74	128.12	195.99	300.25	459.45	770.94
19	63.440	78.969	88.212	98.603	123.41	154.74	244.03	385.32	607.47	954.28
20	72.052	91.025	102.44	115.38	146.63	186.69	303.60	494.21	802.86	1 298.8
21	81.699	104.77	118.81	134.84	174.02	225.03	377.46	633.59	1 060.8	1 767.4
22	92.503	120.44	137.63	157.41	206.34	271.03	469.06	812.00	1 401.2	2 404.7
23	104.60	138.30	159.28	183.60	244.49	326.24	582.63	1 040.4	1 850.6	3 271.3
24	118.16	158.66	184.17	213.98	289.49	392.48	723.46	1 332.7	2 443.8	4 450.0
25	133.33	181.87	212.79	249.21	342.60	471.98	898.09	1 706.8	3 226.8	6 053.0
26	150.33	208.33	245.71	290.09	405.27	567.38	1 114.6	2 185.7	4 260.4	8 233.1
27	169.37	238.50	283.57	337.50	479.22	681.85	1 383.1	2 798.7	5 624.8	11 198.0
28	190.70	272.89	327.10	392.50	566.48	819.22	1 716.1	3 583.3	7 425.7	15 230.3
29	214.58	312.09	377.17	456.30	669.45	984.07	2 129.0	4 587.7	9 802.9	20 714.2
30	241.33	356.79	434.75	530.31	790.95	1 181.9	2 640.9	5 873.2	12 940.9	28 172.3
40	767.09	1 342.0	1 779.1	2 360.8	4 163.2	7 343.9	22 728.8	69 377.5	*	*
50	2 400.0	4 994.5	7 217.7	10 435.6	21 813.1	45 497.2	*	*	*	*
60	7 471.6	18 535.1	29 220.0	46 057.5	*	*	*	*	*	*
	*>99 999									

附表四　　　　　　　　　　　　　年金现值系数表

期数	1%	2%	3%	4%	5%	6%	7%	8%	9%
1	0.9901	0.9804	0.9709	0.9615	0.9524	0.9434	0.9346	0.9259	0.9174
2	1.9704	1.9416	1.9135	1.8861	1.8594	1.8334	1.8080	1.7833	1.7591
3	2.9410	2.8839	2.8286	2.7751	2.7232	2.6730	2.6243	2.5771	2.5313
4	3.9020	3.8077	3.7171	3.6299	3.5460	3.4651	3.3872	3.3121	3.2397
5	4.8534	4.7135	4.5797	4.4518	4.3295	4.2124	4.1002	3.9927	3.8897
6	5.7955	5.6014	5.4172	5.2421	5.0757	4.9173	4.7665	4.6229	4.4859
7	6.7282	6.4720	6.2303	6.0021	5.7864	5.5824	5.3893	5.2064	5.0330
8	7.6517	7.3255	7.0197	6.7327	6.4632	6.2098	5.9713	5.7466	5.5348
9	8.5660	8.1622	7.7861	7.4353	7.1078	6.8017	6.5152	6.2469	5.9952
10	9.4713	8.9826	8.5302	8.1109	7.7217	7.3601	7.0236	6.7101	6.4177
11	10.3676	9.7868	9.2526	8.7605	8.3064	7.8869	7.4987	7.1390	6.8052
12	11.2551	10.5753	9.9540	9.3851	8.8633	8.3838	7.9427	7.5361	7.1607
13	12.1337	11.3484	10.6350	9.9856	9.3936	8.8527	8.3577	7.9038	7.4869
14	13.0037	12.1062	11.2961	10.5631	9.8986	9.2950	8.7455	8.2442	7.7862
15	13.8651	12.8493	11.9379	11.1184	10.3797	9.7122	9.1079	8.5595	8.0607
16	14.7179	13.5777	12.5611	11.6523	10.8378	10.1059	9.4466	8.8514	8.3126
17	15.5623	14.2919	13.1661	12.1657	11.2741	10.4773	9.7632	9.1216	8.5436
18	16.3983	14.9920	13.7535	12.6593	11.6896	10.8276	10.0591	9.3719	8.7556
19	17.2260	15.6785	14.3238	13.1339	12.0853	11.1581	10.3356	9.6036	8.9501
20	18.0456	16.3514	14.8775	13.5903	12.4622	11.4699	10.5940	9.8181	9.1285
21	18.8570	17.0112	15.4150	14.0292	12.8212	11.7641	10.8355	10.0168	9.2922
22	19.6604	17.6580	15.9369	14.4511	13.1630	12.0416	11.0612	10.2007	9.4424
23	20.4558	18.2922	16.4436	14.8568	13.4886	12.3034	11.2722	10.3711	9.5802
24	21.2434	18.9139	16.9355	15.2470	13.7986	12.5504	11.4693	10.5288	9.7066
25	22.0232	19.5235	17.4131	15.6221	14.0939	12.7834	11.6536	10.6748	9.8226
26	22.7952	20.1210	17.8768	15.9828	14.3752	13.0032	11.8258	10.8100	9.9290
27	23.5596	20.7059	18.3270	16.3296	14.6430	13.2105	11.9867	10.9352	10.0266
28	24.3164	21.2813	18.7641	16.6631	14.8981	13.4062	12.1371	11.0511	10.1161
29	25.0658	21.8444	19.1885	16.9837	15.1411	13.5907	12.2777	11.1584	10.1983
30	25.8077	22.3965	19.6004	17.2920	15.3725	13.7648	12.4090	11.2578	10.2737
35	29.4086	24.9986	21.4872	18.6646	16.3742	14.4982	12.9477	11.6546	10.5668
40	32.8347	27.3555	23.1148	19.7928	17.1591	15.0463	13.3317	11.9246	10.7574
45	36.0945	29.4902	24.5187	20.7200	17.7741	15.4558	13.6055	12.1084	10.8812
50	39.1961	31.4236	25.7298	21.4822	18.2559	15.7619	13.8007	12.2335	10.9617
55	42.1472	33.1748	26.7744	22.1086	18.6335	15.9905	13.9399	12.3186	11.0140

续表

期数	10%	12%	14%	15%	16%	18%	20%	24%	28%
1	0.9091	0.8929	0.8772	0.8696	0.8621	0.8475	0.8333	0.8065	0.7813
2	1.7355	1.6901	1.6467	1.6257	1.6052	1.5656	1.5278	1.4568	1.3916
3	2.4869	2.4018	2.3216	2.2832	2.2459	2.1743	2.1065	1.9813	1.8684
4	3.1699	3.0373	2.9173	2.8550	2.7982	2.6901	2.5887	2.4043	2.2410
5	3.7908	3.6048	3.4331	3.3522	3.2743	3.1272	2.9906	2.7454	2.5320
6	4.3553	4.1114	3.8887	3.7845	3.6847	3.4976	3.3255	3.0205	2.7594
7	4.8684	4.5638	4.2883	4.1604	4.0386	3.8115	3.6046	3.2423	2.9370
8	5.3349	4.9676	4.6389	4.4873	4.3436	4.0776	3.8372	3.4212	3.0758
9	5.7590	5.3282	4.9464	4.7716	4.6065	4.3030	4.0310	3.5655	3.1842
10	6.1446	5.6502	5.2161	5.0188	4.8332	4.4941	4.1925	3.6819	3.2689
11	6.4951	5.9377	5.4527	5.2337	5.0286	4.6560	4.3271	3.7757	3.3351
12	6.8137	6.1944	5.6603	5.4206	5.1971	4.7932	4.4392	3.8514	3.3868
13	7.1034	6.4235	5.8424	5.5831	5.3423	4.9095	4.5327	3.9124	3.4272
14	7.3667	6.6282	6.0021	5.7245	5.4675	5.0081	4.6106	3.9616	3.4587
15	7.6061	6.8109	6.1422	5.8474	5.5755	5.0916	4.6755	4.0013	3.4834
16	7.8237	6.9740	6.2651	5.9542	5.6685	5.1624	4.7296	4.0333	3.5026
17	8.0216	7.1196	6.3729	6.0472	5.7487	5.2223	4.7746	4.0591	3.5177
18	8.2014	7.2497	6.4674	6.1280	5.8178	5.2732	4.8122	4.0799	3.5294
19	8.3649	7.3658	6.5504	6.1982	5.8775	5.3162	4.8435	4.0967	3.5386
20	8.5136	7.4694	6.6231	6.2593	5.9288	5.3527	4.8696	4.1103	3.5458
21	8.6487	7.5620	6.6870	6.3125	5.9731	5.3837	4.8913	4.1212	3.5514
22	8.7715	7.6446	6.7429	6.3587	6.0113	5.4099	4.9094	4.1300	3.5558
23	8.8832	7.7184	6.7921	6.3988	6.0442	5.4321	4.9245	4.1371	3.5592
24	8.9847	7.7843	6.8351	6.4338	6.0726	5.4509	4.9371	4.1428	3.5619
25	9.0770	7.8431	6.8729	6.4641	6.0971	5.4669	4.9476	4.1474	3.5640
26	9.1609	7.8957	6.9061	6.4906	6.1182	5.4804	4.9563	4.1511	3.5656
27	9.2372	7.9426	6.9352	6.5135	6.1364	5.4919	4.9636	4.1542	3.5669
28	9.3066	7.9844	6.9607	6.5335	6.1520	5.5016	4.9697	4.1566	3.5679
29	9.3696	8.0218	6.9830	6.5509	6.1656	5.5098	4.9747	4.1585	3.5687
30	9.4269	8.0552	7.0027	6.5660	6.1772	5.5168	4.9789	4.1601	3.5693
35	9.6442	8.1755	7.0700	6.6166	6.2153	5.5386	4.9915	1.1644	3.5708
40	9.7791	8.2438	7.1050	6.6418	6.2335	5.5482	4.9966	4.1659	3.5712
45	9.8628	8.2825	7.1232	6.6543	6.2421	5.5523	4.9986	4.1664	3.5714
50	9.9148	8.3045	7.1327	6.6605	6.2463	5.5541	4.9995	4.1666	3.5714
55	9.9471	8.3170	7.1376	6.6636	6.2482	5.5549	4.9998	4.1666	3.5714